Margrit Stamm
Lasst die Kinder los

Margrit Stamm

Lasst die Kinder los

Warum entspannte Erziehung lebenstüchtig macht

Mit 28 Abbildungen

PIPER
München Berlin Zürich

Mehr über unsere Autoren und Bücher:
www.piper.de

MIX
Papier aus verantwor-
tungsvollen Quellen
FSC® C083411

ISBN 978-3-492-05711-0
© Piper Verlag GmbH, München/Berlin 2016
Gesetzt aus der Adobe Garamond Pro
Satz: Kösel Media GmbH, Krugzell
Litho: Lorenz & Zeller, Inning am Ammersee
Druck und Bindung: CPI books GmbH, Leck
Printed in Germany

Inhalt

Vorwort

Warum bekommt man heute Kinder? Um dem Leben einen Sinn zu geben, um Liebe zu schenken und sich selbst nicht mehr so wichtig zu nehmen. So antwortet zumindest in unseren Forschungsstudien ein Großteil der Eltern oder solche, die es werden wollen. Elternliebe gilt als einmalig und unvergleichlich. Auch der Schriftsteller Jean Paul hat einmal gesagt, mit einer Kindheit voll Liebe könne man ein halbes Leben lang in der kalten Welt auskommen. Tatsächlich ist die Liebe zwischen Eltern und Kind für die fundamentale Ausgestaltung des Lebens etwas Grundlegendes. Zwar entspricht sie nicht dem »coup de foudre«, der Liebe auf den ersten Blick, den die Franzosen »Blitzschlag« nennen. Doch gilt sie als größer, inniger und zarter. Männer und Frauen, die Väter und Mütter werden, erträumen ihre Elternliebe in vielen Farben. Aber nicht nur die Liebe, sondern auch die Verantwortung gegenüber dem Kind schreiben sie groß: 62 Prozent der 35- bis 42-Jährigen meinen, dass Eltern ihr eigenes Leben hinter dasjenige des Kindes stellen sollten. Diese Aufopferungspflicht ist international. Sie gipfelt darin, dass Kinder immer mehr zu genau geplanten Lebenswerken, zu etwas Besonderem werden und alles überstrahlen sollen. Das Ziel ist das perfekte Kind, und perfekte Kinder brauchen perfekte Eltern. Allerdings haben solche gegenseitigen Abhängigkeiten möglicherweise problematische Folgen. Die Hauptverantwortung hierfür liegt jedoch nicht bei den Eltern, sondern bei der Gesellschaft.

In den letzten zehn Jahren sind Eltern immer stärker zum Gegenstand des öffentlichen und politischen Interesses geworden. Grundsätzlich ist dies eine positive Entwicklung, denn die Familie ist lange genug ein Stiefkind der Politik gewesen. Problematisch ist allerdings, dass Erziehung, Betreuung und Bildung mehr und mehr politisiert werden und dies für Väter und Mütter mit negativen Folgen verbunden sein kann. So ist die gesellschaftliche Überzeugung heute übermächtig, dass allein der familiäre Einfluss das Verhalten und Gedeihen eines Kindes bestimmt. In der Bildungs- und Sozialpolitik besonders beliebt ist der Begriff der »verantworteten Elternschaft«. Damit ist gemeint, dass man keine Kinder in die Welt setzen soll, wenn man nicht in der Lage ist, sie gut zu erziehen, zu fördern und zu bilden und dabei alle ihre Bedürfnisse und Interessen in den Mittelpunkt zu stellen. Den Eltern wird zudem kontinuierlich eingetrichtert, dass die ersten Lebensjahre die wichtigsten überhaupt sind. Aus wissenschaftlicher Sicht ist diese Aussage zwar weitgehend richtig, doch die mit ihr verbundenen unterschwelligen Drohungen – wer nicht möglichst früh seinen Nachwuchs fördere, nehme das Risiko verpasster Chancen in Kauf – haben möglicherweise ernst zu nehmende Auswirkungen. Denn gerade verantwortungsbewusste Eltern setzen alles daran, keine Fehler zu machen. Sie unterlassen nichts, was das Kind am bestmöglichen Aufwachsen hindern könnte, merken aber vielleicht gar nicht, dass es von einer solchen »Treibhausförderung« überfordert wird.

Je mehr unsere Gesellschaft Erfolg und Versagen den Müttern und Vätern zuschreibt und dabei mit Angstszenarien argumentiert, desto größer werden ihre Verantwortungs- und Schuldgefühle. Eine solche Einschüchterungskultur setzt auch an sich normale Eltern unter Dauerdruck und Dauerstress, sodass auch sie nur ein Ziel haben: alles fürs Kind zu tun und dabei keine Fehler zu machen, also perfekt zu sein. Davon handelt mein Buch. Dabei plädiere ich dafür, dass sich Eltern emanzipieren und sich diesen Druckversuchen widersetzen, damit sie aus der Perfektionsspirale herauskommen. Damit dies gelingt, müssen sie jedoch nicht nur ihre Erziehungs- und Förderstrategien überdenken, sondern vor allem auch selbstkritisch in den Spiegel schauen und sich fragen, in welcher Hinsicht sie selbst Teil des Perfektionsproblems sind.

Die Motivation, mich verstärkt mit dieser Thematik auseinanderzusetzen, hat viel damit zu tun, dass ich selbst Mutter von zwei erwachsenen Kindern bin und solche Zwänge und Schuldgefühle aus eigener Erfahrung gut kenne. Zudem belegen die Studien, welche ich an meinem Lehrstuhl für Erziehungswissenschaft an der Universität Fribourg und anschließend in meinem Forschungsinstitut Swiss Education in Bern durchgeführt habe, immer wieder die große Verunsicherung vieler heutiger Eltern. Auf der Basis meines persönlichen Hintergrunds bringe ich ihnen somit nicht nur viel Verständnis entgegen, sondern es ist auch zu einer meiner empirisch legitimierten Gewissheiten geworden, dass Unsicherheiten von Eltern nicht einfach ihnen allein in die Schuhe geschoben werden können.

Das vorliegende Buch ist kein Erziehungsratgeber. Wie man Kinder erzieht, kann man nicht aus Büchern oder von Beratern lernen. Selbstverständlich kann man gewisse Dinge nachlesen oder bei Experten, vor allem aber auch bei Verwandten und Freunden nachfragen, beispielsweise was man bei Halsschmerzen tun soll oder bei einer Magenverstimmung beachten muss. Aber Kinder zu »er-ziehen« kann man nicht durch Nachhilfe oder Checklisten lernen. Erziehung hat viel mit selbstkritischer Haltung und Intuition zu tun. Hier setzt mein Buch an. Erstens will es Eltern helfen, die gesellschaftlichen Wurzeln zu verstehen, die ihre Schuldgefühle und ihre Zweifel bedingen, und ihnen aufzeigen, wie sie aus Opferrolle und Perfektionsspirale herauskommen können, in die sie durch die gesellschaftliche Elternschelte geraten sind. Zweitens will es sie darin unterstützen, ihr Vertrauen in die eigene Urteilskraft zu stärken, ein neues Selbstbild zu entwickeln und eine emanzipierte, aber auch selbstkritische Haltung zu erwerben – oder aufrechtzuerhalten. Vielleicht hat diese Haltung dann zur Folge, dass sie einen ganz anders lautenden Rat von Experten oder von allzu beflissenen Verwandten ausschlagen. Will man jedoch Vertrauen in die eigene Erziehungskompetenz (wieder)finden, so ist ein Blick in den Spiegel und die Frage notwendig, in welcher Hinsicht man selbst Teil des Perfektionsproblems ist. Schon Sokrates hat einmal gesagt, jede Erziehung des Nachwuchses beginne damit, sich selbst zu erkennen und bei sich zu beginnen. Das gilt auch heute noch.

Die Hauptadressaten meines Buches sind Mütter und Väter. Zudem richtet es sich an alle, die sich mit Bildung, Erziehung, Förderung und Betreuung von Kindern beschäftigen, also an das Fachpersonal im Vorschulbereich, an Lehrkräfte, an Fachexperten, an Ausbildende und Studierende und selbstverständlich auch an in der Bildungs- und Sozialpolitik Tätige.

Dabei habe ich nicht alle Eltern im Blick. So klammere ich gezielt die sogenannten »Null-Bock-Eltern« aus. Gemeint sind damit diejenigen Väter und Mütter, die schnell einmal überfordert sind, an ihren Nachwuchs kaum Anforderungen stellen, sich wenig um ihn kümmern und schon froh sind, wenn er nicht delinquent wird. Über solche Familien wird zu Recht viel geforscht, debattiert und geschrieben. Mein Fokus richtet sich vielmehr auf die etwa 60 Prozent aller Eltern, die als bildungsinteressiert und bildungsambitioniert gelten. In meinen Forschungsstudien habe ich viele von ihnen kennengelernt und mit ihnen zusammengearbeitet. Doch wäre es vermessen, sie als einheitliche Gruppe anzusprechen. Denn es zeigen bei Weitem nicht alle Eltern Symptome »perfekter Eltern«, und auch diese unterscheiden sich in ihren primären Zielen und Haltungen. Aber die vielleicht wichtigste Erkenntnis meiner Forschungsstudien ist die, dass es kaum Väter oder Mütter gibt, die sich dem Elterndruck, der Verunsicherung und der Wettbewerbslogik entziehen können, welche heute die Erziehung und Förderung in unserer Gesellschaft überschatten.

Die Idee, eine solche Publikation zu verfassen, hat Marc Koralnik von der literarischen Agentur Liepman an mich herangetragen. Ich habe mit Freude zugesagt. Zum einen ist eine solche Anfrage eine Ehre für mich und meine Forschungstätigkeit. Andererseits bekomme ich dadurch die Möglichkeit, bei einem renommierten Verlag meine jahrelange Arbeit im vorliegenden Buch zu bündeln. Deshalb danke ich an dieser Stelle Anne Stadler und Heike Specht, welche die Realisierung des Buches unterstützt und tatkräftig begleitet haben. Die Entstehung eines solchen Buches ist immer auch ein Abenteuer mit Unwägbarkeiten. Ich bin stolz, dass es gelungen ist, das Projekt im geplanten Zeitrahmen abzuschließen. Mein Dank geht aber auch an die vielen ehemaligen Mitarbeitenden meiner Forschungsprojekte, ebenso jedoch an Hunderte von Familien mit ihren Kindern und an Lehrkräfte, welche in unseren Projekten mitgewirkt haben.

Der größte Dank gilt jedoch meiner Familie, meinem Partner Walter Stamm und unseren beiden Kindern Sibylle und Ralph. Sie haben mir den Rücken frei gehalten, damit ich mich jahrelang dieser Thematik habe widmen können. Und ohne sie hätte dieses Buch gar nicht geschrieben werden können. Denn es sind die vielen Erfahrungen mit ihnen während unserer gemeinsam erlebten Kleinkind-, Schul- und Ausbildungszeit, welche mir immer wieder geholfen haben, die wissenschaftlichen Fragen und empirischen Antworten an unsere gelebte Erziehungspraxis anzubinden.

Bern und Aarau, im August 2015
Margrit Stamm

Einleitung

Vor dreißig Jahren hatte meine Generation die gleichen Träume und Sehnsüchte wie Eltern heute: Unsere Kinder sollten gesund, hübsch, klug, beliebt werden und später erfolgreich sein. Und doch gibt es große Unterschiede: Während unsere Sehnsüchte damals von einem grundlegenden Vertrauen in die Zukunft getragen wurden, ist dieses Vertrauen heute einem ebenso grundlegenden Misstrauen gewichen. Als junge Eltern waren wir euphorisch und verbanden unsere Zukunftsaussichten mit Fortschritt. Wir waren überzeugt, Krebs heilen zu können, Kriege zu verhindern, Wohlstand aufzubauen und soziale Gerechtigkeit und »Bildung als Bürgerrecht« zu verankern, so wie dies Ralf Dahrendorf schon 1965 gefordert hatte. All dies ist nicht so eingetroffen. Heute müssen wir erkennen, dass unsere Fortschrittsgläubigkeit fast zum Paradox geworden ist und Verheißung in Bedrohung, Optimismus in Pessimismus umgeschlagen ist. Neben den Gefahren des Klimawandels, der Selbstgefährdung durch Atomkraft, des teils problematischen wissenschaftlichen Fortschritts (beispielsweise in der Gentechnologie oder der Fortpflanzungsmedizin), der Migrationsbewegungen oder neuartiger Krankheiten (AIDS, Vogelgrippe) sind es die zunehmende Globalisierung und Wettbewerbsorientierung, welche auch den Bildungsbereich stark betreffen und damit die Erziehung und Förderung unseres Nachwuchses.

Eltern verhalten sich heute so, wie dies die Bildungspolitik lange gefordert hat

Logischerweise haben solche Bedrohungsszenarien auch Auswirkungen auf das Selbstverständnis von heutigen Vätern und Müttern. Sie können ihre Kinder nicht mehr so erziehen, wie dies für unsere Generation noch möglich gewesen war. Einen wesentlichen Anteil an der zunehmenden Leistungs- und Wettbewerbsorientierung haben Leistungsstudien wie PISA, TIMMS, IGLU und wie sie alle heißen. Angesichts der teilweise lediglich mittelmäßigen oder gar schlechten Leistungen der Schüler begann die Bildungspolitik auf der Basis solcher Studien unentwegt vor einer »Bildungskatastrophe«[1] zu warnen und die Angst vor dem Verlust der internationalen Wettbewerbsfähigkeit und dem Abbau des gesellschaftlichen Wohlstands zu schüren. Solche Krisendiagnosen führten zu der Forderung, alle Kinder seien früher zu fördern und besser als bisher auf die Schule vorzubereiten. Nur so könnten die Schülerleistungen nachhaltig verbessert werden. Deshalb wurde die Frühförderung in vielen Parteiprogrammen als neuer Schwerpunkt definiert und die Bedeutung von Bildung als einzigem Rohstoff und die Wichtigkeit einer guten Ausbildung für alle zu tragenden Leitideen erklärt. Fast gleichzeitig wurde auch die Familie neu entdeckt. Quer durch die politischen Parteien hindurch war die Botschaft nun erstaunlich einhellig: Eltern sollten in die Erziehung ihrer Kinder investieren, damit ihre Anstrengungen Früchte tragen. Nur wenn sie sich stärker für die Schule interessieren und sich ihrer zentralen Rolle bewusst werden, kann die schulische Förderung greifen. In der Folge wurde die frühe Elternarbeit intensiviert und in den Schulen verbindlich festgelegt, die individuelle Förderung der Kinder durch eine ausgeklügelte Diagnostik verbessert, frühe Sprachförderung in vielen Programmen etabliert, die vorzeitige Einschulung ermöglicht und die Ausbildung und Einstellung Heilpädagogischer Zusatzlehrkräfte vorangetrieben.

Solche Botschaften und Reformen sind bei Vätern und Müttern schnell angekommen und als Vorgaben verstanden worden, auf die entsprechend reagiert werden muss. Deshalb betrachten sie die intensive Beschäftigung mit den Bildungs- und Laufbahnfragen ihrer Sprösslinge als normale Angelegenheit, die sie allerdings mit hohem zeitlichem, finanziellem und nervlichem Aufwand bezahlen und dabei oft auch die eigenen Bedürfnisse zurückstellen müssen.

Warum ist eigentlich angesichts dieser Entwicklung das allgemeine Erstaunen so groß, dass Mütter und Väter ihre Antennen dauernd ausgefahren haben und permanent darum bemüht sind, sich in Startposition zu bringen? Sie verhalten sich ja nur exakt so, wie dies Bildungspolitik und Fachexperten jahrelang eingefordert haben. Denn wohin Eltern auch schauen und an wen sie sich auch wenden, ihnen wird bestätigt: Die Krise der Familie ist allgegenwärtig, und schuld daran sind die Väter und Mütter. Infolgedessen liegt es nur in ihrer Hand, den Erfolg des Nachwuchses zu planen und zu sichern. Ihre Perfektionsträume und ihr überdimensioniertes Engagement sind deshalb logische reaktive Strategien, um sich zumindest ein wenig gegen die Schuldzuweisungen, aber auch die diffusen und bedrohlichen Zukunftsängste zu stemmen.

Als wäre das noch nicht genug, verlangt die Gesellschaft eine Menge mehr von Eltern. Sie sollen ausgleichen, was die Gesellschaft den Kindern vorenthält. Platz zum Toben zum Beispiel, altersgemäße, sinnvolle Aufgaben, Schutz vor einer Konsumgesellschaft, die alles daransetzt, Wünsche zu wecken, welche die Eltern dann heldenhaft ablehnen sollen. Und natürlich sollen sie immer dann zur Verfügung stehen, wenn wieder ein Sprössling aus dem Kindergarten kommt, während die Großen zum Nachmittagsunterricht müssen. Schließlich haben sie ihre Kinder gesund zu ernähren und bei allem so viel zu verdienen, dass der Staat nicht mit Transferleistungen eingreifen muss. Vor einem solchen Anforderungsprofil müssten eigentlich alle kapitulieren. Eltern, der Großteil von ihnen jedenfalls, geben jeden Tag ihr Bestes. Aber viele verausgaben sich dabei sehr, manchmal zu sehr.

Das normative Muster perfekter Eltern

Warum tun sich Väter und Mütter dies alles an? Warum brechen sie nicht einfach aus dem normativen gesellschaftlichen Muster aus? Weil sie sich in einer paradoxen Situation befinden, der sie nicht einfach so entfliehen können. Denn zum einen macht die Gesellschaft Eltern für alles verantwortlich, was mit der Erziehung und Bildung der Kinder zu tun hat, und zeigt ihnen auf, welche Konsequenzen ihre Erziehung hat. Zugleich spricht sie ihnen mit Verweis auf die vielen Fachexperten die Kompetenz ab, Erziehungsprobleme eigenständig lösen zu können. Als inkompetent hingestellt zu werden und gleichzeitig die alleinige Verantwortung für das Wohlergehen und den Bildungserfolg der Kinder tragen zu müssen, treibt Eltern in Ängste und Gewissensbisse, die sie mit einem Hang zur perfekten Elternschaft zu bewältigen versuchen.

Auf dieser Bestandsaufnahme basiert die These, welche ich im vorliegenden Buch anhand wissenschaftlicher Erkenntnisse diskutieren und in einen gesellschaftlichen Zusammenhang stellen werde. Sie lautet:

Heutzutage fördern, umsorgen und kontrollieren Eltern ihren Nachwuchs nonstop. Diese Anstrengungen sind nicht das Ergebnis ihrer Unfähigkeit, Kinder

»richtig« zu erziehen. Vielmehr ist es unsere eltern-unfreundliche Angst- und Sicherheitskultur, die Väter und Mütter dazu zwingt, perfekt zu sein und perfekte Kinder haben zu wollen. Perfekte Eltern sind zu einem normativen Muster geworden, das sich anhand von vier Merkmalen umschreiben lässt: der Förderwucht, der partnerschaftlichen Erziehung, der Überbehütung sowie der Sicherheitsangst.

Mit normativ meine ich, dass die gesellschaftliche Vorstel-lung, was gute Erziehung sein soll, recht eng ist und die vier Merkmale deshalb mit großer Selbstverständlichkeit als sol-che guter Elternschaft anerkannt sind und kaum hinterfragt werden. Man muss somit etwas genauer hinschauen, um ihre problematischen Seiten jenseits der elterlichen Schuld-frage zu erkennen. Dies will ich in meinem Buch in ins-gesamt fünf Schwerpunkten tun. Dabei beziehe ich mich immer wieder auf die empirischen Daten verschiedener Studien, welche ich in den letzten zehn Jahren durchgeführt habe. Am häufigsten ist es die Längsschnittstudie FRANZ (»Früher an die Bildung – erfolgreicher in die Zukunft?«), welche die Entwicklung von Vorschulkindern bis zum Kin-dergarten- respektive Schuleintritt untersuchte und dabei die familiäre und außerfamiliäre Förderung, die Betreuung und die Erziehungsziele und -stile der Eltern genauer unter die Lupe nahm.[2] Da es sich dabei um eine relativ bildungs-nahe Stichprobe handelte, lassen sich die Daten gut für die in diesem Buch in den Blick genommenen Väter und Müt-ter nutzen.

Im Folgenden ergründe ich die Grundproblematik im ersten Kapitel und frage dabei nach den Hintergründen meiner These: Wie es dazu gekommen ist, dass sich Väter und Mütter heute derart unter Druck fühlen, und welche gesellschaftlichen Entwicklungen dafür verantwortlich gemacht werden können. Dies zu verstehen bildet die Ausgangslage für das zweite Kapitel, das sich verschiedenen Familien- und Kindheitsmythen widmet, die immer wieder herumgeistern. Solche Mythen widerspiegeln bestimmte Annahmen über einen Sachverhalt, die Überzeugungscharakter haben und kaum hinterfragt werden. Ich tue dies zunächst mit Blick auf einige Mythen rund um die Aufgaben und Profile heutiger Eltern und die Kindheiten ihres Nachwuchses, bevor ich sie aus einer historischen Perspektive beleuchte.

Im dritten Kapitel widme ich mich der Thematik perfekter Eltern. Gedankenleitend ist dabei das in der These angesprochene normative Muster perfekter Elternschaft. Dazu gehören die Förderwucht und Bildungspanik, die partnerschaftliche Erziehung, die Überbehütung und Sicherheitsangst sowie Risikoscheu. Abschließend zeige ich auf, dass es *die* perfekten Eltern im Singular nicht gibt, sondern nur im Plural.

Das vierte Kapitel untersucht das Ziel perfekter Elternschaft, die perfekten Kinder. Analog zu den Definitionsmerkmalen ihrer Eltern lassen sich solche Kinder wie folgt beschreiben: die vermessenen, d. h. mit Diagnosen und Therapien eingedeckten Kinder; die als kleine Könige behandelten Kinder, die es gewohnt sind, im Mittelpunkt zu stehen und ihre Bedürfnisse befriedigt zu bekommen; die abhängigen Kinder, die stets behütet und umsorgt werden, damit sie keinen Unwägbarkeiten oder Enttäuschungen ausgesetzt sind, sowie die gefährdeten Kinder, die in einer beispiellosen Sicherheitskultur aufwachsen und vor jeder Gefahr geschützt werden wollen. Analog zur Erkenntnis, dass es *die* perfekten Eltern nicht gibt, trifft dies auch für ihre Kinder zu.

Das fünfte Kapitel regt zu grundsätzlichen Überlegungen an, frei von Richtungsstreits und Fachdebatten. Es basiert auf meiner Überzeugung, dass wir eine elternfreundlichere Gesellschaft brauchen, die Väter und Mütter grundsätzlich als fähige und kompetente Erzieher und nicht als Hilfe bedürfende Versager versteht. Vor diesem Hintergrund zeige ich Ansätze auf, wie Eltern sich zum Ziel setzen können, »hinreichend gute Eltern« zu werden oder zu bleiben. Dabei halte ich zunächst nochmals fest, dass die Probleme von Eltern wenig mit den Kindern selbst, sondern viel mehr mit den gesellschaftlichen Spannungen und Schuldzuschreibungen zu tun haben. Väter und Mütter müssen diese erkennen, aber auch, dass sie sich ihnen nur schwer entziehen können. Deshalb sollten sie Strategien entwickeln, um aus der Perfektionsspirale herauszukommen. Vertrauen in die eigene Erziehungskompetenz (wieder) zu finden, erfordert jedoch einen selbstkritischen Blick in den Spiegel, um zu erkennen, in welcher Hinsicht man selbst Teil des Problems ist. Was können Eltern vor diesem Hintergrund folglich tun? Sie können sich um den Aufbau einer positiven Autorität und um mehr Distanz sowie um die Stärkung der kindlichen Autonomie bemühen. Ebenso bedeutsam ist jedoch, dass sie ihren Sinn für die kindlichen Entwicklungsgesetze schärfen, ihrem Sprössling deshalb mehr spielerische Ruhe gönnen und die eigenen Förderambitionen kritisch überprüfen. Schließlich plädiere ich für die Wiederentdeckung der Intuition und damit für mehr Mut und Gelassenheit, öfters den gesunden Menschenverstand walten zu lassen und vernünftiger mit den eigenen Ängsten umzugehen.

1 Das Problem:
Eltern sind an allem schuld

Väter und Mütter stehen heute unter einem großen Druck. Die gesellschaftlichen Erwartungen verunsichern sie enorm. In unseren Studien sagen etwa zwei Drittel, dass sie oft von *Selbstzweifeln* geplagt sind. Solche Ergebnisse erstaunen kaum. Denn wirft man einen Blick in die Heerscharen populärwissenschaftlicher Neuerscheinungen, die jedes Jahr auf den Markt kommen, dann dominiert vor allem in Publikationen psychotherapeutischer oder individualpsychologischer Ausrichtung die »Krise der Familie«. Dazu gehören Bücher von Caroline Thompson, Wolfgang Bergmann, Michael Winterhoff oder Hara Estroff Marano. Sie decken Eltern mehr oder weniger mit Fundamentalkritik ein und entwickeln teils apokalyptische Vorstellungen, wonach die mangelhafte Erziehung der Kinder die Existenz unserer Gesellschaft gefährde.

Das ist fatal. Denn solche Argumentationen verdeutlichen einerseits, wie sehr Eltern heute für alles verantwortlich gemacht werden. Andererseits stehen sie ebenso für die Annahme, ein solcher »Elterndeterminismus« sei angeboren – genauso wie dies für die »Mutterliebe« behauptet wird.[1] Mit Elterndeterminismus meint Frank Furedi in seinem Buch *Die Elternparanoia*[2] die Vorstellung, dass die Fähigkeiten des Kindes und die Fähigkeit seiner Eltern, gute

Eltern zu sein, unmittelbar kausal miteinander verknüpft sind. Mit anderen Worten: Zeigen sich Probleme in der kindlichen Entwicklung, so sind die *Eltern schuld*. Umgekehrt ist ein leistungsfähiges, sich rasch entwickelndes Kind das Verdienst seiner Eltern und damit auch ein Ausweis ihrer Kompetenz. Elterliches Verhalten gilt dann als »gelungen«, andernfalls als »misslungen«.

Wie nie zuvor sind Elternschaft und Kindheit heute von gesellschaftlichen Entwicklungen und damit von einer wettbewerbsähnlichen Vergleichspraxis geprägt. Dies hat viel mit dem Wettbewerbs- und Leistungsgedanken zu tun, der spätestens seit den PISA-Studien mit Elternschaft verknüpft ist, allerdings nicht explizit, sondern verdeckt und teilweise auch uneingestanden.

Welches sind somit die Hintergründe, die zu diesem enormen Druck auf Eltern führen, wie äußert er sich und was sind die Folgen?

Die PISA-Studie als Mutter des Bildungsdrucks

Ursprünglich waren die PISA-Studien, die seit dem Jahr 2000 in dreijährigem Turnus durchgeführt werden, dazu angelegt, die Qualität der Schulen zu optimieren, aber auch sicherzustellen, dass alle Schülerinnen und Schüler bestimmte Niveaus erreichen. Angesichts der im internationalen Vergleich unbefriedigenden Leistungen der 15-Jährigen wurden in vielen Ländern Vergleichsprüfungen eingesetzt, Bildungsstandards in den einzelnen Fachbereichen entwickelt, und es wurde auch vermehrt in die frühe Sprachförderung investiert.[3] Eines der unbeabsichtigten Nebenprodukte von PISA war dabei, dass eine regelrechte Bildungswerbung in Gang kam und seither dem Schulerfolg des Nachwuchses nun auch familienintern eine herausragende Bedeutung beigemessen wird. Möglichst frühe Bildung und möglichst hohe Abschlüsse sind zu Schlüsselbegriffen für erfolgreiche Kinder und ihre bestmögliche Förderung zur verbindlichen Norm geworden. Zwar gibt es immer wieder Eltern, die sich solchen Trends widersetzen, doch sind sie im Rückschritt begriffen. Der »Bildungsdruck« hat Väter und Mütter schon früh im Griff. Hierin liegt eine wichtige Ursache dafür, dass sich Eltern überfordert fühlen. Für Mütter trifft dies mehr zu als für Väter, kümmern sie sich doch trotz Emanzipation und Berufstätigkeit nicht weniger, sondern mehr um die Kinder als je zuvor.[4]

Ob Eltern wollen oder nicht, der Beginn des Bildungsprozesses wird heutzutage nicht erst mit dem Schuleintritt, sondern biografisch weit früher verortet. Leistungen, die ehemals der Schule vorbehalten waren, sind heute verstärkt im Vorschulbereich angesiedelt. In diesem Zusammenhang wird auch die familiale Leistung redefiniert. Heute erwartet man von Familien mehr als nur die Bereitstellung von Motivation und allgemeinen Fertigkeiten, wie etwa der Schulfähigkeit. Die Familie gilt als strategischer Lernort, als »Bildungsort«[5], der stärker genutzt werden soll. Mit PISA hat der Wind vollkommen gedreht. Der »Speedy-Reiz« dominiert die Bildungspolitik und hat auch auf Väter und Mütter übergegriffen[6].

Wir alle sind Mitglieder der »Risikogesellschaft«

Wir leben in einer Risikogesellschaft. Dieser vom Soziologen Ulrich Beck im gleichnamigen Buch geprägte Begriff meint, dass in unserer hoch entwickelten Gesellschaft mehr Risiken entstanden sind und laufend entstehen, als unsere staatlichen Kontrolleinrichtungen zu bewältigen vermögen. Dazu gehören soziale, ökologische, politische, aber auch individuelle Risiken. Diese Risiken bestimmen zunehmend unsere Lebensbedingungen, die von einem raschen gesellschaftlichen Wandel mit vielen Veränderungen und neuen Anforderungen geprägt sind. Erhöhte Mobilität in der Berufswelt, steigende berufliche Anforderungen oder Ängste um die Sicherheit der Arbeitsplätze schaffen nicht nur für Individuen, sondern vor allem auch für Familien und die Erziehung ihrer Kinder neue Unsicherheiten. Während einerseits heute jeder Mensch deutlich höhere Chancen hat, sich selbst zu verwirklichen, und viel mehr Handlungsspielräume bestehen als in jeder Generation zuvor, fehlen soziale Normen und Vorgaben, welche Handlungs- und auch Erziehungssicherheit geben würden. Eine solche »Entbettung der Verhältnisse«, wie der Sozialwissenschaftler Anthony Giddens dieses Phänomen nennt, ist in allen Lebensbereichen spürbar. Sichtbar wird dies daran, dass eindeutige Leitbilder für Familie, Beruf, für das Aufwachsen und Erziehen des Nachwuchses fehlen, weil die traditionellen Werte und Normen oder auch moralische und soziale Standards nicht mehr verbindlich sind. Unsere Gesellschaft ist eine »Multioptionsgesellschaft« geworden, die auch in der Pluralisierung von Familienformen sichtbar wird.

Der rapide gesellschaftliche Wandel und die veränderten Familienbeziehungen haben dazu geführt, dass Eltern in einer Welt sich widersprechender Anforderungen leben, sich mit sehr unterschiedlichen Rollenerwartungen auseinandersetzen müssen, meist auch persönliche berufliche Pläne mit ungewissem Ausgang verfolgen, deshalb außerordentlich unsicher sind und sich stark unter Druck fühlen. Woher jedoch kommt diese Zwiespältigkeit? Unter anderem aus der Konfrontation mit komplexen und teilweise auch widersprüchlichen Lebensbedingungen. Fünf Gründe hierfür stehen im Vordergrund:

■ **Zunahme der Unsicherheit in der Erziehung:** Vor der Geburt des ersten Kindes mangelt es der Mehrzahl junger Eltern heute an Erfahrung im Umgang mit Babys und Kindern. Für viele Väter und Mütter ist das eigene Kind der erste Säugling, den sie in den Armen halten. Deshalb fehlt ihnen das bisher über Generationen selbstverständlich vermittelte und durch das natürliche Zusammenleben erfahrene Know-how. Infolgedessen wissen sie auch kaum mehr, welche Probleme es immer schon in der Erziehung eines Kindes gegeben hat und dass diese deshalb auch mit etwas Geduld und Distanz betrachtet werden könnten.

■ **Konzentration auf das einzelne Kind:** Weil die moderne Familie heute nur noch ein bis zwei Kinder hat, konzentriert sie sich stark auf das einzelne Kind, während in früheren Generationen die Geschwister und Nachbarskinder ein eigenes System in der Familie bildeten und ihre Eltern in der Betreuungsaufgabe entlasteten. Die Kinder waren deshalb auch nicht in einem vergleichbaren Sinn, wie dies heute der Fall ist, auf die ständige Präsenz der Eltern angewiesen.

■ **Fehlende Spielkameraden:** Sowohl der Geburtenrückgang als auch die Tendenz, Vorschulkinder in Förderkurse zu schicken und sie familienergänzend betreuen zu lassen, haben dazu geführt, dass Spielkameraden in der Nachbarschaft fehlen. Deshalb müssen Eltern immer mehr Aktivitäten entwickeln, um ihre Kinder mit anderen Kindern zusammenzubringen. Diese »Verinselung der Kindheit« hat zur Folge, dass die Eltern, vor allem die Mütter, verstärkt zu Transporteurinnen werden, aber auch zu Managerinnen, welche die Zeitorganisation der Kinder mit derjenigen der Familie in Übereinstimmung bringen müssen.

Mehr Fachwissen, mehr Diagnostik, mehr Experten:
Die Leistungsanforderungen an Eltern haben aber auch deshalb zugenommen, weil Medizin, Psychologie und Pädagogik heute über ein viel größeres Wissen verfügen und ihre Erkenntnisse in vielen Ratgebern an die Eltern weitergeben. Als guter Vater oder gute Mutter gilt, wer über dieses Wissen verfügt, weshalb Eltern auch viel stärker bereit sind, die notwendige Informationsarbeit zu leisten. Ein ausgeklügelter Apparat an Instrumenten erlaubt zudem in fast allen Fachdisziplinen, differenzierte Diagnosen zu stellen, Störungen zu identifizieren und diese zu therapieren.[7] Hierzu stehen viele Experten zur Verfügung, die manchmal sogar vorbeugend eingesetzt werden und den Lauf der kindlichen Natur korrigieren sollen. Mütter und Väter werden so zu Entwicklungshelfern ihrer Kinder. Denn nicht fördernde und geförderte Zeit gilt als verlorene Zeit.

Zukunftsangst und der Vergleich mit dem »sozialen«
Nachbarn: Eltern haben zwar noch nie so viel über Erziehung und Bildung gewusst und noch nie so viel für ihre Kinder getan, aber ebenso hat noch keine Generation vor ihnen eine derart große Zukunftsangst entwickelt. Das fast grenzenlose Vertrauen der 68er-Generation in die Zukunft ist durch das enorme Misstrauen heutiger Eltern ersetzt worden. Vielleicht gerade deshalb ist der Vergleich mit »dem sozialen Nachbarn« so wichtig geworden. Damit meint der Soziologe Georg Simmel alle Freunde, Nachbarn oder Arbeitskollegen, welche einen ähnlichen Status in Bezug auf Beruf und Einkommen haben. Soziale Nachbarn dienen als Vergleichsmaßstab für die Art und Weise, wie sich der Nachwuchs entwickelt, wie erfolgreich er ist und was er schon kann, aber auch, was aus ihm werden soll. Solche Vergleiche gründen in den Sor-

gen vieler Eltern vor dem Gedanken, ihr Kind könne etwas nicht, das von ihm erwartet wird und das es gegenüber anderen Kindern aus ähnlich situierten Familien auszeichnen würde. Der Philosoph Alain de Botton bezeichnet diese Sorge in seinem gleichnamigen Buch als Statusangst. Diese Statusangst äußert sich auch in gezielten »Abschottungspraktiken« wie etwa der bewussten Wahl des Wohnquartiers. Gemeint ist damit, dass gut situierte Eltern zunehmend aus Gegenden wegziehen, in denen benachteiligte Familien wohnen.

All diese neuen Bedingungen der Risikogesellschaft haben dazu geführt, dass Familien mit deutlich höheren Leistungsanforderungen konfrontiert werden – oder sich selbst die Messlatte hochlegen – als jede Generation zuvor. Das macht sie verletzlich und fragil. Einerseits hat der gesellschaftliche Wandel den Kindern auf vielen Ebenen neue Chancen gebracht: Sie sind noch nie so von den Eltern geliebt und in den Mittelpunkt des Familienlebens gestellt worden, sie werden individuell gefördert, und auch Geschlecht und soziale Herkunft spielen heute eine viel kleinere Rolle. Andererseits haben Eltern noch nie das Aufwachsen ihrer Kinder so eingeschränkt, vorbestimmt und überwacht und sie unter einen derart großen Druck gesetzt wie heute. Kindheit findet zu großen Teilen in pädagogisch besetzten Institutionen statt, in denen Kinder nahezu durchgängig überwacht werden. Sie dürfen kaum mehr unbeaufsichtigt spielen, dafür wird ihre Entwicklung vor allem durch geplante Aktivitäten und Programme bestimmt. Oft wird deshalb von »Helikopter-Eltern« gesprochen.[8]

Das falsch verstandene »Hänschen-Argument«

Vorbei sind die Zeiten, als Bildung wie bei den alten Römern und Griechen noch »schola« und »schole« hieß und als Zeit verlieren, Innehalten und Muße finden verstanden wurde. Dass sie heute vielfach mit einem Treibhaus gleichgesetzt wird, hat seinen Grund auch in der Forschung, in erster Linie in den Neurowissenschaften, der Psychologie und der Erziehungswissenschaft.[9] Obwohl diese Wissenschaften unterschiedliche Schwerpunkte setzen, bauen sie auf einem gemeinsamen Grundverständnis auf. Erstens erachten sie die Vorschuljahre als eine Zeit enormen körperlichen, emotionalen und geistigen Wachstums, in der Kinder eine ungeheure Kapazität zum Lernen entwickeln können. Zweitens unterstreichen sie immer wieder, wie wichtig das hierfür notwendige Fundament ist. Kinder brauchen Liebe, Fürsorge, soziale und emotionale Sicherheit sowie auch Stimulation derjenigen Fähigkeiten und Fertigkeiten, welche sie erfolgreich auf den Schuleintritt vorbereiten. Auch ihre Botschaft ist eine identische: Wer nicht möglichst früh seinen Nachwuchs fördert, nimmt das Risiko verpasster Chancen in Kauf. Was Hänschen nicht lernt, wird für Hans nimmermehr der Fall sein können.

Dieses »Hänschen-Argument« wird jedoch oft falsch verstanden. In den Medien und vielen Erziehungsratgebern wird nicht selten so getan, als ob das Kind eine Blackbox sei und Frühförderung deshalb bedeute, dass man Hänschen nach Belieben wie einen Diamanten schleifen und formen könne. Leider haben es anwendungsorientierte Publikationen weitgehend verpasst, solche Missverständnisse anhand wissenschaftlicher Erkenntnisse zu relativieren.[10] Die ersten Lebensjahre sind zwar enorm wichtig für eine gelingende Entwicklung, doch zeichnet sich der Mensch durch eine lebenslange Lernfähigkeit aus. Menschen können auch als

Jugendliche, als junge Erwachsene oder sogar noch als ältere Menschen vieles lernen. Dennoch ist spätes Lernen mühevoller und weniger wirkungsvoll als in der frühen Kindheit.[11] Deshalb sollten wir unsere Aufmerksamkeit zwar auf die frühe Kindheit legen und uns versichern, dass sie tatsächlich für den Aus- und Aufbau von Kapazitäten wie Neugier, Selbstvertrauen, Widerstandsfähigkeit oder Frustrationstoleranz genutzt wird, die für einen erfolgreichen Schulstart so zentral sind.[12] Genauso wäre aber zur Kenntnis zu nehmen, dass nach dem Vorschulalter keinesfalls alles hoffnungslos verloren ist.

Eine anregungsreiche und liebevolle familiäre Umwelt ist für eine optimale Entwicklung ausreichend. Hingegen kann eine überehrgeizige Stimulation in Form von frühen Förderkursen schädlich sein, wenn sie das Kind in seiner eigeninitiierten Aktivität lähmen oder seine Bedürfnisse nicht berücksichtigen. Allerdings trifft dies für zwei Gruppen von Kindern nicht zu: für solche mit Entwicklungsstörungen und für Kinder aus stark benachteiligten Familien. Beide Gruppen brauchen eine gezielte und frühe Stimulierung und Förderung. Forschungsergebnisse belegen, dass sie davon enorm profitieren können.[13]

Somit dürfen die Erkenntnisse der frühkindlichen Bildungsforschung nicht überstrapaziert werden. Dies gilt auch für das Sprichwort »Was Hänschen nicht lernt, lernt Hans nimmermehr«, das in dieser Formulierung inkorrekt ist. Vielmehr müsste es heißen: »Was Hänschen nicht lernt, wird für Hans eine Herausforderung, eine zwar arbeitsintensive, aber eine, die ebenso Erfolg versprechen kann.« Dies einzusehen wird jedoch von der moralischen Panikmache[14] verhindert, welche sich rund um die Förderung entwickelt hat.

Moralische Panikmache und sensible Phasen

Nicht nur das ultimative Gebot zur Frühförderung beeinflusst Väter und Mütter im Umgang mit ihrem Nachwuchs ausgesprochen stark, sondern auch unsere Kultur der Angst, d. h. die Annahme und Überzeugung, dass mit dem Nachwuchs mit Sicherheit etwas schiefgehen wird, wenn man nicht permanent alles Mögliche für ihn tut. Denn Eltern agieren nie autonom. Sie orientieren sich immer an der allgemeingültigen Kultur und ihren Normen. Wenn man in einer zukunftsunsicheren Gesellschaft lebt und davon ausgehen muss, den Kindern vielleicht nicht mehr das bieten zu können, von dem man selbst einmal profitiert hat, dann wächst aus dem gesellschaftlichen Druck unweigerlich das persönlich verpflichtende Gefühl, auf Biegen und Brechen das Bestmögliche aus dem Kind herausholen zu müssen. Dieses Gebot der optimalen Förderung ist zu einer »moralischen Panikmache« verkommen. Sie hat dazu beigetragen, dass – wenn nicht bereits die Fortpflanzungsmedizin zum Zuge kommt – vielleicht gerade noch die Zeugung des Nachwuchses aus Lust und Freude geschieht, Schwangerschaft, Erziehung, Betreuung und Förderung jedoch fast ausschließlich im Zeichen einer bewertenden Zukunftssorge stehen. Schon junge Eltern lernen, ihre Anstrengungen am Diktat der Machbarkeit und der Botschaft »Jeder kann alles schaffen, wenn er nur will!« zu orientieren. Deshalb getrauen sie sich kaum mehr, einfach so mit dem Kind zu spielen, zu schmusen oder ohne Ambitionen mit ihm in den Wald zu gehen. Anstatt zu entdecken, über welche vielleicht unerwarteten oder unüblichen Begabungen und Neigungen das Kind verfügt, versuchen sie eher, sich dem Mainstream anzupassen. Dieser schreibt vor, welches der beste Frühförderkurs, die beste Schule oder das beste Sport- oder Freizeitprogramm ist. Dass keineswegs klar ist, was tatsächlich die »beste« Förderung sein soll, spielt dabei offenbar keine Rolle.

Logischerweise stoßen auch Aussagen, wie beispielsweise die von Gerald Hüther und Uli Hauser[15], wonach jedes Kind hochbegabt sei, bei vielen Eltern auf offene Ohren. Sie lassen sich schnell einmal überzeugen, dass ihr Kind nur dann alles kann, wenn es zur richtigen Zeit gefördert wird. Und diese »richtige Zeit« wird mit der sogenannten Zeitfenster-Theorie legitimiert. Sie besagt, dass es sensible Phasen gibt, in denen das Kind unerbittlich und unbedingt gefördert werden müsse, damit sich ein Erfolg einstellt. Dies ist allerdings eine extreme Folgerung aus der Theorie sensibler Phasen des Psychologen Jean Piaget. Heute weiß die Forschung lediglich mit einiger Sicherheit, dass sich im Hinblick auf die Entwicklung sprachlicher, mathematischer und motorischer Fähigkeiten sensible Phasen nachweisen lassen. Erzieherische und fördernde Einflüsse während solcher Phasen sind produktiver, während sie an deren Ende bedeutungsloser werden. Kein Forschungswissen liegt hingegen zur Frage vor, mit welchen Langzeiteffekten sensible Phasen verbunden sind.

Infolgedessen muss auch ein Trauma im Kindesalter nicht unweigerlich zu späteren Störungen führen. Annahmen, dass dem so sei, stehen oft in der Tradition Sigmund Freuds. Heute wissen wir jedoch aus verschiedenen Längsschnittstudien, insbesondere auch aus den großen Bindungsstudien von Karin Grossmann und Klaus Grossmann[16], dass frühe Prägungen zwar deutliche, aber in erster Linie prädisponierende, also auf besonderer Empfänglichkeit oder Anfälligkeit basierende Wirkungen haben können, dies aber vor allem unter besonderen Bedingungen. Ein gutes Umfeld, eine gute Schule, ein Hobby, ein Trainer etc. – sie alle können als neutralisierende oder gar gegenteilige Faktoren wirken. Die

Angst der Eltern, dass ihre Sprösslinge zu spät Erfahrungen machen, weil sich die Lernfenster schnell wieder schließen, gilt nur für wenige Fähigkeiten und für extrem vernachlässigte Kinder. Tatsächlich ist es so, dass die allermeisten Kinder ihre Fähigkeiten entwickeln, manche etwas früher, manche etwas später. Dies zu akzeptieren braucht jedoch eine Portion Gelassenheit.

Leider hat die unbedingte Konzentration auf die sensiblen Phasen des Kindes eine besonders negative Folge: die Abschaffung des Begriffs des »Bereitseins«. Gemeint ist damit in Anlehnung an das Buch von Daniel Elkind *Gehetzte Kinder* die Vorstellung, dass es biologische und entwicklungspsychologische Beschränkungen des Lernens gibt. Das Bereitsein ist von höchster Bedeutung, denn Kinder brauchen auch eine innere Bereitschaft, sich auf Lernmöglichkeiten einlassen zu können, ohne gehetzt zu sein. Es gibt ein stark reifungsabhängiges Lernen, das Jean Piaget immer wieder betont hat. Diese Erkenntnis liegt jedoch quer zum Mainstream.

Perfekte Eltern und perfekte Kinder als Folge des gesellschaftlichen Drucks

Wie gute Kindheit aussehen muss, ist normativ vorgegeben. Der Staat definiert die Sorge um das Wohl des Kindes klar als Aufgabe von Vätern und Müttern. Eltern zu sein hat somit im Vergleich zu früher, als man ohnehin Kinder hatte, eine ganz andere Bedeutung bekommen. Dies hat dazu geführt, dass die Beziehung der Eltern von der Beziehung zum Kind beherrscht wird. Heutige Qualitätsmaßstäbe sind somit nicht nur ganz anders als früher, sondern auch ausgesprochen hoch. Das Anspruchsvolle daran ist, dass möglichst alle Bedürfnisse und Interessen der Kinder berücksichtigt werden müssen. Das »Kindswohl« steht stellvertretend dafür. Glücklich soll das Kind sein und werden und eine optimale Kindheit haben. Väter und Mütter sehen sich mit solchen erhöhten Erwartungen konfrontiert und nehmen diese auch sehr genau wahr. Viele wissen jedoch gar nicht, wie sie sich pädagogisch verhalten sollen. Gerade die Norm, glückliche und professionelle Eltern zu sein, die alles richtig machen und nichts verpassen, führt dazu, dass sie laufend von Selbstzweifeln geplagt sind. Die Studie der Konrad-Adenauer-Stiftung *Eltern unter Druck* zeigt beispielsweise, dass viele Eltern subjektiv nur selten das Gefühl haben, eine gute Mutter oder ein guter Vater zu sein. Zwei Drittel empfinden Erziehungsarbeit als anstrengend – auch wenn sie das eigene Leben bereichert. Knapp die Hälfte findet, dass Erziehung in den letzten Jahren schwieriger geworden ist, ein Drittel fühlt sich im Erziehungsalltag oft bis täglich gestresst.

Gerade weil es heute keine verbindlichen Erziehungsmodelle mehr gibt, jedoch eine gesellschaftlich vorgegebene Norm, was gute Eltern ausmacht, dominiert die zunehmende Pädagogisierung und Psychologisierung den Erziehungsalltag. Verantwortete Elternschaft und die Verpflichtung, die Bedürfnisse des Kindes unter allen Umständen in den Mittelpunkt zu stellen, machen die Arbeit von Vätern und Müttern in psychischer und moralischer Hinsicht sehr arbeitsintensiv. Und dies, obwohl die physische Versorgung der Kinder und die Haushaltsbewältigung in den letzten Jahrzehnten einfacher geworden sind. Man denke an die technischen Errungenschaften, an Instant- und Tiefkühlprodukte und Ganztagsbetreuung, welche das Mittagessen häufig wegfallen lassen. Es ist vor allem der gesellschaftliche Druck, der Väter und Mütter zu »perfekten« Eltern macht. Mit perfekt ist dabei ihr Bestreben gemeint, sich intensivst um das Kind zu kümmern, es früh schon in vielen Bereichen zu fördern, ihm als beste Freunde zur Seite zu stehen, es überzubehüten und gleichzeitig auch eine beispiellose Sicherheitsangst zu entwickeln. Dieses Muster ist in allen westlichen Staaten dominant. Nur ist es nicht so, wie viele Erziehungsratgeber uns weismachen wollen, dass es seine Hauptursache in einer falschen Erziehung hat.

Die Problematik, mit der Eltern zu kämpfen haben, ist beileibe keine selbst gemachte. Vielmehr stecken sie in einem Circulus vitiosus, in einem Teufelskreis, aus dem sie sich schwer befreien können. Die Art und Weise, wie in unserer Gesellschaft der Erziehungsnotstand[17] proklamiert wird, hat zu dem Eindruck geführt, als ob alle Eltern professioneller Hilfe von außen bedürften. Eine Folge davon ist, dass es vielen Vätern und Müttern kaum mehr gelingt, sich kompetent genug zu fühlen. Dies wiederum erhöht ihre Angst und vermindert gleichzeitig ihre Fähigkeiten, auf sachlicher und objektiver Basis intelligente und intuitionsbasierte Entscheidungen zu treffen. In ihren Ängsten, sie könnten das Kind nicht vor der Unbill des Lebens schützen, und ihrem Wunsch, es trotzdem optimal zu fördern, konsultieren sie mit großer Hoffnung eine Vielzahl von Fachexperten. Diese Hoffnung ist eine logische. Denn überblickt man das Expertenangebot, dann hat heute jede Etappe von Kindheit und Jugend ihre Spezialisten, deren Wissen dem der Eltern überlegen ist. Auf jeder Stufe der kindlichen Entwicklung finden Eltern schnell einmal irgendeine Agentur, die sich anbietet, als entlastende Hilfserzieher zu agieren, welche die Probleme von ihnen fernhalten oder für sie lösen. Aber es gibt nicht nur eine gesteigerte, sondern auch eine veränderte Nachfrage. Beratungsstellen sind zu einem Auffangbecken für Eltern, Lehrkräfte, Behörden, Ämter und auch Jugendgerichte geworden, wenn sie nicht mehr weiterwissen.

Sichtbar wird dies auch an der zunehmenden Anzahl an Institutionen, die spezielle Sprechstunden für Kinder mit Trotzanfällen, für solche mit Schlafproblemen oder für Schreikinder anbieten. Bis vor wenigen Jahren noch hat man derartige Auffälligkeiten zunächst einmal registriert und dann versucht, sie intuitiv oder mit den Hausmittelchen der Verwandtschaft zu behandeln. Erst wenn alles nichts half, suchte man einen Spezialisten auf. So gelassen können sich Eltern heute jedoch nur noch dann verhalten, wenn sie ein großes Selbstbewusstsein haben und von Großeltern, Tanten und Onkeln umgeben sind, die ähnlich denken wie sie. Denn wenn in Broschüren zu lesen ist, dass eine »rechtzeitige Abklärung und Behandlung nicht nur den Stress und das Leid«, sondern auch »eine Chronifizierung mit Folgeproblemen verhindern« könne, dann heizen solche Formulierungen die bestehenden Ängste logischerweise weiter an. Erziehungsratgeber spielen dabei eine besondere Rolle.

Was aber, wenn diese Rechnung gar nicht aufgeht? Wenn die scheinbar individuellen Symptome durch die Gesellschaft erst hervorgebracht werden? Diese Frage – wie es denn um eine Gesellschaft bestellt ist, welche ihre Kinder zuhauf in Therapien schickt und in der so viele Kinder auffällig werden – stellen die beiden Autoren Miguel Benasayag und Gérard Schmit in ihrem Buch *Die verweigerte Zukunft*. Ihre These ist, dass sich nicht nur Menschen mit Störungen und psychischen Leiden in der Krise befinden, sondern unsere gesamte Gesellschaft. Es ist vor allem ein generelles Unbehagen in unserer Kultur, das über Diagnosen und Therapieverschreibung gelöst wird.

Die Droge Erziehungsratgeber

Erziehung erfolgt heute immer weniger intuitiv, mehr und mehr jedoch hinterfragend, verhandelnd und an die Kinder angepasst. Das erfordert von Eltern nicht nur Kraft, Zeit, Kommunikations- und Argumentationsfähigkeit, sondern auch eine Grundbasis pädagogischen Wissens. Elisabeth Beck-Gernsheim hat schon vor vielen Jahren vermerkt, Elternschaft verkomme zur permanenten »Informationsarbeit«[18]. Diskussionen von pädagogischen und psychologischen Experten, die wiederum Gegenexperten auf den Plan rufen, würden im Kinderzimmer ausgetragen, wo dann die Erziehungsmethoden je nach gegenwärtigem Trend ständig wechseln. Zu den Experten gehören keinesfalls nur Mütter-, Eltern- oder Erziehungsberatungsstellen, Angebote der Eltern- und Familienbildung und psychologische Experten in privater Praxis, sondern ebenso der kaum mehr übersehbare Markt an Erziehungsratgebern, Eltern- und Familienzeitschriften, Elternbriefen, Radio- und Fernsehsendungen, an Internetangeboten oder an von Verbänden bereitgestellten Informationsmaterialien.

Tatsache ist, dass es noch nie ein so riesiges Angebot an Ratgebern gegeben hat, die es sogar auf die vorderen Plätze von Bestsellerlisten schaffen. Wie fördere ich mein Kind richtig? Wie mache ich es zu einem erfolgreichen Menschen? Überall werden dazu passend auch Kurse und Seminare angeboten, die (werdende) Eltern anleiten, wie mit den Kindern umzugehen ist. Wenn somit Kinder zu perfekten Kindern therapiert und erzogen werden sollen, dann geschieht dies sicher nicht unbewusst. Manchmal verschlingen Eltern die neuesten Ratgeber regelrecht und häufig einen nach dem anderen, weil sie von der Angst getrieben sind, etwas falsch zu machen. Ratgeber sind deshalb oft eine Art Einstiegsdroge. Einer reicht nicht. Es braucht einen zweiten und dann einen dritten. Sie bieten sich ja gerade- zu als Verheißung an, die Erziehungsprobleme – zu lasch, zu streng, zu lieb, zu doof – zu lösen. Erziehungsratgeber spielen jedoch eine ausgesprochen problematische Rolle.[19] Mit ihrem vorwiegend mahnenden oder sorgenden Tonfall und oft geschmückt mit dem Etikett »von pädagogischen Fachleuten empfohlen«, »pädagogisch erprobt« oder »wis- senschaftlich getestet« vermitteln sie den Lesern die Bot- schaft »Wir verstehen von Erziehung viel mehr als Sie!«. Damit rauben sie jedoch Vätern und Müttern das Vertrauen in die eigene Fähigkeit, den Nachwuchs in einer richtigen Weise erziehen zu können, und erwecken zudem den Ein- druck, ihnen die Erziehung aus der Hand nehmen zu wol- len. Darüber hinaus haben viele Ratgeber einen grund- legend therapeutischen Unterton, den sie mit Begriffen aus Psychotherapie und Medizin anreichern und so ein Kata- strophenszenario heraufbeschwören, das die gesellschaftli- che Panikmache noch verstärkt. Solche Töne treiben Eltern in die Defensive, sodass es für sie fast zu einer normalen und unhinterfragten Handlung wird, Therapeuten oder Exper- ten aufzusuchen.

Selbstverständlich gibt es nichts gegen gute Ratgeber ein- zuwenden. Sie behandeln neben Fragen zur frühen Förde- rung wichtige kindliche und familiäre Alltagsthemen zur Sauberkeitserziehung, zu Ess-, Schlaf- und Reinlichkeits- gewohnheiten, zu Entwicklungsfragen, zum ersten Schul- tag oder zum Umgang mit Kindern in der Pubertät. Gute Ratgeber erkennt man daran, dass sie objektiv und nicht ap- pellierend verfasst sind, Eltern nicht mit Krisen assoziieren und ihr Verhalten für das Kind nicht als Risiko darstellen. Vielmehr haben sie einen ermutigenden und optimisti- schen Tonfall, sprechen Väter und Mütter als fähige Leser an und stärken sie in ihrer Erziehungskompetenz und ihrer

Intuitionskraft. Zudem problematisieren gute Erziehungsratgeber – unter Bezug auf die kritischen Stimmen in der
Wissenschaft – die Folgen des gesellschaftlichen Drucks wie
Überbehütung, Treibhauserwartungen sowie Risikoscheu
und Sicherheitsangst. Gute Ratgeber zeigen somit auch auf,
dass es eine logische Wirkung des Erziehungs- und Bil-
dungsmarkts ist, den Eltern Angst einzujagen.

Das perfekte Kind als emotionales Kapital
Dass man seinen Kindern nicht genug Zuwendung, Vertrauen und Liebe schenken kann, steht in jedem Lehrbuch,
und dies ist vermutlich richtig so. Allerdings stimmt dies
nur so weit, als die Liebe zwischen Eltern und Kind tatsächlich etwas Grundlegendes für die fundamentale Ausgestaltung des Lebens ist. Aber Liebe ist komplex, insbesondere
weil es sich um eine zweischneidige Waffe handelt. Denn
so, wie sie vorangehend beschrieben worden ist, kann sie
auch zu viel des Guten sein. Liebe hat viele Dimensionen.
Als spontane Empfindung, die sich in Empathie, warmer
Zuneigung, Kuscheln oder Fürsorge zeigt, ist sie zwar eine
notwendige und grundlegende Erfahrung für das kindliche
Aufwachsen. Aber wenn sie eine Überdosis an Zuwendung
bedeutet, kann sie schädlich werden. Gerade diese Form
von Elternliebe scheint heute häufig zu dominieren, weil die
Beziehung zum Kind idealisiert und deshalb in eine konstante überemotionalisierte Zuwendung verwandelt wird.
Vätern und Müttern wird dauernd eingeredet, sie müssten
ihr Kind »an die erste Stelle« setzen und es »bedingungslos«
lieben. Das sind nicht nur schreckliche Begriffe, sondern
auch großenteils überflüssige Bemerkungen, denn Eltern
haben solche Aufrufe schon längst verinnerlicht. Sie stehen
vielmehr vor dem Problem, dass sie durch die stetige Aufforderung, dem Kind noch mehr Aufmerksamkeit zu schen-

ken, immer mehr unter Druck geraten und, wenn ihnen dies – vielleicht im Vergleich mit anderen Kindern in der Nachbarschaft oder der Spielgruppe – nicht gelingt, Schuldgefühle entwickeln und umgehend Förderaktivitäten planen. Allerdings ist Elternstolz nur dann vollkommen, wenn das eigene Kind bestimmte Entwicklungsstufen ungewöhnlich früh erreicht.

Dazu kommt, dass der Nachwuchs den gesellschaftlich vorgegebenen Erwartungen entsprechen, also gut erzogen, sozial integriert, verhaltenskonform, aber auch intelligent sein soll. Entwickelt sich ein Kind anders, ist die Enttäuschung groß. Die Psychoanalytikerin Caroline Thompson sagt in ihrem Buch *Die Tyrannei der Liebe,* dass Elternliebe mit der Verpflichtung verbunden sei, auch von den Kindern geliebt zu werden, und dass sich Eltern nur dann erfolgreich fühlen, wenn das Kind keine Probleme hat und sie zu guten Eltern macht. Deshalb erfüllen Kinder für die Eltern auch eine psychologische Nutzenfunktion, weshalb auch von einer »Sakralisierung der Kindheit« gesprochen wird.[20]

Für Väter und Mütter ist die Situation somit eine zweischneidige: Einerseits ist das Kind eine zentrale Quelle des Glücks. Mit ihm können neue Sinnerfahrungen und Emotionen und damit bisher unbekannte Seiten des Lebens verbunden werden. Viele Studien zur Elternschaft berichten von solchen emotionalen Gewinnen. Andererseits sind damit wegen der permanenten elterlichen Aufmerksamkeits- und Zuwendungspflicht viel höhere Anforderungen verbunden, als dies in der Vergangenheit je der Fall war. Damit Eltern diesen Spagat bewältigen können, werden sie zunehmend gewillter, (fast) jeden Preis zu bezahlen, um sich der Liebe des Kindes, seiner Gesundheit, seines Schulerfolgs und seines Glücks zu versichern. Doch das ist etwa das Schwierigste, was ihnen, aber auch ihrem Kind zustoßen kann, denn diese Situation führt zu einer Überemotionalisierung und zu einer Anheizung des Beziehungsklimas.

Die eine Seite der Medaille sind somit die gesellschaftlichen Bedingungen, welche Eltern heute stark beeinflussen. Die andere Seite sind jedoch die Familien selbst. Ihnen ist der nachfolgende Schwerpunkt gewidmet: mit der Frage, was Familien ausmacht, welches ihre Aufgaben sind und wie Kinder heute leben, wie sie gebildet und gefördert werden. Dabei ist auch ein Blick in die Vergangenheit nötig. Denn nur so lässt sich verstehen, weshalb sich Familien und Kindheiten so dramatisch verändert haben.

2 Familien- und Kindheitsmythen

Unbestritten ist, dass die *Familie* für das gesunde Aufwachsen und den Bildungserfolg von Kindern die zentrale Größe darstellt. Die Familie liefert die Voraussetzungen für die emotionale, soziale und intellektuelle Entwicklung. Diese Leistungen sind nicht daran gebunden, in welcher Form sich die Familie präsentiert. Noch bis vor wenigen Jahren wurde sie als eine Kleingruppe definiert, bestehend aus einem Ehepaar und seinen gemeinsamen Kindern, die in einer dauerhaften Haushaltsgemeinschaft zusammenleben. Diese Gleichsetzung von Familie mit vollständiger Vater-Mutter-Kind-Konstellation ist mittlerweile überholt, in der Realität aber noch weitverbreitet. Heute wird Familie als Beziehungsgefüge verstanden, d. h. als Lebensgemeinschaft von Menschen unterschiedlicher Generationen, die in einem Nachkommenschaftsverhältnis zueinander stehen. Dazu gehören klassische Familienkonstellationen mit Kind oder Kindern biologischer Eltern, mit Ersatzfamilien, alleinerziehenden Vätern und Müttern, Patchworkfamilien, Ein- und Mehrkindfamilien, Living-apart-together-Familien, Adoptivfamilien, Stieffamilien etc. Die Familienformen und auch die Muster von Elternschaft sind somit sehr vielfältig. Trotz des rasanten gesellschaftlichen Wandels hat sich die Familie als zeitstabiles soziales Beziehungssystem erwiesen, das gegenüber alternativen Lebensformen noch immer bevorzugt wird.

Ähnliches gilt für den Begriff *Kindheit*. Aus einer juristischen Perspektive wird sie definiert als Status der Minderjährigkeit, d. h. der zivil- und strafrechtlichen Unmündigkeit. Entwicklungspsychologisch umfasst Kindheit die Altersphase zwischen 0 und 14 Jahren, während der Begriff Jugend für die Altersphase zwischen 14 und 18 Jahren verwendet wird. Im Plural verwendet, verweist der Begriff Kindheiten darauf, dass Kinder sehr unterschiedlich aufwachsen und sich in Bezug auf ihre soziale, kulturelle und religiöse Herkunft, ihre Aufwachsbedingungen und Familienkonstellationen enorm voneinander unterscheiden.

Im Hinblick auf die Bedingungen und Herausforderungen, auf welche moderne Familien und ihre Kinder treffen, aber auch wenn es um vergangene Zeiten geht, kursieren viele *Mythen*. Die wichtigsten werden nachfolgend auf der Basis empirischer Erkenntnisse kritisch durchleuchtet.

Familienmythen

Die Familie ist ein eigenes Universum, vor allem jedoch ein sozialer Raum. Ist dieser einigermaßen intakt, kann sich jeder in ihr, ob Kind oder Erwachsener, angemessen verhalten und entwickeln und Geborgenheit, Vertrauen, Nähe und Intimität erfahren. Für Kinder sind dies elementare Grundlagen, um Kapazitäten aufzubauen, Kompetenzen zu entwickeln und Handlungspotenziale zu erwerben, welche sie zur Teilnahme am gesellschaftlichen Leben befähigen. Dabei spielen auch die materielle Fürsorge und die Vermittlung von Werten eine wichtige Rolle.

Empirisch findet die enorme Bedeutung der Familie ihre Bestätigung. Wer Kinder fragt, was ihnen am wichtigsten ist, wird in den allermeisten Fällen die Antwort bekommen:

Familie und Freunde. Sie haben eine größere Bedeutung als Geld und Besitz. Dies belegen mit regelmäßiger Deutlichkeit die Shell-Jugendstudien.[1] In der letzten Befragung waren beispielsweise Familienorientierung, Freundschaft und Ehrlichkeit die wichtigsten Werte der interviewten Jugendlichen. Die hohe Wertschätzung der Familie erstreckt sich dabei auf die ganze Vielfalt der Familienformen – von der klassischen Kleinfamilie über die Patchworkfamilie bis hin zur Großfamilie. Auch in der an die Shell-Studie angelehnten World Vision Studie[2] stellten die meisten Kinder zwischen sechs und elf Jahren ihren Eltern ein gutes Zeugnis aus. Allerdings war die Aufmerksamkeit der Väter und Mütter ihnen gegenüber für sie ein großes Thema, wünschte sich doch gut die Hälfte mehr gemeinsame Zeit. Dabei war nicht die Anzahl der Stunden das wichtigste Element, sondern wie regelmäßig und verlässlich die Eltern da waren und was sie mit ihren Kindern zusammen machten.

Väter und Mütter werden in ihrer Aufgabenbewältigung mit vielen Mythen konfrontiert und oft auch von ihnen geleitet. Solche Mythen geistern in der Gesellschaft allgemein, in der Bildungs- und Sozialpolitik im Besonderen und ganz ausgeprägt auch im Verwandten- und Freundeskreis herum. Nachfolgend werden sieben Mythen diskutiert:

- Das perfekte Kind ist das Ergebnis der Erziehung.
- Eine Erziehung auf Augenhöhe ist am erfolgreichsten.
- Paare, die Beruf und Familie vereinbaren können, sind besonders glücklich.
- Niemand hat noch Zeit für die Kinder.
- Die »Qualitätszeit« befreit Eltern von Schuldgefühlen.
- Berufstätige Frauen haben die Ideologie der guten Mutter überwunden.
- Nur ein präsenter Vater ist ein guter Vater.

Mythos 1:
Das perfekte Kind ist das Ergebnis der Erziehung

Eltern können beim Kind nahezu alles erreichen, wenn sie nur verantwortlich handeln. Dieser Mythos ist weitverbreitet, genauso aber auch der Gegenmythos, wonach die kindlichen Eigenschaften bei Geburt festgelegt und kaum modifizierbar sind. Was genau kann nun Erziehung überhaupt ausrichten?

Die zentrale Aufgabe von Müttern und Vätern ist die Erziehung und Sozialisation ihrer Kinder, d. h. das Mitgliedwerden in der Gesellschaft. Als Bezugspersonen sind sie in dreifacher Hinsicht relevant: als Interaktionspartner, als Erziehungsverantwortliche und als Entwicklungsförderer.

- **Eltern als Interaktionspartner:** Zunächst sind Väter und Mütter für ihre Kinder Interaktionspartner. Interaktionen geschehen ohne Intention, d. h. ohne bewusste erzieherische Absichten. Dazu gehört beispielsweise, wie Eltern auf ihr Kind eingehen, wie sie es lenken und anleiten, wie sie mit ihm sprechen, es trösten oder ermuntern. All diese Aspekte haben schon früh einen großen Einfluss auf die Qualität der kindlichen Bindungserfahrungen. Allerdings spielen nicht nur die Eltern, sondern auch die Kontextfaktoren (familienergänzende Betreuung, Verwandte, Geschwisterkonstellation etc.) eine Rolle, ebenso die kindlichen Temperamentsmerkmale.[3]
- **Eltern als Erziehungsverantwortliche:** Väter und Mütter verbinden mit ihrem Verhalten auch eine erzieherische Absicht. Das Methodenrepertoire ist sehr breit und kann sich beispielsweise auf die kindlichen Verhaltensweisen konzentrieren (z. B. Tischmanieren oder Reinlichkeitserziehung), auf die Einhaltung von Normen und Werten (z. B. das Befolgen und Einhalten von Regeln

beim Zähneputzen, beim Zimmer aufräumen etc.), auf Entwicklungsanregungen (z. B. Zeigen, Vormachen, Erklären) oder auch auf Maßnahmen, um bestimmte Verhaltensweisen zu festigen (z. B. Loben, Belohnen, Korrigieren, Strafen, Mahnen). Eine wichtige erzieherische Bedeutung hat auch der Schutz des Wohlbefindens, indem Eltern ihre Kinder behüten, vor Gefahren schützen und auch aktive Präventionsarbeit leisten. Hierzu gehören etwa das Ernährungs- und Gesundheitsverhalten oder die gewaltfreie Erziehung, aber ebenso pränatale Bemühungen werdender Mütter, um das Kind schon vor der Geburt vor pathogenen Einflüssen zu schützen (beispielsweise durch Stressreduktion am Arbeitsplatz, Verzicht auf Rauchen und Alkohol, Eisensubstitution, Kontrolle des Körpergewichts etc.).

■ **Eltern als Entwicklungsförderer:** Eltern tätigen auch direkte und indirekte Investitionen für das Kind. Diese umfassen ökonomische Entscheidungen und psychologische Verhaltensweisen. Ökonomische Entscheidungen betreffen beispielsweise den Wohnort der Familie und wie viel Väter und Mütter arbeiten wollen respektive müssen oder welche Tagesbetreuung für das Kind gewählt wird. Psychologische Verhaltensweisen umfassen etwa die Gestaltung der gemeinsamen Zeit, die Art und Weise, wie die Eltern mit ihrem Kind sprechen oder mit welchen Maßnahmen sie es zur Selbstständigkeit erziehen. Im Vorschulbereich und in der Grundschule zeigt sich dies ganz besonders darin, mit wie viel Bedacht die Spielmaterialien, die Spielumgebung oder Förderkurse ausgewählt werden und dabei der Entwicklungsstand des Kindes berücksichtigt wird. Denn nicht alle Spielzeuge, Förderangebote oder Medien sind bereits dann angemessen, wenn sie als »modern« oder gar als »pädagogisch wertvoll« bezeichnet werden oder die Nachbarn diese ebenfalls nutzen.

Welche Rolle spielen dabei eigentlich die Gene? Oft hört man ja den Seufzer von Vätern und Müttern, Tanten und Onkeln, dass das Kind leider »das Temperament des Vaters« oder »das Verhalten der Großmutter« geerbt habe und es deshalb ein ebenso faules, verträumtes, aggressives oder verhaltensschwieriges Schulkind sei. Manchmal trifft aber auch Gegenteiliges zu, vor allem wenn ein Kind etwas schon ungewöhnlich früh kann und Eltern überzeugt sind, dass dies der Ausdruck einer außerordentlichen Begabung sei, die auch schon bei der Mutter väterlicherseits festgestellt worden sei. Solche Überzeugungen sind ähnlich verbreitet wie der Mythos, dass ein gut erzogenes oder frühreifes Kind das alleinige Ergebnis der Erziehung, also kompetenter Eltern, sei. Wer hat recht? Sind es die Gene oder spielt doch eher die Umwelt die zentrale Rolle? Diese uralte Frage, die im Englischen als »nature-nurture«-Debatte bekannt geworden ist, gilt heute als wissenschaftlich nicht mehr haltbar. Weder bedeutet »vererbt« oder »genetisch«, dass Merkmale nicht durch Umwelteinflüsse verändert werden können, noch meint »umweltabhängig«, dass der Veränderbarkeit keine Grenzen gesetzt wären. Sowohl die Gene als auch die Umwelt beeinflussen die menschliche Entwicklung. Zudem ist aus der entwicklungsgenetischen Forschung bekannt, dass nicht nur die Eltern mit ihrer Erziehung das Kind prägen, sondern dieses auch seine Eltern beeinflusst und dass ebenso mit den sonstigen Umwelten (die Welt der Kita, der Großeltern, des Förderkurses etc.) eine Wechselbeziehung besteht. Es geht heute somit nicht mehr um die Frage, ob Genetik oder Erfahrung, ob Anlage oder Umwelt zählen. Eine Trennung von genetischen Wirkungen und von Umwelteinflüssen ist nicht möglich. Gene und Umwelt wirken bei den kindlichen Aufwachsprozessen zusammen.

Was folgt daraus? Dass wie bei so vielem die Wahrheit in der Mitte liegt. Das Kind ist weder das Ergebnis der Umwelt, d.h. von Bildung, Förderung und Erziehung, aber es ist auch nicht Opfer eines genetisch vorbestimmten Entwicklungsprogramms. Kinder sind form- und förderbar, aber der Entwicklung ihrer Fähigkeiten sind auch Grenzen gesetzt. Gerade die Euphorie um die frühe Förderung unterschlägt dies oft. Gleichzeitig wird zu wenig berücksichtigt, dass Kinder auch ein gewisses Maß an Resilienz entwickeln können. Resiliente, d.h. psychisch widerstandsfähige Kinder können mit den Folgen belastender Lebensumstände relativ unbeschadet umgehen und dabei Bewältigungskompetenzen entwickeln. Ausschlaggebend ist allerdings die Ausgangssituation. Kinder, die in einem schützenden Umfeld mit verlässlichen Erwachsenen (Eltern, Verwandte etc.) und/oder einer guten Fremdbetreuung aufwachsen, haben in jedem Fall bessere Ausgangsbedingungen als Kinder mit einem weniger günstigen Umfeld.

Frühe Bildungsprogramme, die sich der Resilienzförderung annehmen, haben deshalb eine große Bedeutung. Aber es ist nicht so, wie oft behauptet, dass Resilienz im Voraus durch frühe Förderung »erlernt« und dann für den weiteren Bildungsweg und den Schulerfolg als gespeicherter Vorrat genutzt werden kann. Kinder können nicht per se widerstandsfähig gemacht werden. Resilienz entwickelt sich nicht aus der Vermeidung von Risiken, sondern gerade durch die Herausforderung, den Umgang mit Risiken zu lernen.

Mythos 2:
Eine Erziehung auf Augenhöhe ist am erfolgreichsten

Der Frühförder-Boom hat zu Behauptungen geführt, dass gute Schulleistungen und bedeutende Leistungen im Erwachsenenalter in erster Linie ein Ergebnis der vorschulischen Förderung von Sprach- oder Mathematikkompetenzen oder der vorzeitigen Einschulung seien. Solche Behauptungen werden jedoch durch viele Längsschnittstudien widerlegt. Die Familie ist wichtiger als jeder Förderkurs. Benjamin Bloom hat schon 1985 aufgezeigt, wie bedeutsam der Einfluss der Familie ist. Auch viele der nachfolgenden Untersuchungen haben dies bestätigt: Für die schulische und berufliche Laufbahn ist viel wichtiger, aus welcher Familie Kinder und Jugendliche stammen, und nicht, ob sie in frühen Programmen gefördert wurden oder welche Schulform sie besuchten. 50 Prozent des Bildungserfolgs lässt sich allein durch Faktoren jenseits schulischer Förderung erklären, wobei die familiären Faktoren den größten Anteil haben.[4] Sie spielen in der kindlichen Entwicklung die insgesamt bedeutsamste Rolle. Das gilt sowohl in negativer als auch in positiver Hinsicht.

Es lohnt sich deshalb, einen Blick auf die elterlichen Erziehungsstile zu werfen und den immer wieder gehörten Mythos zu untersuchen, dass eine Erziehung auf Augenhöhe, also eine, welche das Kind als Partner – oder, noch besser, als Freund – versteht, die bestmögliche sei. Inwiefern stimmt dies? Und, gibt es überhaupt einen Zusammenhang zwischen den Verhaltensmustern der Eltern und dem Schulerfolg der Kinder?

Erziehungsstile bezeichnen die dominante Form konkreten erzieherischen Verhaltens von Vätern und Müttern in der Interaktion mit ihren Kindern. Berühmt geworden sind vor allem die Studien der Amerikanerin Diana Baumrind[5] mit Vorschulkindern. In ihrer ersten Untersuchung teilte sie Vorschulkinder in drei Gruppen ein:

- in Kinder mit hohen Werten in der sozialen und geistigen Reife, einer hohen Leistungsorientierung sowie einem überdurchschnittlichen Selbstvertrauen;
- in nur mäßig selbstbewusste, misstrauische und eher zurückgezogene Kinder mit einer ambivalenten Leistungsorientierung;
- in Kinder mit geringen Werten im Selbstbewusstsein, einer hohen Kontaktscheu und einer schwachen Leistungsorientierung.

Das Verhalten der Eltern wurde anhand von vier Indikatoren bewertet: inwiefern sie sich bemühten, das Kind zu beeinflussen und ihm ihre Standards zu vermitteln (»Kontrolle«); inwiefern sie ein hohes Leistungsniveau in intellektueller, aber auch in sozialer und emotionaler Hinsicht erwarteten (»Anforderungen«); inwiefern sie in ihrer Kommunikation klar waren, d. h. ihr Kind mit Argumenten erziehen wollten, aber auch seine Meinung berücksichtigten (»Eltern-Kind-Kommunikation«), sowie inwiefern sie ihm auch emotionale Zuwendung, also Liebe, Fürsorge, Mitgefühl und Anteilnahme schenkten (»emotionale Zuwendung«).

Als die Kinder neun Jahre alt waren, wiederholte Diana Baumrind die Untersuchung. Dabei kombinierte sie, wie in Abbildung 1 dargestellt, zwei Grunddimensionen miteinander: die Forderungs- und Kontrollleistungen und die Unterstützungsleistungen der Eltern inklusive ihrer emotionalen Zuwendung. Aus diesen elterlichen Erziehungsleistungen konnte sie vier Erziehungsstile ableiten: den autoritären (ausgeprägte Forderungs- mit wenig Unterstützungsleistungen), den nachgiebigen (ausgeprägte Unterstützungs- mit wenig Forderungsleistungen), den autoritativen (ausgewogene Kombination von Unterstützungs- und Forderungsleistungen) und den unbeteiligten Erziehungsstil (mit sowohl wenig Unterstützungs- als auch wenig Forderungsleistungen). Dabei zeigte sich, dass die autoritativ erzogenen Kinder sowohl in Bezug auf die soziale Kompetenz, die Leistungsorientierung und die Zielstrebigkeit besser abschnitten als die Kinder aller anderen Gruppen.

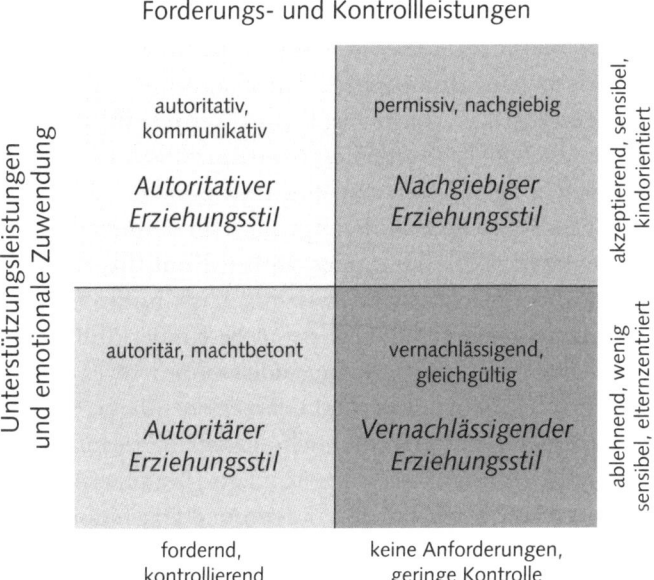

Abbildung 1: *Klassifizierung von Erziehungsstilen nach Diana Baumrind*

- **Autoritative Eltern** sind akzeptierend und klar struktu-
rierend, warmherzig, aufmerksam und feinfühlig gegenüber den Bedürfnissen des Kindes. Sie stellen vernünftige
Anforderungen und erlauben ihm auch, eigenständige
Entscheidungen zu treffen, setzen aber klare Grenzen
und pochen auf deren Einhaltung. Diese Verhaltensstan-
dards werden dem Kind erklärt und begründet. Falls
nötig, werden auch Befehle und Sanktionen angewendet.
- **Autoritäre Eltern** wollen, dass ihnen das Kind bedingungslos gehorcht. Ist dies nicht der Fall, dann wird es
bestraft, wenn nötig auch körperlich. Häufige Anord-
nungen, Zurechtweisungen, harsche Kritik und eine Einschränkung jeglicher Autonomiebemühungen und freier
Meinungsäußerung stehen auf der Tagesordnung. Es gibt
engere Grenzen, mehr Regeln und Verbote für die Kinder, als für ein geordnetes Zusammenleben notwendig
wären. Folgen davon sind eine im Gegensatz zu den oft
hohen Leistungsanforderungen der Eltern geringe Leis-
tungsmotivation der Kinder, stärkere Konflikte, Rivalitä-
ten und ein schlechterer Zusammenhalt in der Familie.
Außerhalb der Familie haben solche Kinder Mühe, sich
sozial angemessen gegenüber anderen Kindern, aber auch
gegenüber Betreuungs- und Lehrpersonen zu verhalten.
- **Nachgiebige Eltern** (oft auch »Laisser-faire«-Eltern genannt) verhalten sich ihren Kindern gegenüber respon-
siv, d. h. sie reagieren empfindsam und angemessen, unterstützen ihre Selbstständigkeit und Individualität und
beziehen sie bei Entscheidungen mit ein. Jedoch fordern
sie wenig vom Kind und kommunizieren kaum, was sie
von ihm erwarten. Auch Grenzen und Regeln werden
selten formuliert, geschweige denn konsequent durchge-
setzt. Nachgiebige Eltern ordnen ihre Bedürfnisse und
Rechte häufig denen der Kinder unter. Ihr Ziel ist es, sie

von erzieherischen Zwängen zu schützen oder zu befreien. Solche Kinder haben in der Kita, im Kindergarten oder in der Schule jedoch häufig Mühe, sich an Verhaltensregeln anzupassen und zu akzeptieren, wenn sie nicht dauernd im Mittelpunkt stehen.

- **Vernachlässigende Eltern** sind distanziert und kaum erreichbar. Sie stellen keine oder geringe Anforderungen und kümmern sich nur am Rande um das Wohlergehen des Kindes oder um seine Befindlichkeit in Kindergarten oder Schule. Zudem sind sie wenig darüber informiert, was ihre Kinder tun und welche Bedürfnisse sie haben. Oft sind sie auch unzufrieden, weil Kinder »lästige« Pflichten mit sich bringen. Das Ausmaß ihrer Verpflichtungsgefühle ist entsprechend gering, ebenso ihre investierten Kosten an Zeit und Anstrengungen. Vernachlässigende Eltern stammen oft aus randständigen Milieus, haben Drogen- oder Alkoholprobleme und leiden nicht selten auch an psychischen Erkrankungen. Vernachlässigend erzogene Kinder haben häufig Störungen im Bindungsverhalten und Defizite in der intellektuellen Entwicklung.

Wie verbreitet sind diese Erziehungsstile? Hierzu gibt es nur sehr wenige Untersuchungen. Informativ ist deshalb die repräsentative Befragung bei 2000 zwanzigjährigen Personen[6], welche im Rahmen der Eidgenössischen Jugendbefragungen »ch-x« in der Schweiz durchgeführt wurde. Gemäß den Ergebnissen in Abbildung 2 ist der nachgiebige Erziehungsstil mit 41 Prozent am verbreitetsten, gefolgt vom autoritativen Erziehungsstil mit 30 Prozent. 22 Prozent der Befragten gaben an, autoritär erzogen worden zu sein, und 7 Prozent wuchsen in einem vernachlässigenden Elternhaus auf. Dabei zeigte sich auch ein deutlicher Zusammenhang zwischen dem Erziehungsstil und gesundheitlichen Merkmalen. Jugendliche aus autoritativen Familien wiesen die besten gesundheitlichen und psychischen Merkmale auf.

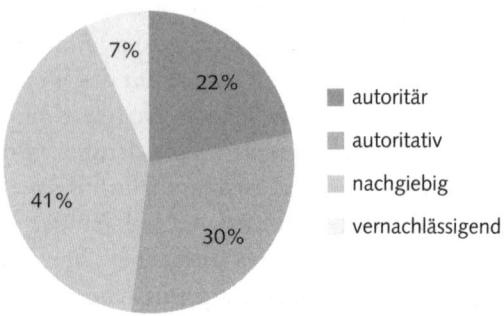

Abbildung 2: *Erziehungsstile im Blick 20-Jähriger in der Schweiz*

Die Forschung zeigt somit eindeutig, dass Eltern mit einem autoritativen Erziehungsstil am erfolgreichsten sind. Deshalb gilt er als der in unserem Kulturraum geeignetste Ansatz. Eine nachgiebige Erziehung auf Augenhöhe ist wenig entwicklungsförderlich und infolgedessen ein Mythos. Kinder brauchen Erwachsene, die ihnen Halt, Geborgenheit, klare Regeln, eindeutige Grenzen, aber auch Freiräume geben und gewähren.

Mythos 3:
Paare, die Beruf und Familie vereinbaren können, sind besonders glücklich

Der Erziehungsstil, den Väter und Mütter pflegen, ist das eine. Das andere ist die Frage, wie sie die inner- und außerhäusliche Arbeit organisieren und aufteilen. Im Allgemeinen geht man davon aus, dass berufstätige Paare glücklicher sind als solche, die eine traditionelle Arbeitsaufteilung wählen. Diese Aussage ist jedoch ein Mythos, der so nicht stimmt, und zwar deshalb, weil er zu wenig berücksichtigt, dass die Anforderungen an die Vereinbarkeit von Beruf und Familie die Partnerschaft auch auf eine besondere Weise herausfordern.

Eine Hauptfrage ist dabei, wie viel Zeit Paare überhaupt aufwenden können und wollen, um Erziehungsprinzipien und -praktiken auszuhandeln. Tatsächlich braucht gerade der autoritative Erziehungsstil immer wieder Absprachen zwischen den Partnern und auch viel Zeit, um Regeln aufzustellen, sie den Kindern zu verstehen zu geben und mit ihnen einzuüben, sie aber auch durchzusetzen. Aber gerade die Zeit und Gelassenheit, welche es dazu braucht, ist bei vielen Paaren oftmals nicht vorhanden, weil die Kräfte für die Bewältigung der Vereinbarkeit von Beruf und Familie gebraucht werden und man am Abend dann endlich auch einmal seine Ruhe haben will.

Die Vereinbarkeitsfrage ist ein Produkt der gesellschaftlichen Individualisierung und Pluralisierung von Wertvorstellungen, welche ihre Spuren im Familienleben hinterlassen haben. Mehr als die Hälfte der Mütter der einjährigen und fast zwei Drittel der dreijährigen Kinder sind heute berufstätig. Die mütterliche Berufstätigkeit ist faktisch zur Norm geworden und damit auch die Herausforderung, Beruf und Familie unter einen Hut zu bringen. Frauen müssen kaum mehr begründen, weshalb sie einen Beruf ausüben, sondern eher, weshalb sie »nur« Hausfrau und Mutter sind. Wer als erfolgreich gelten will, muss eigentlich beides vorweisen können: Kind und Karriere. Wie dem auch sei – hinter jedem der gewählten Modelle verbergen sich unterschiedliche Beweggründe und auch unterschiedliche Lebensformen. Während die einen ihre Zeit ganz der Familie widmen, wollen andere ihren Beruf ausüben, weil sie hoch qualifiziert sind und Freude daran haben. Für dritte wiederum ist die Berufstätigkeit eher ein Muss, weil sie auf das (Zweit-)Einkommen angewiesen oder weil sie alleinerziehend sind.

Die Vereinbarkeit von Beruf und Familie bringt große und neue Herausforderungen mit sich. Vor allem im Zusammenhang mit der verantworteten Elternschaft, d. h. dass Eltern von unserer Gesellschaft vollumfänglich für das Wohl ihres Kindes verantwortlich gemacht werden, ist auch die These von der strukturell überforderten Familie formuliert worden.[7] Gemeint ist damit, dass Väter und Mütter nicht nur das Vereinbarkeitsdilemma lösen müssen, sondern sich auch wie keine Generation zuvor um ihre Kinder kümmern sollen. Deshalb lässt ein solches intensives, emotionales und zeitlich anspruchsvolles Engagement lediglich eine eingeschränkte Partnerschaft zu und den Müttern und Vätern selbst nur wenig freie Zeit. Gerade die ständigen Diskussionen darüber, wer was, wann und wie macht, kosten Zeit und Energie, sodass Vätern und Müttern als Paar letztlich nur das bleibt, was die Kinder übrig lassen. Auch ein »Wochenende für die Zweierbeziehung«, wie dies in psychologischen Ratgeberbriefkästen immer wieder empfohlen wird, ist oft schwierig zu verwirklichen, weil Großeltern, Freunde und Verwandte bereits stark in die familienergänzende Alltagsbetreuung einbezogen sind und an den Wochenenden nicht auch noch zur Verfügung stehen wollen oder können. Damit die Beziehung zwischen Vätern und Müttern nicht im Alltag zu ertrinken droht, müssen sie sich aktiv um die Qualität ihrer Beziehung bemühen. Die Vereinbarkeit von Beruf und Familie macht somit nicht a priori glückliche Paare. Vielmehr müssen sie sich das Glück erkämpfen und erarbeiten, manchmal mit ungewissem Ausgang.

Mythos 4:
Niemand hat noch Zeit für die Kinder

Die These der strukturell überforderten Familie konzentriert sich zunächst einmal auf die Mütter als »Rabenmütter«. Sind sie berufstätig, müssen sie sich oft Vorwürfe gefallen lassen, sie seien die Ursache dafür, weshalb heutige Familien keine Zeit mehr für ihre Kinder hätten. Dieser Mythos ist jedoch falsch. Mütter sind zwar emanzipiert, wie wir dies nie zu träumen gewagt hätten, kümmern sich jedoch nicht weniger, sondern viel mehr um ihre Kinder als jede Generation zuvor. Dies trifft auch für Väter zunehmend zu. Der Aufwand für Erziehungs-, Förder-, Betreuungs- und Überwachungsleistungen ist in den letzten fünfzehn Jahren massiv gestiegen. Der Hauptgrund liegt in der verstärkten Berufstätigkeit der Mütter, vor deren Hintergrund die Vereinbarkeitsfrage auch angesichts der wenig optimalen institutionellen Betreuungsangebote zu einer besonderen Herausforderung wird. Eltern müssen den Terminplan ihrer Kinder im Kopf und das eigene Zeitmanagement im Griff haben, aber auch damit umgehen, dass weder ihre berufliche Arbeitswelt noch die Schule, die Kinderbetreuungs- und Freizeitinstitutionen zeitlich flexibel sind. Vermehrte Zeitkonflikte sind somit eine logische Folge.

Aus solchen Gründen ist Kinderbetreuung eine zeitintensive Tätigkeit geworden. Die Arbeitskräfteerhebung (SAKE) des Schweizerischen Bundesamtes für Statistik aus dem Jahr 2014 zeigt in Abbildung 3 auf, wie intensiv sich Väter und Mütter heute mit den Kindern beschäftigen und wie sehr die Annahme widerlegt werden kann, niemand habe heute noch Zeit für die Kinder. Eltern engagieren sich immer mehr für ihre Kinder, d. h. um ihnen Essen zu geben, sie zu waschen, mit ihnen zu spielen, ihnen bei den Hausaufgaben zu helfen sowie sie zu begleiten und zu trans-

Durchschnittlicher Zeitaufwand für
Kinderbetreuung* in Stunden pro Woche

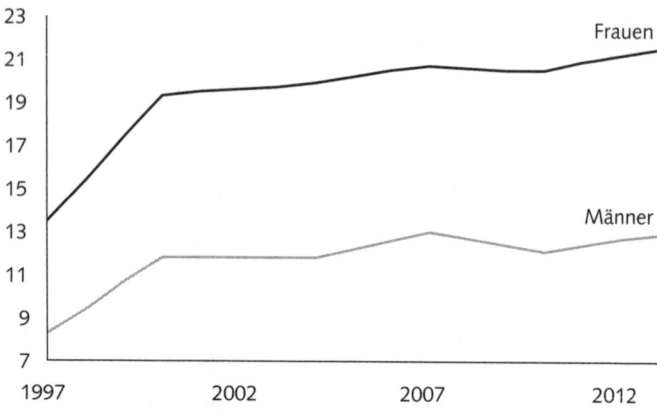

* Kleinkindern Essen geben, waschen, mit Kindern spielen, Hausaufgaben machen,
Kinder begleiten, transportieren

Abbildung 3: *Zeitaufwand für Kinderbetreuung im Jahr 2014 in
der Schweiz*

portieren. Waren es bei den Müttern im Jahr 1997 noch
durchschnittlich 13,6 Stunden pro Woche gewesen, so waren es im Jahr 2013 21,5 Stunden, also acht Stunden mehr.
Bei den Vätern stieg der Aufwand von 8,3 Stunden pro Woche im Jahr 1997 auf 12,8 Stunden, was einer Zunahme von
5,5 Stunden entspricht.[8]
Gemäß dieser Statistik sind es somit nach wie vor die
Mütter, welche sowohl für die häusliche Arbeit als auch für
die Kinderbetreuung verantwortlich sind und mit allen
Kompromissentscheidungen durch den Berufsalltag jong-
lieren. Sie praktizieren eine intensive Mutterschaft und investieren um einiges mehr ihrer freien Zeit als die Väter. Darauf verweist auch die neue Studie von Hans Bertram
»Reiche, kluge, glückliche Kinder«.

56

Obwohl der aktive Einbezug der Männer in den Familienalltag deutlich zugenommen hat und sie sich in der Erziehung und Betreuung der Kinder stärker engagieren, scheint
die Aufteilung der Arbeitszeit und Verantwortung von Be-
rufsarbeit und Kinderbetreuung zwischen den Geschlech-
tern nicht ausgewogen zu sein.[9] Dies gilt auch dann, wenn
die Partnerin Vollzeit arbeitet. Trotzdem hat sich der Anteil
an Paarhaushalten mit kleinen Kindern und gemeinsamer
Verantwortung für die Hausarbeit seit 1997 mehr als ver-
doppelt. Es gibt somit auch eine intensive Vaterschaft, ohne
dass diese allerdings die Verfügbarkeit der Väter in ihrer Erwerbsarbeit groß beeinflusst hätte. Denn die beruflichen
Zwänge, denen sie unterliegen, werden von der Gesellschaft
nach wie vor deutlich höher gewichtet als diejenigen der
Mütter.

Vor diesem Hintergrund ist es schade, dass der etwas ab-
schätzige Begriff der »Helikopter-Eltern«[10] so stereotyp um
sich greift. Wie im vorangehenden Kapitel bereits ausgeführt, ist damit gemeint, dass Väter und Mütter ihren
Nachwuchs dauerkontrollieren und ihn auch überallhin
begleiten. Zwar ist der Begriff nicht abwegig. Gleichwohl
beleuchtet er relativ einseitig die Auswirkungen auf das
Kind. Er spricht die Eltern nonstop schuldig, ohne die ihnen von der Gesellschaft zugeschriebene Rundumverant-
wortung zu berücksichtigen, die auf ihnen lastet, und auch
den enormen Zeitdruck, unter dem die Berufstätigen unter
ihnen heute im Zusammenhang mit der Beaufsichtigung,
der Organisation von Fördermaßnahmen und Aktivitäten
außer Haus stehen. Die unsichtbare Erhöhung des zeitli-
chen Aufwands, die immer höheren Leistungsanforderungen, verbunden mit der steten Sorge und den Schuldgefühlen, verursachen für Eltern größten Stress und lassen sie zu
viel beschäftigten Menschen werden. Solche Ursachen des

Verhaltens und die Folgen für die Eltern selbst und ihre Paarbeziehung blendet die negativ gefärbte Diskussion um »Helikopter-Eltern« jedoch aus.

Mythos 5:
Die »Qualitätszeit« befreit Eltern von Schuldgefühlen
Eigentlich könnten Väter und Mütter, die beruflich besonders engagiert und eingespannt sind und bisweilen mit Schuldgefühlen und Stressempfinden zu kämpfen haben, auf das Konzept der »Quality Time« Bezug nehmen und sich etwas beruhigt zurücklehnen. Das Konzept besagt, dass nicht die Menge, sondern die Qualität der Zeit zentral ist, die Eltern mit ihren Kindern zu Hause verbringen. Mit Qualitätszeit gemeint sind »verlässliche und selbstbestimmte Zeitoptionen, die für gemeinsame Aktivitäten genutzt« und die »bewusst als Familienzeit wahrgenommen werden«[11].

Das Konzept ist jedoch ein doppelbödiges und die Aussage, wonach eine Qualitätszeit die Eltern von Schuldgefühlen befreie, ein Mythos. Denn die Forderung, dass die Zeit zu Hause Qualitätszeit sein müsse, beinhaltet ja gerade die – allerdings versteckte – Annahme, die Zeit in der Kita, bei den Großeltern oder in einer Tagesfamilie sei nicht so gut und müsse von den Eltern kompensiert werden. Genau dies macht auch die Doppelbödigkeit der Diskussion aus: Einerseits betonen vor allem diejenigen, welche die Familie vor Zerfallserscheinungen bewahren wollen, immer wieder, wie wichtig es sei, dass Eltern – gemeint sind allerdings vor allem die Mütter – viel Zeit mit ihren Kindern zu Hause verbringen. Im Gegensatz dazu unterstreichen die Verfechter des Vereinbarkeitsparadigmas bei jeder Gelegenheit, dass die Qualität viel wichtiger sei als die Menge an Zeit, die sich Eltern zu Hause nehmen, um dem Kind ungeteilte

Aufmerksamkeit zu schenken. Gerade solche Aussagen enthalten jedoch die unausgesprochene Aufforderung, dass Eltern gerade dann, wenn sie zu Hause sind, professionell sein müssen. Halbherziges oder gar relaxtes Elternsein genügt in keiner Art und Weise. Die Zeit muss besonders gut genutzt werden! Solche Botschaften setzen ungewollt einen Teufelskreis in Gang. Denn sie ziehen nicht nur Stress- und Überforderungsgefühle nach sich, sondern wirken sich wiederum auf die Qualitätszeit aus und führen dazu, dass Eltern noch mehr investieren, d. h. das Kind unbedingt und unter allen Umständen als Mittelpunkt des Familienlebens betrachten und seine Bedürfnisse in jedem Fall befriedigen wollen.

Zwar hat das Konzept der Qualitätszeit etwas Bestechendes an sich. Denn wer würde nicht selbstbestimmte Zeitoptionen gutheißen, welche bewusst als Familienzeit wahrgenommen werden können. Nur scheint damit eine versteckte Botschaft durch, dass nämlich Tätigkeiten, bei denen der Fokus nicht ausschließlich auf den Nachwuchs gerichtet ist, keine Qualitätszeiten sind.

Gerade weil heute in vielen Familien die Zeit ein zentrales und kostbares Gut geworden ist, spricht das Konzept der Qualitätszeit die Emotionen der Eltern an. Denn die Forderung der Gesellschaft nach verantworteter Elternschaft erlaubt es Vätern und Müttern heute kaum mehr, nicht auf die Qualität des Umgangs mit ihrem Nachwuchs zu achten, also beispielsweise einfach da zu sein, ohne etwas Spezielles zu organisieren. Kinder »nur« spielen zu lassen ist für viele undenkbar geworden. Sie erachten dies als vertane Zeit. Passivität auszuhalten ist deshalb ein schwieriges Unterfangen geworden. Es versteht sich daher von selbst, dass Eltern den Zeitmangel am Wochenende mit viel Qualitätszeit ausbügeln wollen, wie immer sie diese auch definieren.

Mythos 6:

Berufstätige Frauen haben die Ideologie der »guten Mutter« überwunden

In den 1980er-Jahren haben wir krampfhaft gegen die Ideologie der guten Mutter angekämpft, d. h. gegen die Vorstellung, Mütter seien primär für die Kinderbetreuung verantwortlich, weil nur sie eine enge Bindung zu ihrem Kind haben, und solche, die erwerbstätig sind, könnten deshalb gar keine guten Mütter sein. Glücklicherweise hat sich in den letzten Jahrzehnten viel getan. Die Akzeptanz berufstätiger Mütter ist deutlich gestiegen und größer als je zuvor. Somit könnte man davon ausgehen, dass sich heutige Frauen vom Mythos der guten Mutter endgültig haben verabschieden können. Dies stimmt leider nicht. Denn viele empirische Daten zeigen, dass diese Ideologie in unseren gesellschaftlichen Leitvorstellungen nach wie vor eine hohe Verbindlichkeit hat. Frauen werden immer noch daran gemessen, ob sie gute Mütter sind. Und als solche gelten sie vor allem dann, wenn sie trotz Erwerbstätigkeit zu jeder Zeit für die Kinder da sind. Die kulturell stark verankerte Norm, diesem Modell zu entsprechen, ist gerade bei Doppelverdienerpaaren stark verbreitet. Dies zeigt sich darin, dass sich der Großteil der Mütter nicht dem Beruf, sondern in erster Linie den Kindern gegenüber verantwortlich fühlt und das Engagement auch auf sie ausrichtet. Ebenso erachten viele Frauen es als persönliches Problem, mit Schuldgefühlen umgehen zu können, jedoch nicht ebenso als ein Problem des Partners. Deshalb sind sie auch viel häufiger bereit, persönliche und zeitliche Bedürfnisse zugunsten der Kinder zurückzustellen.[12] Mit dem Druck, der auf ihnen lastet, gehen Mütter unterschiedlich um, entweder offensiv, indem sie versuchen, allen Ansprüchen unter beträchtlichen Opfern gerecht zu werden, oder indem sie ihn negieren.

Frauen sind somit immer noch stärker mit den traditionellen gesellschaftlichen Vorstellungen konfrontiert als Männer. Trotz ihrer inzwischen gesellschaftlich in vielen Berufen weitgehend gleichberechtigten Positionierung fixieren sie sich nach wie vor stark auf ihre Rolle als Frau und Mutter. Demzufolge geraten sie viel häufiger als Männer sowohl mit der traditionellen Mutterrolle als auch den beruflichen Möglichkeiten in Konflikt. Dies hat vielleicht damit zu tun, dass berufstätige Mütter vielfältigere Rollen ausüben müssen als Väter. Denn einerseits ermöglicht ihnen der Beruf ein soziales Netzwerk mit diversen Optionen und einer finanziell größeren Unabhängigkeit vom Partner. Andererseits müssen sie im Rahmen der Berufstätigkeit nicht nur außerfamiliäre Verantwortung übernehmen, sondern auch mehr innerfamiliäre Verpflichtungen als ihre Partner. Deshalb sind sie belasteter als Mütter, die sich ausschließlich der Familie widmen, und es scheint auch nachvollziehbar, wenn sich zunehmend mehr berufstätige Frauen – manchmal nur für eine bestimmte Zeitspanne – für die alleinige Mutterrolle entscheiden.

Mythos 7:
Nur ein präsenter Vater ist ein guter Vater
In den letzten Jahren hat sich vieles verändert: Väter investieren heute deutlich mehr Zeit in ihre Kinder – und das mit überwiegend hohem Engagement. Man könnte somit aufs Erste der Aussage durchaus etwas abgewinnen, dass nur ein präsenter Vater ein guter Vater sei. Doch erweist sie sich als Mythos.

Das sichtbare Engagement der Väter ist keine Selbstverständlichkeit. Doch hat es sich nicht etwa deshalb eingestellt, weil Väter einsichtiger geworden sind, dass sie für die Erziehung ihres Kindes eine große Bedeutung haben. Das

Engagement ist vielmehr eine Reaktion auf mindestens zwei Faktoren: auf Forderungen nach Gleichstellung und einer anderen Gerechtigkeit im Anschluss an die Frauenbewegung, aber auch auf die veränderten Erwartungshaltungen der Wirtschaft, die angesichts des zunehmenden Fachkräftemangels verstärkt auf qualifizierte weibliche Arbeitskräfte setzt. Forderungen, die andauernd in den Raum gestellt werden, die Väter hätten sich mehr an der Familien-, Erziehungs- und Haushaltsarbeit zu beteiligen, müssen deshalb relativiert werden. Zwar wollen Väter dies auch, doch konzentrieren sich viele von ihnen nach der Geburt des ersten Kindes trotzdem verstärkt auf ihre Berufstätigkeit und beschränken sich auf einen halben Tag Kinderhüten und Windeln wechseln pro Woche, während die Mütter sich auf ihr neues Leben als Hausfrauen und berufstätige Mütter einstellen.[13]

Der Hauptgrund, dass sie ihr berufliches Engagement nicht reduzieren wollen, liegt mehrheitlich darin, dass sie auf eine in hohem Ausmaß widerständige Berufswelt treffen. Zwar gibt es heute immer mehr Betriebe, welche auch Teilzeitarbeit für Männer einführen oder mit dem Label »familienfreundlich« werben. Dies ist aber nur die eine Seite der Medaille. Die andere ist die, dass viele Betriebe eine Verfügbarkeits- und Anwesenheitskultur pflegen und damit einem traditionellen Männlichkeitsmuster folgen. Richard Sennett schreibt darüber in seinem Buch *Der flexible Mensch*. Leistungsbereitschaft wird nach wie vor mit Präsenz und Produktivität gleichgesetzt. Die New Economy hat auch das Privatleben erobert, denn in vielen, auch kreativen Berufen muss man auch nach Feierabend damit beschäftigt sein, Kontakte zu knüpfen. Man hat somit zu den »richtigen« Zeiten anwesend und jederzeit einsetzbar zu sein. Wer »nur« Teilzeit arbeitet, weicht vom traditionellen Bild des »richtigen Mannes« ab und hat damit auch kaum Anrecht auf Aufstiegsambitionen. Dass dem tatsächlich so ist, belegt das Berliner Institut für sozialwissenschaftlichen Transfer.[14]

Vor diesem Hintergrund scheinen viele Väter zu resignieren, und es ist auch nachvollziehbar, dass in Deutschland zwar immer mehr Väter (aktuell ca. 29 %) eine Babypause einlegen, aber zunehmend eine kürzere. Drei von vier Vätern gehen gemäß dem Statistischen Bundesamt von 2013 für maximal zwei Monate in Elternzeit, Mütter dagegen weit überwiegend für ein ganzes Jahr.

Weil Väter nur dann auch als gute Väter gelten, wenn sie zu Hause anwesend sind, ist der Standardvorwurf seit Jahren weitgehend derselbe geblieben: Es sind nicht nur die berufstätigen Mütter, welche zu Hause bleiben müssen, wenn die Kinder krank sind, sondern Väter tun auch im Haushalt zu wenig. Wären Männer so präsent wie die Frauen, dann wäre vieles besser, und die Kinder müssten nicht weiterhin in einer »vaterlosen Gesellschaft« aufwachsen. Auf den ersten Blick scheinen die Daten in Abbildung 3 auf Seite 56 solche Vorwürfe zu bestätigen. So haben Mütter zwischen 1997 und 2013 beim Zeitaufwand um mehr als 70 Prozent zugelegt, die Väter nur zu gut 30 Prozent. Diese Asymmetrie entspricht ziemlich genau dem europäischen Durchschnitt, weshalb allgemein davon ausgegangen wird, dass es nicht mehr als 20 Prozent der Väter sind, welche sich bewusst und aktiv von der traditionellen Rollenerwartung distanzieren.[15]

Es gibt aber auch eine andere Sicht auf die Problematik, die den Mythos des präsenten Vaters arg strapaziert, nur ist sie bisher weitgehend nicht zur Kenntnis genommen worden. Forschungsergebnisse wie die von Michael Lamb, John Snarey oder Rob Palkovitz[16] zeigen nämlich anderes: Es kommt weniger auf das Ausmaß der väterlichen Präsenz als auf die unsichtbaren Leistungen der Väter in der Familie an. Deshalb können auch Vollzeit arbeitende Männer eine engagierte Vaterschaft praktizieren, die Entwicklung der Kinder positiv beeinflussen und die Mütter in vielerlei Hinsicht entlasten. Dass eine höhere väterliche Präsenz automatisch besser sei und die Partnerschaft glücklicher mache, stellen sie somit radikal infrage.

Weshalb nimmt man dies nicht verstärkt zur Kenntnis? Und weshalb setzt man so sehr auf das Stereotyp der väterlichen Präsenz als quasi einzigem Qualitätsmerkmal? Mit Sicherheit auch deshalb, weil sich die Forschung jahrelang ausschließlich auf das Präsenzmerkmal eingeschossen hat. Folglich ist es nur logisch, wenn eine Studie nach der anderen feststellt, Mütter würden nach wie vor mehr leisten in der Fürsorge für die Kinder und im Haushalt. Dies ist ja auch die implizite Botschaft von Abbildung 3, die ebenfalls nicht aufzeigt, was Väter jenseits der sichtbaren Leistungen für die Familie tun.

Der enge Fokus auf die Präsenz des Vaters hat dazu geführt, dass wichtige Aspekte von Vaterschaft in der aktuellen Diskussion vollkommen ausgeblendet werden. Dazu gehören seine vielen indirekten Beiträge zum Wohl der Kinder und der Familie jenseits seiner direkten häuslichen Präsenz. Beispielsweise, dass sich viele Väter neben den familiären Aufgaben ums Geldverdienen kümmern. Väter erwirtschaften hierzulande im Schnitt immer noch rund drei Viertel des Haushaltseinkommens. Ob wir dies gerne hören oder nicht: Auch Erwerbsarbeit ist eine männliche Form der Fürsorge. Weitere indirekte Leistungen sind beispielsweise:

- Kontroll- und Unterstützungsleistungen (z. B. bei Hausaufgaben helfen, Besuch eines Elternabends, Überwachung und Begleitung des kindlichen Medienkonsums);

64

- die Beschaffung von Gütern und Dienstleistungen zur materiellen Versorgung der Familie, etwa in Form von Überstunden oder um eine Ausstattung oder eine Fördermaßnahme des Kindes finanzieren zu können;
- die Unterstützung der sozialen Kontakte des Nachwuchses, beispielsweise, wenn es um Freundschaften geht; das väterliche Engagement in der Schule oder in anderen Institutionen zugunsten der Kinder;
- der Besuch beim Kinderarzt oder der Einkauf neuer Kleider mit dem Nachwuchs.

Um nicht falsch verstanden zu werden: Selbstverständlich brauchen wir ein neues Emanzipationsbündnis zwischen Frauen und Männern, zwischen Müttern und Vätern, um die gleichberechtigte Teilhabe beider Geschlechter am Arbeits- und Familienleben zu sichern. Aber dies können wir nur leisten, wenn wir den Blick auf die Aufgaben objektivieren, welche Väter in und neben der Familie für diese leisten. Väter sind nicht per se dann gute Väter, wenn sie präsent sind. Gerade weil dieser Mythos so dominant ist, gibt es deutliche Mängel in der Wertschätzung von Vätern. Viele von ihnen engagieren sich facettenreicher für Frau und Kind, als wir dies in unseren Köpfen wahrhaben wollen. Deshalb verstärkt der simplizistische Vorwurf an die zu diskrete Präsenz der Väter nur die aggressive Vorurteilsbildung.

Kindheitsmythen

Heute gilt Kindheit weniger als Altersstufe oder als individuelle Lebensphase, sondern als eine Seinsweise, die in gesellschaftliche Entwicklungen eingebunden ist. Die vorherrschenden Bilder von Kindheit und die Normen, wie

Kinder zu sein haben, gestalten auch den Umgang mit ihnen und beeinflussen ihren gesellschaftlichen Status. Beispielsweise hat der Trend zur Individualisierung der letzten Jahrzehnte dazu geführt, dass auch das Kind zunehmend als Persönlichkeit gilt und Erziehungswerten wie Selbstverwirklichung und Selbstentfaltung erste Priorität beigemessen wird. Diese Entwicklung hat zur Folge, dass der autoritäre Charakter von Erziehung immer mehr in den Hintergrund rückt. Dabei ist in der öffentlichen Diskussion weitgehend unbeachtet geblieben, dass eine sichere Bindung des Kindes an ihm nahestehende Bezugspersonen eine notwendige Grundlage jeglicher entwicklungsförderlicher Erziehung und Bildung ist.

Leider wird dieser Sachverhalt in hitzigen Diskussionen ideologisch oft missbraucht, etwa dort, wo die Frage, wie viel Mutter denn ein Kind zum guten Aufwachsen brauche, in erster Linie damit beantwortet wird, dass ihm die Kita schade und deshalb nur die Mutter die alleinige Bezugsperson sein könne. Um solche Fragen objektiv zu beantworten, muss man jedoch das ganze System berücksichtigen, in welchem das Kind aufwächst, aber auch sein Temperament und die Art und Weise, wie es gebildet und gefördert wird. Hierzu gibt es Mythen, die in vielen Köpfen tief verankert sind, Sieben von ihnen werden nachfolgend besprochen[17]:

- Die Bindung an die Mutter ist die einzig richtige.
- Väter sind in erster Linie gute Spielpartner.
- Kitas sind schädlich.
- Eine gute Schulvorbereitung ist die beste Frühförderung.
- Schon kleinste Kinder sind kompetent.
- Das Spiel ist eine veraltete Form von früher Förderung.
- Eine gut organisierte Kindheit schützt vor Nichtstun und Langeweile.

Mythos 1:
Die Bindung an die Mutter ist die einzig richtige

Menschen sind von Natur aus soziale Wesen. Der Säugling kommt mit einem angeborenen Bedürfnis nach sozialen Kontakten und emotionalen Beziehungen zur Welt. Bindung ist Schicksal. Somit ist es nicht die Entscheidung einer erwachsenen Person, ob sich das Kind an sie bindet, sondern umgekehrt. Je kleiner es ist, desto eher können auch andere Personen, die ihm nahestehen, zu Bindungsfiguren werden. Deshalb ist der weitverbreitete Mythos falsch, die Bindung an die Mutter sei die einzig richtige. Nötig ist ein differenzierterer Blick auf das, was die Forschung heute weiß.

Gemäß John Bowlby, dem Vater der Bindungstheorie, sind jedem Menschen zwei Verhaltenssysteme in die Wiege gelegt, ein Bindungs- und ein Erkundungssystem (auch »Explorationssystem« genannt):

- Das **Bindungssystem** ist so eingerichtet, dass der Säugling aktiv Schutz, Wärme und Zuwendung bei einer ihm innig vertrauten Person sucht.
- Das **Erkundungs- oder Explorationssystem** beinhaltet den angeborenen Drang des Kindes, die Welt mit allem, was dazugehört, frei und neugierig zu entdecken.

Bindungs- und Explorationssystem sind komplementär, d. h. sie stehen in einer Balance, sind voneinander abhängig und selbstregulierend. Bei einem Mangel werden die Systeme aktiviert, bei einer Sättigung beruhigt. Wird das Bindungssystem aktiviert, dann ruht das Erkundungssystem und umgekehrt. Demzufolge kann sich ein kleines Kind nur für seine Umwelt interessieren, wenn sein Bindungsverhaltenssystem befriedigt ist.

Wie Eltern mit ihrem Kind umgehen, zeigt sich schon ab dem ersten Lebenstag an der Qualität der Bindung. Innig und emotional wird sie, wenn das Kind mit Personen, die ihm nahestehen, gute Erfahrungen macht, d. h. seine Bedürfnisse befriedigt werden, es mit ihnen zusammen sein kann und sie sich ihm zuwenden. Im Gesamtsystem des menschlichen Verhaltens gilt die Beziehung des Kindes zu seiner Mutter als fundamental. Sie ist ein biologisches Programm. Gleiches gilt für die mütterliche Fürsorgebereitschaft, die am deutlichsten in ihrem feinfühligen Verhalten zum Ausdruck kommt. Mary Ainsworth, die engste Mitarbeiterin John Bowlbys, hat die Feinfühligkeit als das wichtigste Merkmal der Beziehung zum Kind bezeichnet. Feinfühligkeit meint, dass die kindlichen Signale wahrgenommen, richtig gedeutet sowie prompt und angemessen beantwortet werden. Deshalb hat Feinfühligkeit auch eine intuitive Komponente, weshalb auch von »intuitiver Elternvernunft« gesprochen und der Vater einbezogen wird.[18] Dies ist richtig so, denn folgt man der neuen Väterforschung, so können auch Väter eine Liebesbeziehung zum Neugeborenen aufbauen, verfügen sie doch über ähnliche biologische Kompetenzen wie Frauen. Während der Schwangerschaft erleben sie ähnliche Hormonschübe und sind sowohl in der Lage, zum Neugeborenen vergleichbare emotionale Bindungen aufzubauen als auch auf ein schreiendes oder lächelndes Baby ähnlich wie die Mutter zu reagieren. Es sind somit großenteils soziale Konventionen, die uns denken lassen, dass die Mutter nach wie vor wichtiger für die kindliche Entwicklung sei.

Diese Sensibilität ist das Herzstück der gesamten Entwicklung und wichtiger als jegliche familienergänzende Betreuung, sowohl im negativen als auch im positiven Sinn. Ein solches Verständnis von Bindung als engem Band zwischen Mutter (respektive Vater) und Kind ist unbestritten. Zweifel gibt es jedoch in Bezug auf die Frage, ob eine »dyadische« Beziehung zwischen Mutter und Kind universell ist, d. h. in allen Kulturen gilt. Die anthropologischen Grundlagenforschungen, wie etwa die Studien von Heidi Keller[19], belegen, dass es keine Urform der Kinderbetreuung gibt, sondern je nach Kultur sehr unterschiedliche Betreuungspraxen. Infolgedessen müssen auch unterschiedliche Definitionen von Bindungen akzeptiert werden. Das, was in einer Kultur als wichtig erachtet wird, kann in einer anderen Kultur als falsch gelten. Wie viel Mutter ein Kind braucht, um optimal zu gedeihen, ist somit immer vor dem Hintergrund kultureller Werte und Normen zu beantworten. Sicher ist, dass Fremdbetreuung zu den geschichtlich ältesten Sozialisationsbedingungen von Kindern gehört. Neu ist nur, dass heute aufgrund der verbreiteten Ideologie der »guten Mutter« Fremdbetreuung teilweise sehr umstritten ist und es für jede Meinung und Überzeugung Forschungsresultate gibt, die je nach Gutdünken interpretiert werden können.

Können kleine Kinder neben den leiblichen Eltern auch weitere Bindungsbeziehungen aufbauen? Die Antwort lautet Ja, aber nicht solche identischer Art. Weil Väter und Mütter immer die primären Bindungspersonen eines kleinen Kindes sind, können Erzieherinnen und Erzieher, Großeltern, Tagesfamilien oder Nannys kein Ersatz sein, sondern lediglich sekundäre Bezugspersonen. Selbstverständlich entwickeln Kinder auch zu ihnen Beziehungen, aber sie haben einen anderen Stellenwert und erfüllen andere Funktionen. Diese Funktionen können jedoch für ein gesundes kindliches Aufwachsen sehr wichtig sein. Eine sichere Bindung ist aus zwei Hauptgründen wichtig: Erstens, weil eine feinfühlige Zuwendung eine nachhaltige Wirkung auf den weiteren Lebensverlauf hat. Weil sich frühe Bindungserfahrungen auch auf der hirnphysiologischen Ebene auswirken, spielen Emotionen – in erster Linie der feinfühlige Umgang der Bezugspersonen mit dem Kind – eine wichtige Rolle. Zweitens belegen empirische Untersuchungen, dass sichere Bindungsbeziehungen eine gute Grundlage für einen erfolgreichen Schuleintritt und den späteren Schulerfolg darstellen. Viele Studien[20] zeigen, dass sicher gebundene Kindergartenkinder weniger aggressiv sind, insgesamt sozial kompetenter, in Konfliktsituationen gewandter und in Spielsituationen konzentrierter. Zudem verfügen Kinder, welche gute Beziehungen zu Erzieherinnen und Erziehern aufbauen konnten, eher über Strategien und Merkmale, welche in der Schule wichtig werden: Beharrlichkeit, Lernfreude und Anstrengungsbereitschaft. Somit hat eine sichere Bindung sowohl zu den Eltern als auch zu sekundären Bezugspersonen langfristig positive Auswirkungen. Was das Kind in seinen ersten Lebensjahren erlebt, ist für den Aufbau seiner Kapazitäten und Kompetenzen für den Schuleintritt zentral.

Was lässt sich aus diesen Ergebnissen folgern? Erstens, dass kleine Kinder Betreuungsbedingungen brauchen, welche qualitativ gute Bindungsbeziehungen garantieren. Dies gilt sowohl für zu Hause als auch für die familienergänzende Betreuung. Bindungsbeziehungen sind jedoch nicht ausschließlich auf die Mutter und den Vater ausgerichtet, sondern ebenso auf weitere Bezugspersonen. Zweitens ist Bindung eine wichtige Grundlage für Bildung. Deshalb kommt Bildung nicht allein durch frühe Förderung oder außerfamiliär organisierte Kurse zustande, sondern in erster Linie dann, wenn emotionale, sicherheitsgebende Beziehungen zu nahestehenden Personen vorhanden sind. Wenn somit Bindung eine so wichtige Bedeutung für alle Fördermaß-

nahmen hat, dann stehen insbesondere auch familienergänzende Institutionen vor einer besonderen Herausforderung.
Sie können nicht weiterhin lediglich ihrer formalen Betreu-
ungspflicht nachkommen, sondern sollten auch den Aufbau sicherer Beziehungen zu den ihnen anvertrauten Kindern garantieren können.

Mythos 2:
Väter sind in erster Linie gute Spielpartner
Die ursprünglich stark verbreitete Überzeugung der Bin-
dungstheorie, dass das kleine Kind nur eine innige emotionale Beziehung zu einer einzigen Person entwickeln kann
und dass dies die Mutter ist, hat dazu geführt, dass der Vater
als Bindungsperson über Jahrzehnte hinweg vernachlässigt
worden ist. Heute noch ist der Mythos verbreitet, dass der
Vater vor allem ein guter Spielpartner sei, der in der ersten
Zeit mit dem Säugling noch gar nicht viel anfangen könne.
Vor allem Karin Großmann und ihrer 2011 veröffentlichten
Studie ist es zu verdanken, dass Väter heute auch als wichtige, den Müttern in nichts nachstehende Bindungspersonen gelten. Allerdings ortet sie deutliche Unterschiede im
Interaktionsstil der Partner, gehen sie doch von Geburt an
mit dem Kind anders um. Während Mütter zu ihm einen
engeren Körperkontakt haben, emotional beschützender
sind und eher seine innere Gefühlswelt regulieren, zeigen
Väter im Allgemeinen stärkere Neigungen, das Kind im
physischen Tun anzuregen und seine Fähigkeiten wie auch
sein Selbstvertrauen herauszufordern. Für die emotionale
Zuwendung und das Mitgefühl ist somit die mütterliche
Feinfühligkeit sehr wichtig, während Gleiches für Väter in
Bezug auf die körperliche und psychische Entwicklung inklusive für das Selbstvertrauen gilt. Dementsprechend spielt
für das Erkundungsverhalten des Kindes die väterliche Fein-

fühligkeit eine wichtige Rolle, die mütterliche Feinfühligkeit für das Bindungsverhalten.

Dass die Forschung solche geschlechtsabhängigen Unterschiede feststellen konnte, ist an sich nicht erstaunlich. Denn bisherige Studien haben den gesellschaftlichen Rollenwandel nur am Rande berücksichtigt, basieren sie doch vor allem auf den klassischen geschlechtsspezifischen Rollen. Die Mutter ist für die Betreuung und die emotionale Grundversorgung des Kindes verantwortlich, während sich der Vater eher auf die spielerische Interaktion konzentriert. Anzunehmen ist jedoch, dass es je nach gelebtem Familienmodell große Unterschiede gibt zwischen den Vätern und den Müttern. Hierzu liegen allerdings noch kaum Untersuchungen und Forschungsergebnisse vor.

In der Bindungsbeziehung spielt auch das Temperament des Kindes eine wichtige Rolle. Diese Erkenntnis wurde lange Zeit vernachlässigt. Temperament ist der Ausdruck für individuelle Besonderheiten in emotionalen und affektiven Bereichen des Verhaltens. Sie sind schon früh in der Entwicklung zu beobachten und relativ zeitstabil. Von besonderem Interesse sind die Wechselwirkungen zwischen den Temperamenteigenschaften des Kindes und denjenigen seiner sozialen Umgebung (z. B. dem Bindungsverhalten der Eltern, ihren Erziehungsstilen, aber auch der Qualität der Kita- oder Tageselternbetreuung etc.). Erklärt werden solche Wechselbeziehungen mit dem Konzept der Kind-Umwelt-Passung. Passung entsteht dann, wenn die Umgebung, d. h. Erziehungs-, Betreuungs- und Förderbemühungen, dem Temperament des Kindes und seinen Fähigkeiten angepasst wird. Unter dieser Voraussetzung kann sich das Kind entfalten, gleichzeitig aber auch Verhalten und Sensitivität der Betreuungspersonen und damit letztendlich die Bindungsqualität beeinflussen. Fehlende Kind-Umwelt-

Passungen können deshalb auch ungünstige Auswirkungen haben. Zwei Beispiele können dies erläutern:

- **Unangemessene Reaktionen bei Schreibabys:** Reagieren Eltern auf ihr Schreibaby besonders nervös, dann wird es sein Schreien noch weiter intensivieren und damit den Teufelskreis verstärken. Andererseits lassen gerade exzessive Schreibabys die Eltern verzweifeln und treiben sie in die Erschöpfung. Sie beginnen, an ihrer eigenen Kompetenz zu zweifeln, weshalb es ihnen auch zunehmend schwerer fällt, eine positive Beziehung zum Kind zu entwickeln.
- **Falsche Stimulationen von »Begabungen«:** Manchmal werden Kinder in bestimmten Bereichen (Reitunterricht, Cellostunden etc.) stimuliert, in denen sie gar keine Begabungen und eigentlich auch kein Interesse haben. Die Eltern finden solche Bereiche aber besonders wichtig und bedeutsam für die Reputation, vor allem im Vergleich zu anderen Familien. Andererseits verfügt das Kind vielleicht in anderen Bereichen über herausragendes Potenzial, auf das Eltern nicht oder zu wenig reagieren, weil sie es als unbedeutsam einstufen. Infolgedessen können Kinder solche verborgenen Fähigkeiten gar nicht entwickeln und unter Beweis stellen.

Mythos 3:
Kitas sind schädlich
Für einen Großteil kleiner Kinder ist Fremdbetreuung, oft an mehr als einem Ort, ein Teil ihres Lebens. Als wichtige Errungenschaft der Moderne ermöglicht sie Müttern und Vätern, Kindererziehung und Berufstätigkeit miteinander zu vereinbaren. Trotzdem machen sich viele Eltern Sorgen über die Auswirkungen von Fremdbetreuung. Es versteht

sich deshalb von selbst, dass entsprechende Medienberichte jeweils ein großes Echo auslösen. Kaum ein anderes Thema kann die Gemüter derart stark erregen. Dabei ist die Diskussion stark von Vorurteilen geprägt, weshalb bisweilen auch von einem »Krippen- oder Kitakrieg« gesprochen wird. Dass Kitas grundsätzlich und in jedem Fall schädlich seien, liest man immer wieder, teilweise auch aus der Feder von psychologischen und medizinischen Fachpersonen. Meist stehen Hiobsbotschaften im Mittelpunkt, dass Kitakinder generell aggressiver seien, die Qualität von Kitas schlecht und Kleinkinder deshalb zu Hause betreut werden sollten.

Nimmt man die bedeutendsten Forschungsergebnisse zur Kenntnis, so lassen sie folgenden Schluss zu[21]: Ein Kind muss für eine optimale Entwicklung das erste Lebensjahr nicht vollkommen in der Obhut seiner Mutter verbringen. Fremdbetreuung verschlechtert die Mutter-Kind- bzw. die Eltern-Kind-Beziehung nicht per se. Am wichtigsten ist, dass das Kind sicher an primäre Bezugspersonen gebunden ist. Dies ist meist die Mutter, seltener der Vater. Deshalb ist eine frühe außerfamiliäre Betreuung nur dann problematisch, wenn die Bindung an Mutter oder Vater nicht stimmt, d. h. sie zu wenig feinfühlig mit ihrem Kind umgehen, und wenn der familienergänzende Zeitanteil sehr hoch ist.

Ob Kinderkrippen grundsätzlich schädlich sind, kann man nicht eindeutig beantworten, weil die große Anzahl an Untersuchungen sowohl ein tendenzielles Ja als auch ein Nein zulässt. Man kann das Glas somit immer als halb voll oder auch als halb leer betrachten, je nachdem, welchem Forschungslager man sich anschließt. Während beide Lager in Bezug auf die intellektuelle kindliche Entwicklung zum gleichen Schluss kommen – dass sich fremdbetreute Kinder mindestens ebenso gut oder besser entwickeln als ausschließlich zu Hause betreute Kinder –, unterscheiden sie sich im Hinblick auf das Sozialverhalten. Das eine Lager konstatiert, dass Kitakinder in der Schule sozial kompetenter, selbstbewusster und durchsetzungsfähiger sind, sich weniger zaghaft verhalten und insgesamt kooperativer sind. Das andere Lager – und zu diesem gehört der oft zitierte Jay Belsky – berichtet von Verhaltensschwierigkeiten und Bindungsstörungen.[22] Demnach können Kitakinder auch unhöflicher, ungestümer, gereizter und aggressiver werden. Belsky selbst schränkt seine Erkenntnisse jedoch immer wieder ein: Schädlich kann Fremdbetreuung vor allem dann sein, wenn Kinder sehr früh und sehr intensiv außerfamiliär betreut werden, wenn die Betreuung qualitativ nicht gut ist und wenn die Chemie zwischen der betreuenden Person und dem Kind nicht stimmt.

Zusammengenommen schadet die Kita dem Kind nicht, aber sie kann ein Risiko sein – nicht mehr und nicht weniger. Kinder, die sicher an ihre Eltern gebunden sind, ein Urvertrauen entwickelt haben und sorgfältig in eine außerfamiliäre Betreuung eingewöhnt wurden, leiden kaum an einer zeitweiligen Abwesenheit der Mutter (und/oder des Vaters, wenn die Familie alternative familieninterne Betreuungsformen wählt). Wenn die außerhäusliche Betreuung qualitativ gut ist und nicht zu häufig wechselt, können Kleinkinder von ihr profitieren. Dabei sind jedoch zwei wesentliche Punkte zu berücksichtigen:

▪ **Familie und Kita als Teile des Gesamtsystems:** Die Wirkungen von Kitas dürfen nicht unabhängig von den Wirkungen der Familie beurteilt werden, sondern nur in ihrer Kombination. Positive und negative Einflüsse einer Kita auf der einen und der Familie auf der anderen Seite können einander verstärken, schwächen oder ausgleichen und deshalb zu unterschiedlichen Entwicklungsverläufen führen. Weil zudem die Forschung klar gezeigt hat, dass der Einfluss der Familie größer ist als derjenige der Fremdbetreuung, dürften die Ursachen für Verhaltensauffälligkeiten tendenziell eher in der Familie liegen.

- **Individuelle Betreuungslösungen:** *Das* Betreuungssystem für kleine Kinder gibt es nicht, obwohl die aktuelle Diskussion um mehr Kitaplätze respektive um das Recht auf einen Kitaplatz dies glauben macht. Es gibt auch nicht *das* kleine Kind, sondern nur einzigartige Individuen. Das Temperament des Kindes spielt dabei eine wichtige Rolle. Während das eine Kind besonders scheu oder zurückhaltend und deshalb bei einer Tagesmutter besser aufgehoben ist als in einer Kita, ist eine solche für ein kontaktfreudiges Einzelkind der ideale Ort. Intuitiv spüren Eltern meistens, ob sich das Kind in der gewählten Lösung wohlfühlt. Ist dies nicht der Fall, fällt es ihnen jedoch oft schwer, seine Bedürfnisse anzuerkennen und ein anderes Arrangement, zum Beispiel anstelle der Kita eine Tageselternbetreuung oder umgekehrt, zu wählen. Sind berufliche Belastungen und Verpflichtungen vielleicht besonders groß, wird diese Situation möglicherweise negiert oder verdrängt. Die Leidtragenden sind dann die Kinder.

Auch wenn die Frage, wie viel Mutter denn das Kind braucht,[23] so beantwortet werden kann, dass die Quantität der mütterlichen Betreuung wohl nicht die ausschlaggebende Rolle spielt, kommt den Eltern im Aufwachsprozess ihrer Kinder mit Sicherheit eine Schlüsselrolle zu. Die Merkmale der Familie inklusive die Qualität der Beziehungen und des Anregungsmilieus sind für die kindliche Entwicklung von großer Bedeutung. Eine familienergänzende Betreuung kann deshalb immer nur als positive Erweiterung der Kernfamilie des Kindes verstanden werden, nie als Ersatz.

Mythos 4:
Eine gute Schulvorbereitung ist die beste Frühförderung
Bis in die 1990er-Jahre war die frühe Förderung kaum ein gesellschaftliches Thema. Kinder besuchten ab drei Jahren (in Deutschland) und ab durchschnittlich fünf Jahren (in der Schweiz und in Österreich) den Kindergarten. Dieser hatte zum Ziel, das Kind sozial und spielerisch mit Erfahrungen jenseits der Familie auszustatten. Man war dabei überzeugt, dass solche Anregungen die geistige Entwicklung und damit auch die Schulfähigkeit fördern. Kindertagesstätten und Tagesfamilien galten lange Zeit als Orte, welche nur Kinder aus bedürftigen Familien oder Risikofamilien betreuten. Dies hat sich grundlegend geändert. Angebote zur frühen Förderung sind nicht nur unübersehbar, sondern auch grundsätzlich mit einem Bildungsauftrag ausgerüstet worden. Eine wahre Bildungswucht trifft alle, ja unsere ganze Gesellschaft.

Was jedoch ist eigentlich »gute« frühe Förderung, und was ist sie nicht? Ist es eine, die dazu führt, dass das Kind bei Schuleintritt lesen, schreiben und rechnen kann? Oder eine, die vor allem auf den Erwerb von Fremdsprachen setzt? Oder gar eine, die das Kind vor allem wachsen lässt, damit seine Fähigkeiten langsam heranreifen können? Die Meinungen sind mehr als gespalten. Doch gilt mit Sicherheit nicht die Vorstellung des Wachsenlassens. Das Kind ist kein Pflänzchen, das von seinen Eltern und Betreuern als Gärtner nur gepflegt, gegossen und vor Viren, Bakterien oder Krankheiten geschützt wird. Genauso kann frühe Förderung nicht lediglich als gute Schulvorbereitung verstanden werden. Ein solches Verständnis ist ein Mythos.

Grundsätzlich kommt es sehr auf die Rolle und das Verhalten der Erwachsenen an, die für vier Grundvoraussetzungen verantwortlich sind.

- **Gestillte physische Grundbedürfnisse:** Kinder, die krank, hungrig oder fiebrig sind, können nicht mit voller Energie die Umgebung erkunden. Wenn ein kleines Kind in der Kita am Tisch einschläft, hätte es früher eine Ruhepause gebraucht. Gleiches gilt, wenn ein Vater seine interessierte Dreijährige ins Ballett bringt und sie dort nur herumsitzt. Solche Grundvoraussetzungen gelten vor allem für kleine Kinder, wobei die Unterschiede in diesem Alter sehr groß sind. Größere Kinder sind unabhängiger.
- **Stimmige Bindungen:** Gerade weil Bindung und Erkundungsdrang so stark und komplementär miteinander verbunden sind, ist eine positive Beziehung eng mit stärkenden Bildungsprozessen verbunden. Wenn Kinder wissen, dass ihre Bezugspersonen verfügbar sind und auf ihre Bedürfnisse reagieren, fühlen sie sich sicher und können in eine Auseinandersetzung mit der Umwelt eintreten. Umgekehrt spielt Bildung auch eine Rolle für den Aufbau von Bindung. So kann beispielsweise gerade die väterliche Spielfeinfühligkeit den Beziehungsaufbau zum Kind fördern und die Beziehung stärken.
- **Förderung als sozialer Prozess:** Um lernen zu können, brauchen kleine Kinder eine soziale Umgebung, die herausfordernd und befähigend ist. Ebenso wenig, wie sich das Kind einfach selbst bildet, weil die Eltern es als kleines Pflänzchen heranreifen lassen, lernt es ausschließlich durch die Anleitung und Vermittlung Erwachsener. Gute frühe Förderung ist immer ein sozialer Prozess. Er knüpft an Alltagssituationen der Kinder an und sieht die Erwachsenen als aktive Gestalter dieses Prozesses. Deshalb spricht

man auch von einem »ko-konstruktiven Prozess«. Dabei geht es nicht um die Aufnahme oder Vermittlung von Faktenwissen, sondern um Erkenntnis, Verstehen von Bedeutungen und von Problemstellungen. Dies gilt auch für Kinder unter drei Jahren. Gerade so kleine Kinder brauchen Eltern und andere Erwachsene, die sich aktiv einbringen und sie nicht lediglich in den Babyschwimmkurs begleiten, mit ihnen Wissen pauken oder sie in einer Vorschule unterrichten lassen. Für Väter und Mütter ist die große Herausforderung deshalb die intuitive Balance zwischen Führen und Wachsenlassen, aber auch die ständige selbstkritische Vergewisserung, inwiefern sie ihren Nachwuchs zu stark lenken und beeinflussen.

■ **Das Primat der Welt der Dinge:** Frühe Förderung hat dann uneingeschränkt Vorteile, wenn die natürliche Welt der erste Lehrplan des Kindes ist. Denn sinnvoll und entwicklungsangemessen kann es nur in der direkten Auseinandersetzung mit den Dingen lernen. Der Schweizer Psychologe Jean Piaget hat einmal gesagt, dass die Sprache der Dinge der Sprache der Worte vorauszugehen habe. Diese Welt der Dinge und all ihre Eigenschaften, die direkte Begegnung, das damit verbundene Tun und die Erfahrungen, die das Kind dabei macht, sind wesentliche Grundvoraussetzungen einer guten frühen Förderung. Deshalb ist es falsch, Eltern als Architekten der Kindergehirne zu bezeichnen, wie dies immer wieder behauptet wird. Kindliche Gehirne können nicht per Knopfdruck mit beliebigen geistigen Aktivitäten trainiert werden. Lernen ist ein zeit- und beziehungsintensiver Prozess, der nicht hastig durchlaufen werden kann. Nicht die Eltern sind deshalb die Architekten der Kindergehirne, sondern Bindung und Emotionen. Eine gute frühe Förderung hat somit nicht zum Ziel, das Kind schon in frühen Jahren auf die Verfahren schulischen Lernens auszurichten. Es geht auch nicht einfach darum, das Potenzial des Nachwuchses in Englisch-, Chinesisch- oder welchen Sprachkursen auch immer zu entfalten. Im Wesentlichen sollte das im Mittelpunkt stehen, wofür auch die Kognitionspsychologie plädiert: die Gestaltung anspruchsvoller und anregungsreicher Umgebungen, in denen die Kinder alle Sinnesorgane brauchen und entwickeln können. Dazu gehört die Förderung der natürlichen Beobachtungsgabe durch Einordnen oder Begreifen von Naturphänomenen, der Grob- und Feinmotorik, der Fantasie und Kreativität über Musik und Kultur sowie der sozialen Einbettung, aber natürlich auch des Sprachverständnisses und des Zahlbegriffs (d. h. der Gewandtheit im Umgang mit Größen und Zahlen). Deshalb müssen wir unsere Skepsis gegenüber intellektueller Förderung, wie sie die Bereiche Sprache und Mathematik darstellen, überwinden, aber daran festhalten, dass frühe Förderung nicht einem externen Leistungsdenken unterworfen werden darf. Selbstverständlich ist gute frühe Förderung auch in der häuslichen Umgebung möglich, dafür braucht es keinen speziellen Förderkurs.

Gegner der frühen Förderung, die befürchten, sie könne kleinen Kindern einen Teil ihrer Kindheit rauben, haben nicht nur unrecht. Gerade deshalb sind Vorstellungen des freien Wachsenlassens differenziert zu betrachten. Ein Ja gilt nämlich dort, wo Eltern entwicklungsunangemessene Erwartungen haben und diese mit frühem vorschulischem Drill verbinden. Ein Nein hingegen ist dann angebracht, wenn sich die Mütter und Väter um eine entwicklungsangemessene und auf die kindlichen Interessen und Fähigkeiten ausgerichtete Förderung bemühen. Drill und früher massiver Leistungsdruck sind nicht das Gleiche wie die Verbindung von spielerisch-lustvollem Lernen und hohen Elternerwartungen. Kinder, deren Eltern keine großen Erwartungen an sie haben oder sich kaum für eine angemessene frühe Förderung interessieren, sind deshalb benachteiligt. Väter und Mütter hingegen, welche die Bedürfnisse und Besonderheiten ihres Kindes und das, was ihm guttun würde, wahrnehmen, richtig erkennen und seine Entwicklung auf dieser Basis kreativ und ganzheitlich unterstützen, tun genau das Richtige.

Die glückliche Kindheit – das kann je nach Temperament und Interesse eine sein, die größere Anteile des Wachsenlassens oder auch der aktiven frühen Förderung beinhaltet. Eine auf frühe Förderung angelegte Kindheit muss deshalb keineswegs unglücklich verlaufen und Kinder hetzen. Dass jedoch eine solche Gefahr besteht, ist nicht von der Hand zu weisen. Gerade deshalb sind viele Eltern verunsichert. Sie wissen nicht, ob sie ihr Kind zu viel oder zu wenig fördern. Oft sind sie auch gerade deshalb besorgt, weil ihr Sprössling im Vergleich zu gleichaltrigen Kindern später zu sprechen begonnen oder noch keinen ausgeprägten Sinn für Zahlen entwickelt hat. Eine gute frühe Förderung äußert sich jedoch nicht darin, dass Eltern ein »Wunderkind« vorzeigen können, das über weit fortgeschrittene Talente verfügt. Sie manifestiert sich auch nicht in einem besonders perfekten Kind, das vieles besser als Gleichaltrige kann. Eine gute frühe Förderung setzt vielmehr beim Kind selbst und seinen Stärken und Schwächen an. Sie nimmt Rücksicht auf die Tatsache, dass Kinder Entwicklungsaufgaben in sehr unterschiedlichem Tempo bewältigen. Eltern können dabei beruhigt sein, denn das Lerntempo sagt nichts darüber aus, wer am Ende sprachgewandter oder in Mathematik besser ist.

Mythos 5:
Schon kleinste Kinder sind kompetent

Unsere Gesellschaft stellt Eltern unter einen radikalen Vollkommenheitsanspruch in der Erziehung und Förderung des Nachwuchses. Dementsprechend wird das Kind als Persönlichkeit mit eigenständigen Bedürfnissen und Ansprüchen verstanden. Waren die Großeltern selbst noch oft mit Repression und Härte erzogen worden, so geschieht dies bei den heutigen Kindern nicht selten in überbordender Liebe und ohne Verbote und Einschränkungen. In der Wissenschaft spricht man deshalb auch von der »Sentimentalisierung der Kindheit«[24], Caroline Thompson nennt sie gar eine »sentimentale Revolution«. Hinter diesen Phänomenen steckt ein Paradigmenwechsel, der Kindheit, Jugend und Elternschaft in historisch einzigartiger Weise pädagogisiert und verwissenschaftlicht hat. War die Verherrlichung des Kindes im späten 19. Jahrhundert noch auf eine kleine Gruppe nicht berufstätiger, bürgerlicher Mütter beschränkt gewesen, so trifft dies heute für weite Kreise der Gesellschaft zu und bildet die Grundlage einer modernen Definition von Elternschaft.

Seitdem die Kindheit entdeckt worden ist, sind Kinder immer wieder in unterschiedlichen Bildern porträtiert worden. Bestimmt vom jeweiligen Zeitgeist, widerspiegeln sie in der Regel das, was Wissenschaft und Gesellschaft als zentral erachten. Das Bild des kompetenten Säuglings respektive des kompetenten Kindes passt deshalb bestens zu unserer heutigen Gesellschaft.[25] Es hat sich im Verlauf der späteren 1990er-Jahre einen Eingang in die Köpfe der Mittel- und Oberschicht verschafft. Hinter dem Begriff steckt die Überzeugung, dass bereits Säuglinge Persönlichkeiten sind, also als kompetente Kinder und nicht als unfertige Wesen auf die Welt kommen. Diese Kompetenz muss ihnen nicht erst durch Erziehung, d. h. durch die Eltern oder durch andere Erwachsene, beigebracht werden. Infolgedessen wird auch fast unhinterfragt vorausgesetzt, dass sich ein kompetentes Kind bereits früh auf die Separation von den Eltern einstellen kann und in der Lage ist, sich mit geringen Schwierigkeiten an Babysitter, Kitas, Tagesmütter etc. anzupassen.

In der Tat hat die moderne Säuglingsforschung Erstaunliches und Verblüffendes enthüllt. Säuglinge drücken schon Überraschung, Ekel, Schmerz, Interesse, Neugier aus und sind in der Lage, ihre Mutter und ihren Vater am Geruch zu erkennen. Auch kleine Kinder können schon viel, wenn man den Blick auf die Ressourcen und nicht auf ihre Defizite legt. In dieser Hinsicht sind sie tatsächlich »kompetent«. Leider sind solche Erkenntnisse häufig vollkommen falsch interpretiert worden. Laut Brockhaus bedeutet Kompetenz nämlich schlicht und einfach »Sachverstand«, und Sachverstand setzt Wissen voraus, damit Phänomene und Situationen wahrgenommen, verstanden und eingeordnet werden können. Säuglinge und auch kleine Kinder sind jedoch in diesem Sinne überhaupt noch nicht kompetent. Sie sind »nur« besonders lernfähig und besonders lernbereit. Und darin haben wir sie jahrzehntelang unterschätzt. Der Mythos vom kompetenten Säugling und Kleinkind ist jedoch eine falsch gelegte Fährte, welche in die Überforderung der Eltern und ihrer Kinder führt.

Es ist keinesfalls so, dass Kinder kompetent auf die Welt kommen und wir ihnen folglich nur noch das Wesentliche beibringen müssen. Zwar sind kleine Kinder schon ab Geburt in der Lage, die Welt um sich herum zu erobern, zu entdecken und zu verstehen. Aber sie und ihre Bezugspersonen müssen dafür viel Zeit aufwenden, um die komplexe Welt an Lauten, Farben, Formen und Gegenständen und

Beziehungen zu verstehen. Die Annahme ist somit widersinnig, dass kompetente Kleinkinder nach dem Motto »Je früher, desto besser« nach bestimmten Vorstellungen geformt werden können. Zwar ist die Idee richtig, dass sie besonders gut lernen können. Es besteht jedoch eine große Gefahr, dies mit grenzenloser Formbarkeit gleichzusetzen, nicht zuletzt deshalb, weil ein solches Bild besonders gut zu unseren heutigen Gesellschaftsstrukturen passt. Nur flexible und formbare Kinder können sich besonders gut anpassen. In dem Ausmaß, wie das kompetente Kind zu einem normativen Muster geworden ist und seine Förderung von der Gesellschaft eingefordert wird, steigt gleichzeitig der Druck auf die Eltern, ein solches Kind vorzeigen zu können.

Mythos 6:
Das Spiel ist eine veraltete Form von früher Förderung
Viele, gerade auch gut gebildete Eltern und nicht selten auch Lehrkräfte vertreten oft die Ansicht, dass Spielen etwas sei, das ins letzte Jahrhundert gehöre. Deshalb gilt für sie das Spiel als veraltete Form von früher Förderung. Dies ist jedoch ein Mythos, der mehr als nur in Abrede zu stellen ist.

Das Spiel umfasst alle Aktivitäten, die von den Kindern selbst initiiert werden, intrinsisch motiviert und zweckfrei erfolgen und persönlich gesteuert sind. Bei kleinen Kindern ist das Spiel der entscheidende Entwicklungsmotor und ein Signal für ihr Wohlbefinden. Ist ein Kind krank, dann mag es nicht mehr spielen. Sobald es ihm besser geht, kommt die Lust daran zurück. Darüber sind sich nicht nur Experten, sondern auch Eltern und Politiker einig. In der Realität sieht es leider anders aus. In den letzten zehn Jahren hat der starke Fokus auf die frühe Förderung dazu geführt, dass viele Eltern glauben, das Spiel sei eine Zeitverschwendung, eine Beschäftigung aus Langeweile oder gar unnützes Tun.

Kitas und Kindergärten seien Orte zum Lernen. Unter Lernen verstehen sie meistens das erwachsenengesteuerte Aneignen von Wissen und Können.

Dass Spielen und Lernen unterschiedliche Phänomene sind, ist eine längst überholte Sichtweise. Spielen und Lernen gehören immer zusammen. Je spielhaltiger das Lernen im Vorschulalter ist, desto nachhaltiger ist es. Engagiertheit im Spiel ist Voraussetzung für gelingende Bildungsprozesse.[26] Weshalb hat das Spiel so schlechte Karten und in so großem Ausmaß an Bedeutung verloren? Dafür gibt es viele Ursachen, wobei die wichtigsten in den aktuellen Strukturreformen der Bildungslandschaft und ihren Folgen liegen dürften, aber auch in der Interpretation von Forschungsergebnissen zur frühen Förderung sowie in den Gepflogenheiten von Familien.

■ **Strukturreformen des Bildungssystems:** In allen deutschsprachigen Staaten haben in den letzten Jahren Strukturreformen der Bildungssysteme dazu geführt, dass dem Kindergarten eine immer stärker schulvorbereitende Bedeutung beigemessen wird. Dies ist zwar eine begrüßenswerte Strategie. Doch geht sie leider verbreitet damit einher, das freie Spiel durch das instruktionale, schulähnliche Lernen[27] zu verdrängen. Einer der Gründe dürfte – zumindest in der Schweiz – darin liegen, dass sich Kindergartenlehrkräfte zunehmend am Rollenbild der Grundschullehrkräfte orientieren und nicht länger als »Basteltanten« gelten wollen. Des Weiteren spielt auch der verbreitete Druck von Eltern eine Rolle, welche auf eine bessere Schulvorbereitung ihres Kindes im Sinne des instruktiven Lernens pochen und Kindergartenlehrkräfte unter Druck setzen.

■ **Ergebnisse der Hirnforschung:** Das Spiel ist auch wegen der bereits diskutierten Zeitfenstertheorie unter Druck geraten. Dieses Paradigma postuliert bekanntlich, dass die frühen Jahre für eine Stimulation des Lernens ausschlaggebend seien und dieses Zeitfenster deshalb intensiv genutzt werden müsse, weil die besondere Formbarkeit nach einer bestimmten Zeit wieder abnehmen würde. Infolgedessen gilt nicht das Kind, sondern die zielorientiert stimulierende erwachsene Person als Hauptakteurin. Das kindliche Spiel steht deshalb abseits.

- **Frühe Förderung als Laufbahnplanung:** Viele Eltern verstehen die frühe Förderung als Strategie, um dem Nachwuchs einen Vorsprung gegenüber anderen Kindern zu verschaffen. Weil sie oft schon beim Schuleintritt das Gymnasium im Blick haben, konzentrieren sie sich bereits ab diesem Zeitpunkt auf angemessene Noten. Um dieses Ziel zu erreichen, nutzen sie gegebenenfalls auch externe Lernunterstützung und füllen die Freizeit der Kinder mit passenden Aktivitäten aus. Dies hat zur Folge, dass Kinder mehr Zeit als je zuvor in Förderkursen, an Kinderuniversitäten oder in schulähnlich organisierten Angeboten verbringen. Logischerweise bleibt deshalb immer weniger Zeit für das Spiel, weil es kaum zur Laufbahnplanung passt.

- **Sicherheitsangst und Risikoscheu:** Die Einschränkung des freien Spiels ist auch mit der dominierenden Sicherheitsangst und Risikoscheu vieler Eltern verbunden. Deshalb lassen sie ihre Kinder keine Sekunde außer Kontrolle und verbieten ihnen jegliche Spiele, die irgendwie gefährlich sein könnten.

Eigentlich spielen alle Kinder fürs Leben gern, aber bereits beim Kindergarteneintritt sind ihre Erfahrungen sehr unterschiedlich. Während die einen reiche Spielerfahrungen mitbringen, sieht es bei anderen Kindern eher dürftig aus. Sie schöpfen ihr Potenzial bei Weitem nicht aus, weil sie gar nicht oder aber zu banal spielen.[28] Spielen muss gelernt werden, und dafür brauchen Kinder genug Zeit. Nur so kann das Spiel zum Entwicklungsmotor für das Lernen werden und damit einen Bildungswert jenseits früher institutionalisierter Förderprogramme bekommen. Leider ist viel zu wenig bekannt, dass Spielen durch geschickte Impulse der Erwachsenen angeregt werden kann. »Geschickt« deshalb, weil sie erspüren müssen, in welchen Momenten sie wie viel Aktivität und Anleitung übernehmen und wann sie sich zurückhalten sollten.

Kaum zur Kenntnis genommen wird ferner, dass die Forschung den hohen Wert des Spiels uneingeschränkt unterstreicht. Für optimales Lernen in der Schule braucht es vor allem Neugier, Konzentration und Ausgeglichenheit. Solche Kompetenzen lassen sich im Spiel erlernen und trainieren, weil sich Kinder in stimulierende Handlungen versenken können. In der Wissenschaft wird dieser Prozess »flow« genannt.[29] Gemeint ist damit ein Zustand völliger Konzentration und Losgelöstheit vom bewussten Alltag. Jedes Kind sollte die Chance haben, sich auf diese Weise ins Spiel vertiefen zu können. Unterstützen es die Eltern, die Fachkräfte in der familienergänzenden Betreuung und die Kindergartenlehrkräfte, dann führt dies zu einer gesunden Entwicklung in allen wichtigen Bereichen (kognitiv, emotional sozial, kreativ, motorisch). Darüber hinaus ist das freie Spiel das erste Werkzeug, mit dem Kinder ihre Ängste, Enttäuschungen und Sorgen verarbeiten.

Mythos 7:

Eine gut organisierte Kindheit schützt vor Nichtstun und Langeweile

Von verantwortungsvollen Müttern und Vätern erwartet die Gesellschaft nicht nur vollkommene Kinder, sondern ebenso, dass sie den Alltag im Griff haben. Dies ist in vielen Elternhäusern der Fall und zeigt sich vor allem in der minutiösen Planung des Familienalltags. Die Forschung spricht deshalb von »Terminkindheiten«[30]. Gerade weil Eltern nur das Beste wollen, managen sie die Kontakte ihrer Kinder, verabreden sie und regeln, mit welchen Aktivitäten die Kleinen wo, wie und in welcher Gruppe ihre freie Zeit verbringen sollen. Sie sind überzeugt, dass ihnen eine gute Wochenorganisation Strukturen gibt und die Möglichkeit schafft, sie zu überwachen und vor Gefahren, aber auch vor unnützem Nichtstun zu schützen. Bei näherem Hinsehen erweist sich diese Überzeugung jedoch als Mythos.

Terminkindheiten sind zunächst eine Folge des Geburtenrückgangs und der Kleinfamilie. Tatsache ist, dass Kinder heute weniger Geschwister haben und Eltern sich deshalb stärker auf das einzelne Kind konzentrieren. Vergegenwärtigt man sich, dass mit Beginn der Industrialisierung, also vor rund 140 Jahren, eine Frau hierzulande durchschnittlich 4,7 Kindern das Leben schenkte, ist die heutige Kindzentrierung eine logische Folge der Reduktion der Kinderzahl. Dazu kommt die steigende Tendenz an Trennungen und Scheidungen (2012: 46,2 %), weshalb das Kind die einzige Konstante bleibt, vor allem wenn Partner kommen und gehen.

Ein Blick in Abbildung 4 verdeutlicht auf der Basis der Daten des Bundesinstituts für Bevölkerungsforschung aus dem Jahr 2014, dass die zusammengefasste Geburtenziffer in Deutschland im Jahr 2010 bei 1,39 lag, in Österreich bei

Zusammengefasste Geburtenziffer nach Ländern in Europa 2010

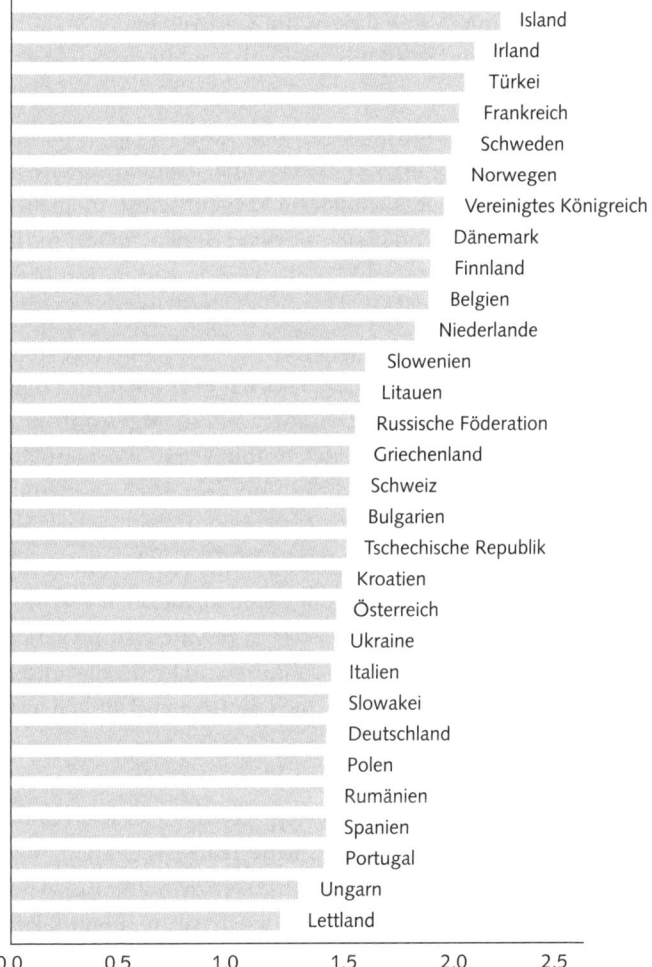

Abbildung 4: *Geburtenraten im internationalen Vergleich*

1,4 und in der Schweiz bei 1,5 Kindern. Nur in sechs anderen europäischen Staaten war sie niedriger als in Deutschland. Lettland lag mit einer Quote von 1,17 ganz hinten, Island führte mit 2,20 Kindern die Statistik an.

Der Geburtenrückgang bewirkt aber nicht nur eine stärkere Konzentration auf das einzelne Kind, sondern auch, dass weniger Gleichaltrige und damit auch weniger Spielkameraden zur Verfügung stehen. Nachbarschaften sind heute oft kindentleert, sodass Kinder nicht mehr selbst organisiert miteinander spielen oder sich treffen können, sondern dies von den Eltern durch viel Planung und Koordination organisiert werden muss. Dabei sind es vor allem die Mütter, welche mit einem durchgetakteten Familienmanagement die Fäden in der Hand halten. Dies hat aber auch zur Folge, dass Eltern die gesamte Freizeit ihrer Schützlinge kontrollieren und sie diese aufgrund der terminierten Wochenpläne regelmäßig in die Schule fahren und dort auch wieder abholen.

Dazu kommt, dass das Spiel und andere Aktivitäten der Kinder weitgehend aus den öffentlichen Räumen verbannt und in Freizeiteinrichtungen oder in private Räume verlegt worden sind. Die Straßensozialisation, wie sie für unsere Kinder in den 1980er-Jahre noch weitgehend üblich und auch mit vielen Möglichkeiten verbunden war, draußen zu spielen und auf eigene Faust die Welt zu entdecken, ist der Verhäuslichung und Privatisierung gewichen. Viele Kinder erleben deshalb keine ganzheitliche reale Welt mehr, sondern eine verinselte Kindheit, d. h. ein Mosaik aus vielen separaten Stücken, die wie Inseln verstreut in einem relativ großen Umfeld liegen.

Obwohl auch verinselten Kindheiten durchaus Positives abgewonnen werden kann – Kinder lernen häufiger fremde Kinder kennen oder sie müssen sich in unterschiedlichen

institutionellen Systemen bewegen und eingliedern können –, geht damit auch der Effekt einher, dass sie verlernen, sich selbst zu beschäftigen. Wie sollten sie auch, wenn
sie ständig von Erwachsenen stimuliert und fremdbestimmt
werden? Es fehlen ihnen Lernpausen, Möglichkeiten zum
stressfreien Herumtrödeln, zum Verweilen und sich Verlie-
renkönnen. Vor allem aber fehlt ihnen der Umgang mit
Langeweile. Friedrich Nietzsche hat Langeweile als »Wind-
stille der Seele« bezeichnet und damit angedeutet, wie wichtig es eigentlich ist, dass der Mensch zwischendurch zur
inneren Ruhe kommt. In Terminkindheiten ist dies wahrscheinlich nur schwer möglich. In vielen Familien ist Langeweile zwar ein Thema, aber eines, das man zu bekämpfen
sucht. Häufig wissen Kinder nichts mit sich selbst anzufan-
gen – vielleicht gerade deshalb, weil sie sich nie langweilen
dürfen oder nicht genug. Weil ihre Terminkalender über-
voll und die Tage durchstrukturiert sind, werden sie relativ
hilflos, wenn sie plötzlich ein freies Zeitfenster haben.

Entwicklungspsychologisch wäre das Erleben von Langeweile jedoch eine wichtige Grundlage, damit Kinder eigene
Interessen wahrnehmen und lernen könnten, diese auch zu
verfolgen. So besehen könnte man die Langeweile auch als
positive Quelle für die kindliche Entwicklung verstehen.

Historische Mythen

Heute spricht alle Welt von der enormen Bedeutung der Eltern-Kind-Beziehung für ein gesundes Aufwachsen. Kaum
jemand hat die Entstehung solcher Überzeugungen bisher
jedoch in einer historischen Perspektive betrachtet. Bereits
ein relativ kurzer Blick zurück in die 1950er- und 1960er-
Jahre verdeutlicht, wie schnell sich Vorstellungen über Auf-

gaben der Eltern und Bedürfnisse der Kinder verändert haben. Was heute als Standard gilt, war damals noch undenkbar. Ein Beispiel: Aktuell verstehen viele unter einem selbstständigen Kind eines, das seine Meinung Erwachsenen gegenüber kundtun und seine Bedürfnisse äußern kann. Noch in den 1960er- und 1970er-Jahren galt als selbstständig, wenn ein Kind die vorgesetzten Regeln und Normen einhalten und befolgen konnte, ohne dass es dauernd gemahnt werden musste.

Schaut man noch weiter zurück bis zum Beginn der Neuzeit, eröffnet sich ein Blick auf die vielfältige Geschichte zur Entstehung und Erschaffung der Kindheit, zu ihrem Wandel über die Jahrhunderte hinweg, insbesondere in den letzten hundert Jahren. Es ist also zu fragen, wie sich die Lebensphase Kindheit historisch entwickelt und verändert und welche Rolle dabei der ökonomische, soziale und kulturelle Wandel gespielt hat. Der Einblick in diesen Wandel ist grundlegend, um die Situation zu verstehen, in der sich heutige Eltern befinden, wenn sie sich dem gesellschaftlichen Diktat der unbedingten und vorbehaltlosen Liebe zum Kind so unbedingt fügen. Genauso wichtig ist es, den oft verklärten Blick in die Vergangenheit zu objektivieren. Dies tue ich anhand der Diskussion folgender Mythen:

- Als die Kinder noch Kinder sein durften.
- Früher war die Mutterliebe noch ein echtes Gefühl.
- Mit der Schulpflicht setzte die Abrichtung der Kinder ein.
- Früher musste jede Erziehung noch ihren Zweck haben.
- Als die Mütter ihr Muttersein noch viel mehr genießen konnten als heute.
- Früher war die Zusammenarbeit mit der Schule viel angenehmer.

Mythos 1:
Als die Kinder noch Kinder sein durften

Die Vorstellung ist weitverbreitet, dass früher alles besser war, das Aufwachsen unbekümmerter, die Erziehung einfacher, die Kindheit glücklicher. Dem ist allerdings keinesfalls so, denn zu Beginn der Neuzeit galten Kinder als kleine Erwachsene. Das kommt im berühmten Gemälde »Las Meninas« von Diego Velázquez aus dem Jahr 1656 zum Ausdruck (Abbildung 5). Das Mädchen in der Mitte des Bildes mit dem schönen Kleid ist Margarita, die fünfjährige Königstochter von Philipp IV. und Maria Anna von Österreich, umgeben von einer Hofdame, einem Wächter und

Abbildung 5: *Kinder als kleine Erwachsene (links:* Las Meninas *von Diego Velázquez, (Bildausschnitt) 1656; rechts: Suri Cruise, 2011*)

zwei damals sogenannten Hofzwergen. Links davon steht der Maler Velázquez, der gerade an einer großen Leinwand arbeitet. Margarita trägt ein elegantes Kleid mit betonter Taille, sodass sie wie eine kleinwüchsige erwachsene Person wirkt. Auch ihre Haltung ist nicht die eines Kindes, sondern einer sich positionierenden Frau. Das Bild symbolisiert durch den Kleiderstil, wie Kinder damals in der Gesellschaft wahrgenommen und behandelt wurden. Sobald das Kind allein gehen und sprechen konnte, wurde es in die Erwachsenenwelt integriert, bekam die gleichen Kleider und spielte auch die gleichen Spiele wie sie. Als kleine Erwachsene lebten sie mit großen Erwachsenen zusammen.

Rechts ist Suri Cruise, die Tochter der Schauspielerin Katie Holmes und des Schauspielers Tom Cruise, zu erkennen. Auch sie wirkt nicht wie ein dreijähriges Mädchen, sondern wie ein Model, das sich gekonnt bewegt und inszeniert. Suri trägt moderne Schuhe mit einem Absatz und eine Kombination aus Minirock und kunstvoll geschnittenem Shirt. Damit entspricht auch sie dem Modell erwachsener Frauen und nicht unseren Vorstellungen eines kleinen Kindes.

Mehr als 350 Jahre liegen zwischen diesen Bildern, in denen sich die Kindheit erst entwickelt hat. Höchst erstaunlich ist deshalb, dass nicht nur Margarita, sondern auch Suri als junge Frau dargestellt wird. Wie kommt es, dass auch heutige Kinder wie Erwachsene dargestellt und behandelt werden und ihnen ihre Welt offenbar kaum mehr verborgen bleibt? Heute tragen Kinder nicht nur zunehmend die gleichen Kleider wie Erwachsene, sondern gehen auch in den gleichen Verein und absolvieren auch das gleiche Wellness- und Fitnessprogramm wie die Eltern. Auch Stringtangas und Push-up-BHs gibt es in Kindergrößen, und schon Kindergartenkinder können in Clubs oder Discos gehen. Offenbar droht die Kindheit zu einem Auslaufmodell zu werden und zu verschwinden, wie dies Neil Postman bereits 1987 verkündet hatte. Nicht nur früher durften Kinder kaum Kinder sein, auch heute scheint sich der Trend zu verstärken, aus Kindern kleine Erwachsene formen zu wollen.

Mythos 2:
Früher war die Mutterliebe noch ein echtes Gefühl
Der vielleicht berühmteste Mythos ist der, dass Mutterliebe ein angeborenes Gefühl sei. Als Idealtypus gilt Maria, die Mutter des Jesus von Nazareth. Wirft man jedoch einen Blick auf die Entstehung der Kindheit und betrachtet, wie das Muttersein und die Mutterliebe im Lauf der Zeit zu einer elementaren Macht geworden sind, dann stimmt diese Behauptung mit Sicherheit nicht.

Da die Kindheit ein Produkt der Neuzeit[31] ist, galt sie bis ins 19. Jahrhundert nur als Vorbereitungsphase für das Erwachsenenalter. Verstanden als kleine, biologisch noch nicht ausgereifte Erwachsene, ging man davon aus, dass sich Kinder selbstverständlich von allein entwickeln würden, weshalb man sich auch kaum Gedanken über ihre kognitive, psychische und körperliche Entwicklung machte. Man ließ der Natur freien Lauf, legte die kindliche Entwicklung in Gottes Hand und sprach den Erwachsenen in der Erziehung deshalb nur eine unbedeutende Rolle zu. Dass Kinder spezielle Zuwendung und Fürsorge brauchen, ist ein Gedanke, der sich nicht vor der zweiten Hälfte des 19. Jahrhunderts entwickelte. Infolgedessen begann man sich erst zu diesem Zeitpunkt überhaupt zu interessieren, wie Erwachsene mit Kindern umgingen und mit ihnen zusammenlebten. Die stärkere Beachtung der Kinder und die damit verbundene Auseinandersetzung mit Erziehung und Bildung beschränkte sich vorerst jedoch auf die bürgerlichen Familien. Gleichzeitig wurde die arrangierte Ehe immer häufiger durch die Liebesheirat ersetzt. Sie wurde zum Ausdruck des individuellen Strebens nach Beziehung und Glück, nach persönlichen Interessen und damit auch nach einer individuellen Identität. Dies wiederum führte dazu, dass Väter und Mütter ihre Kinder zunehmend als wertvolles Gut begriffen.

Dieser neue familienzentrierte Individualismus markiert auch den Beginn einer sich formierenden Mittelschicht. Die Mutterliebe entstand. Elisabeth Badinter hat in ihrem gleichnamigen Buch die Geschichte dieses Gefühls nachgezeichnet. Darin beschreibt sie die Mutterliebe nicht als Ausdruck eines angeborenen Instinktes der weiblichen Natur, sondern als ein menschliches Gefühl als Ergebnis einer historischen Evolution. Dabei argumentiert sie, dass sich die Frauen im Verlauf der Geschichte wenig um ihre Kinder gekümmert hätten, weil sie aus materieller Not ihrer eigenen Arbeit nachgehen mussten oder sich aus Lust ihren persönlichen Vergnügen widmen konnten. Eine weitere Ursache für die wenig ausgeprägte Mutterliebe vermutet Badinter in der großen Kindersterblichkeit. Diese hätte zur Folge gehabt, dass Mütter gar keine richtige Beziehung zu ihrem Neugeborenen aufbauten, um von seinem möglichen Tod nicht so sehr betroffen zu sein. In anderen Untersuchungen wird jedoch auch gegenteilig argumentiert.[32] Gerade die damaligen Praktiken der Versorgung der Neugeborenen – das Nicht-selber-Stillen, die Wickelmethoden, die hygienischen Verhältnisse sowie Misshandlungen – seien Indizien für die fehlende Liebe und Fürsorge im Umgang mit den Säuglingen. Welche Perspektive man auch immer vertritt, sicher ist, dass unter den Bedingungen hoher Säuglingssterblichkeit schwer emotionale und feinfühlige Beziehungen kaum aufgebaut werden konnten.

Zusammengefasst waren es vor allem die sich durchsetzende Überzeugung der menschlichen Unvollkommenheit sowie der Bildungsanspruch, welche der Kindheit als eigenständige Lebensphase und damit auch der Mutterliebe zum Durchbruch verhalfen. Gerade in bürgerlichen Familien galten Kinder nun nicht mehr als kleine Erwachsene, sondern als entwicklungsfähige Mitglieder der Gesellschaft. Begleitet von einem sozialen und pädagogischen Verständnis des Kindseins setzte sich deshalb nach und nach auch der Gedanke der Institution Schule durch. Dies galt jedoch wiederum vorerst nur für die bürgerlichen Familien, deren Kinder häufig von Privatlehrern unterrichtet wurden. Kinder aus armen Familien hatten weiterhin hart wie Erwachsene zu arbeiten, waren oft krank und starben auch relativ früh.

Mythos 3:
Mit der Schulpflicht setzte die Abrichtung der Kinder ein

Gerade im Zuge der immer wiederkehrenden Diskussion um die Abschaffung der Schulpflicht, wie dies beispielsweise die Vertreter der Homeschooling-Bewegung möchten, wird heute vermehrt behauptet, die obligatorische Schule sei schon immer ein Instrument zur Abrichtung und Unterdrückung der Kinder gewesen und der Staat habe einfach so die Erziehung der Kinder übernommen. Ein Blick zurück in die Geschichte der Schulpflicht zeigt, dass das Gegenteil der Fall war und diese Behauptung deshalb ein Mythos ist.

In den deutschsprachigen Staaten wurde die Schulpflicht um 1870[33] eingeführt. Sie ist das Ergebnis einer politischen Bewegung, welche sich zunehmend um die Unterbindung der Ausbeutung armer Kinder durch Kinderarbeit bemühte.

Entsprechende Gesetze reduzierten die Möglichkeit der Kinder, zu arbeiten, und damit aber auch, einen Beitrag zum Lebensunterhalt der Familie leisten zu können. Dies hatte zur Folge, dass Kinder für ihre Eltern teurer wurden und diese deshalb versuchten, die Kinderanzahl zu beschränken. Weniger Kinder pro Familie wurden in der Folge sowohl eine Notwendigkeit als auch eine kulturelle Norm. Nach und nach setzte sich die Gestaltung der Kindheit als Lebensphase durch, die immer stärker als eine Art Schonraum verstanden wurde. Dieses Verständnis blieb zunächst jedoch auf das Bildungsbürgertum beschränkt und dehnte sich nur allmählich auf andere Bevölkerungsschichten, d. h. auf das bäuerliche Milieu und die Arbeiterschichten, aus. Eine Hauptursache hierfür waren die Arbeitsgesetze und die Durchsetzung der Schulpflicht.

Diese Entwicklung eröffnete Kindern spezifische Lebensräume für Bildung und Ausbildung, welche nun von gesellschaftlich organisierten Institutionen übernommen wurden. Damit begann eigentlich der moderne Förderungsanspruch in den Familien. Eines seiner ersten Ziele war die Absicherung vor dem sozialen Abstieg und eine Positionsverbesserung durch Bildung. Der ökonomische und emotionale Stellenwert von Kindern änderte sich in diesem Zeitraum grundlegend. Kinder wurden von produktiv wichtigen zu gefühlsmäßig unbezahlbaren Wesen.

Die Entwicklungslinien der Kindheit seit Beginn der Neuzeit erweisen sich somit als ausgesprochen facettenreich. Hatten Kinder aus höheren Schichten schon sehr früh Zugang zu Bildung, während Kinder aus ärmeren Schichten vor allem Kinderarbeit zu leisten hatten, so änderte sich dies bis zum Ende des 19. Jahrhunderts grundlegend. Deshalb gilt die Schulpflicht als die Wiege der Entwicklung des Wohlfahrtsstaatsgedankens, der eine Verbesserung der

Lebensbedingungen der meisten Kinder in unserem Kulturraum zur Folge hatte.

Mythos 4:
Früher musste jede Erziehung noch ihren Zweck haben
Wirft man heute einen Blick in Broschüren von Angeboten
zur frühen Förderung, dann liest man immer wieder Aussagen, die wie Versprechungen daherkommen. Oft ist vom
»lebenslangen Vorsprung durch frühe Bildung« die Rede,
mit dem man den Eltern als Kunden Förderprogramme
schmackhaft machen will. Erziehung und Förderung müssen heute mehr denn je einen Zweck haben. Nicht selten
wird dabei darauf verwiesen, dass dies früher, als die Welt
noch in Ordnung war, auch so gewesen sei.

Solche Vorstellungen erweisen sich jedoch als Mythen,
insbesondere wenn man den großen und weltberühmten
Klassikern folgt. Von Jean-Jacques Rousseau bis Janusz
Korczak unterstreichen Philosophen und Pädagogen die
zweckfreie Erziehung im Hinblick auf die Einzigartigkeit
des Kindes. Sie haben Bilder des kleinen Kindes entworfen
und geprägt, welche uns heute inspirieren könnten, uns verstärkt auf das Hier und Jetzt einzulassen.

In dieser Hinsicht hat Jean-Jacques Rousseau (1712–
1778) eine große Bedeutung, wenngleich in der Wissenschaft Einigkeit besteht, dass er nicht der Erfinder der modernen Kindheit ist. Vielmehr hat er durch seine Sprache,
seine zukunftsweisenden Themen und seine Wertungen
über die Erziehung einen großen Einfluss erlangt. In mehr
als der Hälfte seines Hauptwerks *Emile oder über die Erziehung*, das oft auch als utopischer Erziehungsroman bezeichnet wird, befasste er sich mit dem, was »richtige« Erziehung
sei, nämlich die menschliche Natur des Kindes unverdor-
ben zur Reife kommen zu lassen. Als besonders wichtig in

der Früherziehung erachtete er gesunde Ernährung, einfaches Spielzeug, körperliche Abhärtung und erzieherische Konsequenz. Die emotionale frühe Bindung von erziehender Person und Kind basiert auf einer Mischung aus Gewöhnung, erlerntem Vertrauen und Anhänglichkeit. Die berühmteste Prämisse Rousseaus ist die, dass das Kind von Natur aus gut ist und erst durch die Kultur und seine Erziehung verdorben werden kann: »Alles ist gut, wenn es aus den Händen des Schöpfers hervorgeht; alles entartet unter den Händen des Menschen.«

Johann Heinrich Pestalozzi (1746–1827) differenzierte Rousseaus Gedanken der ganzheitlichen Erziehung: Kopf, Herz und Hand – alles müsse sich harmonisch entfalten. Gehorsam entstehe vor allem durch das positive Vorbild des Erziehers und das gegenseitige Vertrauen. Pestalozzi war der Ansicht, dass schulische Erziehung eine Erweiterung der Familie sei und dazu beitragen solle, Kindern und Jugendlichen Kenntnisse und Fähigkeiten für die Verbesserung ihrer Lebenssituation und ihrer sozialen Stellung zu vermitteln. Zudem erachtete er die Erziehung durch die Eltern, vor allem durch die Mutter, als die wahre Grundlage der Erziehung.

Für Friedrich Fröbel (1782–1852) wurde der Gedanke bedeutsam, dass die Erziehung außerhalb der Familie bereits vor der Schule wichtig sei. Diesen Gedanken sah er in der Idee des Kindergartens verwirklicht, als dessen Vater er auch allgemein bezeichnet wird. Zwar gab es damals schon »Kinderbewahranstalten«, aber Fröbel gab Kindergärten eine pädagogische Konzeption und versah sie mit einem Bildungsanspruch. Dieser besagte, eine frühere geistige Bildung habe der Schule vorauszugehen, ohne dass sie die Kinder früher erfassen solle. Das Spiel erachtete er als sozialen Kern allen guten Lernens.

Der Anfang des 20. Jahrhunderts gilt auch als Blütezeit der wissenschaftlichen Erkenntnisse über die menschliche Entwicklung. Im Rückgriff auf Vorstellungen der großen Klassiker entstand ein neues Bewusstsein über die Bedeutung der Kindheit, das zur Pädagogisierung des kindlichen Alltags und zum Ausbau vorschulischer Einrichtungen führte, vor allem aber zu einer Pädagogik »vom Kinde aus«, für die sich die schwedische Reformpädagogin Ellen Key (1849–1926) in ihrer Schrift *Das Jahrhundert des Kindes* starkmachte. Darin maß sie dem Elternhaus eine zentrale Bedeutung bei und kritisierte, dass Kinder zu früh in außerfamiliale Betreuung gegeben und Eltern dabei hinnehmen würden, dass sie unter den »Seelenmorden« der Schule und ihrem Ehrgeiz leiden. Das Kind nicht in Frieden zu lassen sei das größte Verbrechen der gegenwärtigen Erziehung.

Diese Gedanken zur Reformpädagogik Ellen Keys – teilweise auch kritisiert, sie würden ein an der Rassenhygiene orientiertes Bild vom neuen Menschen voraussetzen[34] –, aber auch der großen Klassiker, fanden ihre Ergänzung in der Entwicklung der internationalen Forschung über Kinder und Jugendliche. Forscher wie William Stern, Sigmund Freud, Lew Wygotski und später Jean Piaget, Anna Freud, René Spitz oder Erik. H. Erikson lieferten viele bedeutsame Erkenntnisse zum Zusammenhang von Denken und Sprache, über die soziale Umgebung, zu kindlichen Krisen, zum Verhältnis von Anlage und Umwelt sowie zur Entwicklung der kindlichen Persönlichkeit.

Janusz Korczak (1878–1942) war ein Pädagoge mit aufopferndem sozialem Engagement, der früh schon auf die Rechte und Würde des Kindes blickte und diesen Begriffen pädagogischen Inhalt verlieh. Hinter seinem Tun stand eine tiefe Achtung vor dem Kind und seiner Persönlichkeit. Erwachsene sollten Kinder liebend und unvoreingenommen auf ihrem Weg begleiten, ohne sie durch ihr Erziehungsverhalten herabzuwürdigen. Als Leiter eines Waisenhauses konnte er seine Vorstellungen im Umgang mit den Kindern täglich überprüfen. Als erster Pädagoge forderte er zudem eine Charta der Menschenrechte für das Kind.

Seit dem Zweiten Weltkrieg ist die Kindheit auch politisch zu einer internationalen Angelegenheit geworden, die in der Ratifizierung der Kinderrechtskonvention von 1989 ihren vorläufigen Höhepunkt fand. Darin sind erstmals Rechte und Partizipationsansprüche der Kinder formuliert, welche das Hier und Jetzt der Kindheit und auch die Zweckfreiheit der Erziehung betonen. Verbriefte Rechte sind das Recht auf Spiel, das Recht auf Bildung und das Recht auf eine Privatsphäre.

Mythos 5:
Als die Mütter ihr Muttersein noch mehr genießen konnten als heute
Eng verknüpft mit den Vorstellungen der angeborenen Mutterliebe ist auch das Bild der Mutter, die ihr Muttersein früher noch viel mehr genießen konnte, weil sie sich nicht zwischen Beruf und Familie aufreiben musste und ihre ganze Fürsorglichkeit den Kindern widmen konnte. Dieses Bild ist allerdings ein Mythos. Denn das bürgerliche Familienideal des gut verdienenden Vaters, der fürsorglichen Mutter und der wohlgeratenen Kinder, das sich in der Zeit des Nationalsozialismus verfestigte, setzte die Mütter unter enormen Druck, gute Mütter zu sein und die Verantwortung für den Haushalt und die Familie zu tragen. Zwar ließ die Idealisierung der Mutterschaft und ihre Hochblüte in den 1950er- und 1960er-Jahren die nicht außer Haus arbeitenden Mittelschichtfrauen zum wichtigsten Statussymbol der wohlhabenden Gesellschaft werden. Ihre Ehemänner

verdienten genug, und Frauen, welche einer bezahlten Berufstätigkeit nachgehen mussten, wurden eher bemitleidet. Doch war damit auch die neue Forderung an die Mütter verbunden, den Nachwuchs »richtig« zu erziehen.

Es waren aber auch die medizinischen Fortschritte und neue psychologische Erkenntnisse, welche der Vorstellung einer richtigen Erziehung und des gut gedeihenden Kindes Aufschwung verliehen. Vor allem im Zuge der Euphorie um die behavioristischen Theorien galten Kinder nun als gestalt- und formbar. Diese Theorien behaupten, dass sich das Verhalten von Kindern durch bestimmte Strategien der Erwachsenen – etwa Belohnungen, positive Verstärkungen (z. B. Lob), aber auch die verschiedensten Formen von Strafen – verändern lässt. Berühmt geworden ist dabei John Watsons[35] Aussage: »Gib mir ein Dutzend gesunde und wohlgeformte Kinder und eine eigene Welt, um sie aufzuziehen, und ich garantiere, dass ich eines per Zufall herausnehme und es ausbilde – und ich kann es zu jedem beliebigen Spezialisten ausbilden – nach Wahl zu einem Doktor, Juristen, Künstler, Händler und sogar Bettler oder Dieb – unabhängig von seinen Talenten, Fähigkeiten und der Rasse seiner Vorfahren.«

Diese Aussage steht einerseits stellvertretend für den großen pädagogischen Optimismus der 1960er-Jahre, wonach kindliches Verhalten durch die Umwelt nachhaltig verändert und die genetischen Voraussetzungen deshalb ignoriert werden können. Andererseits verweist sie aber auch auf die enorme emotionale Bedeutungszunahme des einzelnen Kindes, die zusätzlich durch die Antibabypille und den damit verbundenen Geburtenrückgang verstärkt wurde. Eine Folge war der Förderboom, hierzulande als »Frühleserbewegung« bekannt, die sich in erster Linie an die Mütter und ihre Förderaufgabe richtete. Im amerikanischen Sprachraum war es Glenn Doman, der mit seinem Buch *How You Teach Your Baby to Read* Mütter darüber informieren wollte, wie sie ihre Kleinkinder ab zehn Monaten im Lesen unterrichten sollten, während sich in Deutschland Heinz-Rolf Lückert für einen Lesebeginn Zweijähriger einsetzte.[36] Mütter bekamen in diesem Zusammenhang eine immer größere Bedeutung, denn die behavioristischen Theorien unterstützten die Überzeugung, dass ausschließlich die Eltern, und eben vor allem die Mütter, dafür verantwortlich seien, was aus ihren Kindern werde. Ähnlich wie heute heizten solche Vorstellungen ihre moralischen Verpflichtungsgefühle enorm an. Wie das Kind auf Erziehungs- und Förderbemühungen reagierte oder welche Bedürfnisse es äußerte, blieb dabei weitgehend unberücksichtigt, denn agiert wurde in der Regel mit ziemlich harschen Erziehungsmethoden.

Solche Methoden wurden ganz selbstverständlich auch in Ratgebern wie *Die deutsche Mutter und ihr erstes Kind* von Johanna Haarer[37] verbreitet, der aus heutiger Sicht zur »Schwarzen Pädagogik« gezählt werden müsste. Mit der »Schwarzen Pädagogik«[38] wird eine Erziehung benannt, die sich vorwiegend repressiver Mittel bedient und den Eltern eine unhinterfragte und streng autoritäre Rolle zuspricht. Ehrfurcht vor ihnen war genauso selbstverständlich wie ihre Pflicht zu strafen, wenn die Regeln nicht eingehalten wurden. Haarer schreibt beispielsweise auf Seite 158: »Dann, liebe Mutter, werde hart! Fange nur ja nicht an, das Kind aus dem Bett herauszunehmen, es zu tragen, zu wiegen, zu fahren oder es auf dem Schoß zu halten, es gar zu stillen.«

Trotzdem hat sich in dieser Zeit das Bild von Elternschaft und der Beziehung zwischen Eltern und Kindern langsam, aber grundlegend, zu verändern begonnen. In den Nachkriegsjahren wurde der Grundstein für eine Familie der Jahrtausendwende gelegt, in der das Kind als eigenständige

Persönlichkeit mit seinen Bedürfnissen und Ansprüchen eine überragende Bedeutung bekommen sollte.

Mythos 6:
Früher war die Zusammenarbeit mit der Schule viel angenehmer

Eltern beklagen sich heute oft, dass die Zusammenarbeit mit Lehrkräften und Schulen eine Zumutung oder gar eine Unmöglichkeit sei. Früher, als man selbst zur Schule ging, sei dies anders gewesen. Und auch ältere Lehrkräfte werden nicht selten sentimental, wenn sie einen Blick zurückwerfen und sich an vermeintlich bessere Zeiten erinnern, als die Zusammenarbeit mit Eltern noch angenehm gewesen sei. Meist sind dies allerdings verklärte oder vernebelte Vorstellungen, denn »Elternarbeit« war früher eigentlich gar keine. Damals hatten Eltern nicht die gleichen Ambitionen wie heutige Väter und Mütter, vor allem jedoch galten Lehrerinnen und Lehrer als professionelle Autoritäten, die ihre Arbeit nahezu ohne Elternkontakte verrichten konnten.

Dies blieb auch in den 1970er-Jahren so, als sich im Zuge der 68er-Bewegung zunehmend die Überzeugung durchsetzte, eine Erziehung, die sich an einem Soll oder Muss orientiert, sei passé. Nach den Jahrzehnten hierarchischer Angstbeziehungen der Kinder zu ihren Eltern wurde nun die freie, teils auch antiautoritäre Erziehung postuliert. Ihr Credo war, die Kinder so anzunehmen, wie sie sind, damit sie sich frei entfalten können. Wer in dieser Zeit groß wurde, erlebte noch eine Straßenkindheit mit vielen Freiheiten, draußen spielen zu können. Es mangelte nicht an naturnahen Spielplätzen, an frei verfügbaren Spielkameraden und an Geschwistern. In der Schule war das Wohlbefinden der Kinder das erste Ziel und kaum die Leistungsorientierung. Zwar bildeten die Eltern weiterhin das Gerüst, an dem sich die Kinder orientieren sollten – allerdings aus freien Stücken –, doch war es unschicklich, sich in schulische Belange einzumischen. Eher wurden Eltern als unerwünschte Kontrolleure betrachtet, denn sie galten als Amateure, Lehrkräfte hingegen als Profis, welche im Schulzimmer das Sagen hatten und für die Fortschritte der Kinder verantwortlich waren. Wer sich trotzdem einmischte, wurde von anderen Eltern argwöhnisch betrachtet oder massiv dahingehend kritisiert, sie würden den Lehrkräften ins Handwerk pfuschen. Kinder früh zu fördern, ihnen schon im Kindergarten das Lesen beizubringen oder sie gar früher einzuschulen – dafür erntete man Häme und kein Lob. Als Rabeneltern bezeichnet wurde, wer sein Kind pushte. Heute ist es genau umgekehrt. Als Rabeneltern gelten die, welche bei einem Problem des Kindes wenig tun, sondern erst einmal abwarten.

Allerdings setzten erst in den 1980er-Jahren die massiven gesellschaftlichen Veränderungen ein, mit denen wir heute konfrontiert sind. Eltern waren damals noch kaum mit dem »Fahrstuhleffekt« konfrontiert, dem Ergebnis des beschleunigten Wandels und des gestiegenen Lebensstandards. Der Begriff stammt aus dem bereits erwähnten Buch *Risikogesellschaft* von Ulrich Beck und meint, dass die Erarbeitung eines kollektiven Mehrs an Einkommen, Bildung, Recht und Massenkonsum unsere Gesellschaft insgesamt zwar eine Etage höher hat fahren lassen. Dies hat aber zur Folge, dass in dem Maße, in dem der Bedarf nach Bildung wächst, ihr Wert sinkt. Denn wenn sich alle ähnlich verhalten und mehr in ihre Ausbildung investieren, zählt auch die beste Leistung weniger als bisher. Heinz Bude veranschaulicht dies in seinem Buch *Bildungspanik* an einem Beispiel: Wenn im Fußballstadion alle aufstehen, um besser aufs Spielfeld zu sehen, sieht niemand besser, als wenn alle sitzen.

Deshalb müssen Eltern, die »oben« bleiben wollen, viel investieren, und diejenigen, welche nach »oben« kommen wollen, noch viel mehr. Die Auswirkungen des Fahrstuhleffekts zeigen sich fast paradigmatisch darin, wie sich Eltern heute in der Schule einbringen wollen. Schließlich sind ihre Kinder zum Lebensmittelpunkt geworden, weshalb sie nicht selten deren Erfolg oder Scheitern als eigene Leistung betrachten. Im nächsten Schwerpunkt wird erläutert, mit welchen Merkmalen heutige Eltern charakterisiert werden können.

3 Perfekte Eltern

Die Krise der Familie ist allgegenwärtig. Sie zeigt sich nicht nur in vielen gängigen Publikationen, sondern vor allem auch in der gesellschaftlichen Fundamentalkritik an Eltern. Sie werden heute für vieles verantwortlich gemacht: für falsche Frühförderung, für das Schulversagen ihrer Kinder, für deren Gewalttätigkeit und psychische Störungen wie etwa Depressionen oder das Zappelphilipp-Syndrom ADHS. In der Kinderpsychologie und Kinderpädiatrie werden solche Entwicklungsmerkmale als pathologisch gekennzeichnet.

Das sind fatale Zuschreibungen. Weil unsere Gesellschaft verantwortliche Elternschaft mit »guter« Elternschaft gleichsetzt, gelten nur diejenigen Väter und Mütter als gute Eltern, welche die Verantwortung für ihren Nachwuchs vollumfänglich tragen und darum besorgt sind, dass sie sich reibungslos entwickeln. Dieses normative Muster findet mit großer Selbstverständlichkeit nahezu überall Anklang. Hinterfragt wird es nur sehr selten und schon gar nicht von Fachexperten.

Meine These, die ich in diesem Buch vertrete und bereits in der Einleitung dargelegt habe, lautet, dass Väter und Mütter, die perfekt sein wollen, in erster Linie eine Reaktion auf solche Forderungen und kaum ein Ergebnis ihrer Unfähigkeit sind, den Nachwuchs verantwortungsvoll zu erziehen. Anstatt Eltern für all das verantwortlich zu machen, was mit Kindern heute nicht optimal läuft, sollte man etwas genauer, und vor allem auch mit einem bildungs-soziologischen Blick, hinschauen. Nur so erkennt man die problematischen Seiten dieses normativen Erziehungsmusters jenseits der elterlichen Schuldfrage.

Perfekte Eltern können anhand von vier Merkmalen beschrieben werden: die Förder- und Bildungswucht, die partnerschaftliche Erziehung, die Überbehütung sowie die Sicherheitsangst.

Förderwucht und Bildungspanik: Damit gemeint sind Maßnahmen, welche zum Ziel haben, dass Kinder früh und schnell lernen, einen guten Rucksack für den Bildungsweg bekommen und hoffentlich auch besser werden als die anderen. Aus Angst, das Gymnasium als Ziel könnte auf der Strecke bleiben, versuchen sie, den Lernerfolg ihres Sprösslings zu sichern oder zu erhöhen. Häufig suchen sie deshalb nach Expertenunterstützung, um die Kinder so erziehen zu können, wie es ihnen vorschwebt.

Partnerschaftliche Erziehung: Der Trend zur partnerschaftlichen Erziehung beinhaltet die Angst von Vätern und Müttern, sie könnten dem Kind mit ihrer Autorität wehtun oder gar schaden und dadurch seine Liebe verlieren. Deshalb machen sie es zum Kumpel oder erklären es gar zum besten Freund. Weil sie Autorität zudem grundsätzlich als unangenehm empfinden, delegieren sie diese an die Kita, den Kindergarten oder die Schule.

Überbehütung: Überbehütung ist gekennzeichnet durch den Drang von Eltern, ihren Nachwuchs vor jeder Herausforderung und jedem Konflikt zu schützen. Das bringt Kinder in eine schwierige Situation: Einerseits haben Eltern hohe Erwartungen und Leistungsansprüche an sie in Bezug auf das, was sie können sollten. Andererseits werden sie andauernd überbemuttert, sodass sie kaum aus Fehlern lernen oder am eigenen Scheitern wachsen können.

Sicherheitsangst: Eltern, welche ihre Kinder überbehüten und stark an sich binden, entwickeln oft enorme Ängste, es könne ihnen etwas Schlechtes oder Böses passieren. Diese Sicherheitsangst äußert sich auch in einer ausgeprägten Risikoscheu. Deshalb überwachen sie ihre Kinder nonstop und verbieten ihnen, sich allein oder zumindest selbstverantwortlich in der Außenwelt zu bewegen. Damit fördern sie jedoch ihre Unselbstständigkeit und ihre Ängstlichkeit.

Förderwucht

Zwar gibt es große Unterschiede zwischen Kulturen und Religionen, doch gilt das Kind im Großteil westlicher Staaten als emotionale Investition. Viele Eltern stellen sich schon bei der Zeugung ein ideales Kind vor. Dabei haben sich die Reproduktionsmedizin und die Pränataldiagnostik kräftig eingeschaltet. »Verantwortete Elternschaft« beginnt längst nicht mehr erst bei der Geburt des Kindes, sondern kurz nach der Zeugung, wenn sich werdende Mütter und Väter ins medizinische und psychologische Expertensystem einschleusen lassen müssen. Vorbei sind die Zeiten, als man wie der dänische Philosoph Søren Kierkegaard noch überzeugt war, dass der Hauptbeitrag der Frauen zur Schwangerschaftsvorsorge nur ein einziger sei: »Schwanger sein heißt, guter Hoffnung sein, und Hoffen heißt, die Möglichkeit des Guten zu erwarten.«[1] Heute sind Schwangerschaft und Geburt zunehmend zu einem Risikounternehmen geworden. Dies beginnt schon mit dem Appell an werdende Mütter, bereits in dieser Zeit eine bewusste Beziehung zum Kind aufzubauen und dabei unbedingt darauf zu achten, sich im Beruf nicht stressen zu lassen, weil dies dem ungeborenen Kind schaden könnte. Auch wenn solche Appelle möglicherweise eine wissenschaftliche Legitimation[2] haben, wirken sie trotzdem wie eine zwar versteckte, aber von werdenden Müttern deutlich wahrgenommene und internalisierte Botschaft, sich während der Schwangerschaft auf keinen Fall etwas zuschulden kommen zu lassen. Genau hier beginnt der Perfektionsdruck.

Früher Vergleichs- und Perfektionsdruck
Eltern werden nicht nur dafür verantwortlich gemacht, wie viele Kinder sie bekommen, sondern ebenso, dass diese gesund sein sollen. Deshalb müssen Mütter zu Vorsorgeuntersuchungen, zum Ultraschall, zu Glukosetoleranz- und Nackentransparenztests etc. mit dem einen Ziel antreten, die Abweichung vom Normalen zu finden. Im Durchschnitt werden heute 14 Kontrolluntersuchungen während einer Schwangerschaft empfohlen, wobei drei Ultraschalluntersuchungen zum Standardprogramm einer gynäkologischen Praxis gehören.[3] In allen deutschsprachigen Staaten finden sich die weltweit dichtesten Netze solcher Vorsorgemaßnahmen für Schwangere. Die Vorsorgeuntersuchungen dienen der Dokumentation des Schwangerschaftsverlaufs zur Überwachung der Entwicklung des Fötus bzw. Kindes und der Abschätzung möglicher Risiken.

In Deutschland und Österreich bekommen Frauen, sobald ihre Schwangerschaft feststeht, einen Mutterpass. In der Schweiz ist dieser so nicht existent, doch gibt es bereits heute Ärzte, die etwas Ähnliches abgeben: etwa einen Ausdruck der Schwangerschaftsdaten aus dem Computer, eine Kreditkarte mit Chip, auf der Daten gespeichert sind, oder wie beispielsweise im Universitätsspital Zürich, den E-Mutterpass auf einem USB-Stick. Unter anderem gibt es dann meist eine einfache Visualisierung der Messergebnisse zur kindlichen Größenentwicklung bei Ultraschalluntersuchungen.

Im deutschen Mutterpass findet sich auf Seite 13 (Abbildung 6) unter dem Titel »Normkurven für den fetalen Wachstumsverlauf« ein entsprechendes Diagramm. Eingetragen werden die Messergebnisse des Kopfdurchmessers, des Bauchdurchmessers und der Scheitel-Steiß-Länge.

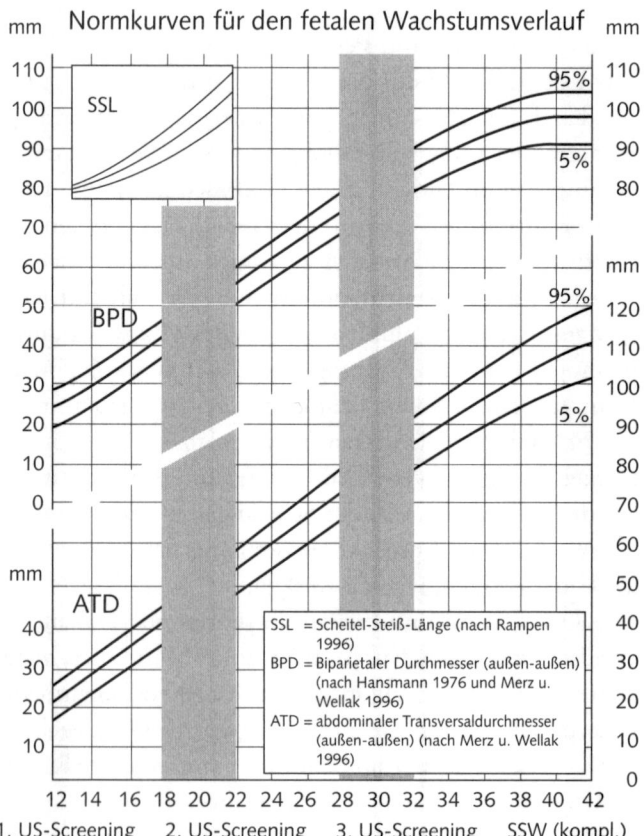

Abbildung 6: »Normkurven für den fetalen Wachstumsverlauf« (Gemeinsamer Bundesausschuss [2014]: Mutterpass, S. 13)

Die jeweils mittlere Linie markiert einen Durchschnitts-
wert, die obere Linie die Grenze zu den 5 Prozent größten
Ergebnissen unter allen Föten und die untere Linie zu den
5 Prozent kleinsten. Die drei Graphen markieren damit so
etwas wie einen Normalitätsbereich. Liegen die gemessenen
Werte innerhalb, so gilt der Verlauf als »durchschnittlich«
und damit als »wenig besorgniserregend«. Ist dem jedoch
nicht so, spricht die Medizin von einem ungewöhnlichen
und damit möglicherweise pathologischen Entwicklungsverlauf. Solche Messungen sind für werdende Eltern nicht
nur das erste Resultat eines Vergleichsprozesses mittels Mes-
sen und Quantifizieren, sondern ebenso ein erster Wettbewerb, denn nur das Ergebnis, das nicht auffällt, gilt als »gut«
und damit als »normal«. Besonders problematisch daran ist,
dass die Interpretation solcher Messwerte fachlichen Sachverstand erfordert, über den die meisten werdenden Eltern
nicht verfügen, und Werte, die nicht gerade im Durchschnitt liegen, sie besonders beunruhigen dürften.

Selbstverständlich hat eine Vorsorge ihre Berechtigung.
Doch geht es auch immer explizit darum, nicht hinter den
anderen Schwangeren zurückzustehen, also das Ziel »normal« attestiert zu bekommen. Diese Situation führt dazu,
dass sich Frauen kaum mehr trauen, sich unbelastet über
ihre Schwangerschaft zu freuen. Sie werden zunehmend verunsichert und voller Misstrauen gegenüber dem eigenen
Körper, aber voller Vertrauen in Technik, Medizin und
Tests. Wie anders soll man die Tatsache interpretieren, dass
bis vor Kurzem ca. 73 Prozent aller Schwangerschaften als
»kontrollbedürftige Risikofälle« eingestuft wurden? Auch
wenn man das Phänomen berücksichtigt, dass es immer
mehr Spätgebärende gibt, ist die Tendenz steigend.[4] Trotzdem erleben die meisten Frauen unproblematische neun
Monate und bringen kerngesunde Kinder zur Welt. Zwar

hat sich die Praxis in Deutschland glücklicherweise in neuester Zeit etwas geändert. Wie der *Spiegel* vom 30. Juli 2015 berichtet, liegt nur noch dann eine Risikoschwangerschaft vor, wenn dies explizit im Mutterpass so vermerkt ist. Bisher wurde eine Frau immer dann automatisch als Risikoschwangere bezeichnet, wenn die gynäkologische Fachperson bei der ersten Untersuchung einen zusätzlichen Befund ankreuzte. Aufgrund dieser neuen Regelung galten in Deutschland im Jahr 2014 nur noch 35 Prozent als Risikoschwangere.[5] Trotzdem beinhaltet der Begriff »Risikoschwangerschaft« die Vermutung, dass etwas Außerordentliches droht.

Wirft man des Weiteren einen Blick in Broschüren zur Pränataldiagnostik (PND), so liest man Erstaunliches. Eltern sollten die »Verantwortung der Schwangerschaft tragen« und »wohlfundierte Entscheidungen« treffen. In einem dieser Informationsblätter ist sogar schwarz auf weiß zu lesen, dass die Medizin die »Geburt gesunder Kinder« ermögliche. Wahrscheinlich ist damit im Klartext die Vermeidung behinderter Kinder gemeint. Wie heute Pränataldiagnostik tatsächlich praktiziert wird, erfährt man aber erst, wenn man werdenden Eltern zuhört. Kaum zu glauben, was sie jenseits der Broschüren, die ihnen in die Hände gedrückt werden, alles an Ratschlägen, Aufgaben oder sogar Vorschriften von ihrem Arzt oder ihrer Ärztin auferlegt bekommen. Verständlich, dass der Wunsch nach einem gesunden Kind oder eben der Druck zu einem nicht behinderten Kind viele werdende Eltern dazu führt, sich auf genetische Abweichungen testen zu lassen.

In der Realität bedeutet dies, dass es heute nicht nur fast zur Pflicht geworden ist, ein unbehindertes Kind zur Welt zu bringen, sondern ebenso, ihm optimale Startchancen ins Leben zu sichern. Dieses Ziel ist für junge Eltern zum Gebot geworden, das sie mit gezielten Aktivitäten einzulösen versuchen. Erziehungsratgeber nehmen solche Trends mit Schlagworten auf wie »Was Ihr Kind alles können sollte«. Auch in Frauenzeitschriften und in der Sonntagspresse werden Tipps hierzu penibel aufgelistet, sodass Mütter und Väter heute über (fast) alles Bescheid wissen. Das jedoch ist für sie keinesfalls ein Segen, in erster Linie macht es ihnen Angst und hat zur Folge, dass sie jede kleinste Normabweichung ihres Sprösslings besorgt registrieren und jede Andersartigkeit als persönlichen Schuldvorwurf oder als Versagen interpretieren. Logischerweise fragen sie sich deshalb permanent, ob sie dagegen nicht etwas unternehmen müssten, vor allem auch dann, wenn Großeltern, Paten, Tanten oder gute Freunde der Ansicht sind, es handle sich um Probleme, aus denen sich etwas machen ließe.

Das Phänomen der Überstimulation

Ist das Kind einmal auf der Welt, dann geht es schon sehr bald nicht nur um seine Entwicklungsfortschritte, sondern ebenso um seine möglichst frühe Förderung. Bis in die 1990er-Jahre hat man die frühe Förderung allerdings kaum thematisiert. Kinder besuchen ab drei Jahren (in Deutschland und Österreich) und ab durchschnittlich fünf Jahren (in der Schweiz) den Kindergarten. Jahrzehntelang hatte er zum Ziel, das Kind sozial und spielerisch mit Erfahrungen jenseits der Familie auszustatten. Lange war man davon überzeugt, dass soziale und spielerische Anregungen die geistige Entwicklung fördern und infolgedessen auch die Schulfähigkeit begünstigen. Kindertagesstätten und Tagesfamilien galten als Orte, welche nur Kinder aus bedürftigen Familien oder aus Risikofamilien betreuten. Heute hat sich dies grundlegend geändert. Familien, Kitas, Spielgruppen, Tageseltern, aber auch Kindergärten und Schulen werden von einer wahren »Bildungswucht« überflutet. Ihre Ursachen sind vielfältig. Bereits diskutiert worden sind der PISA-Schock und die Erkenntnisse der Neurobiologie im Hinblick auf die besondere Bildungsfähigkeit des kleinen Kindes. Wesentlich dazu beigetragen haben auch die großen Fortschritte der Säuglings- und Kleinkindforschung, die heute viel genauere Aussagen über Entwicklungsprozesse, Fähigkeiten und Kompetenzen kleiner Kinder möglich machen. Und schließlich unterstreicht auch die Wirtschaft die Wichtigkeit eines guten Humankapitals für die Zukunft und fordert deshalb eine umfassende Potenzialförderung der Kleinsten.[6]

Solche Impulse haben den Grundstein dafür gelegt, dass die ersten Lebensjahre als die lernsensibelsten und deshalb als die entscheidendsten für die gesamte Bildungslaufbahn gelten. Tatsächlich werden Kinder in diesem Alter mit wichtigen sozioemotionalen und kognitiven Fähigkeiten ausgestattet, die für den Schuleintritt und den späteren Lebensweg bedeutsam sind. Dazu gehören beispielsweise Emotionen kontrolliert einsetzen, ein Selbstbewusstsein aufbauen, die Identität entwickeln sowie Frustrationstoleranz einüben können. Die Forderung ist deshalb zwar richtig, Bildungsinvestitionen in dieser frühen Phase zu tätigen, trotzdem jedoch zu einseitig. In meinen Ausführungen zum »Hänschen-Argument« habe ich bereits dargelegt, dass sich der Mensch trotz der großen Bedeutung der ersten Lebensjahre für eine gelingende Entwicklung durch eine lebenslange Lernfähigkeit auszeichnet und infolgedessen auch im Jugendalter und sogar im späteren Erwachsenenalter noch vieles lernen und in verschiedenen Bereichen Expertise erwerben kann. Dies gilt beispielsweise für das Sprachverständnis, die Kreativität oder für Denkstrategien. Weil jedoch das spätere Lernen anspruchsvoller ist als in der frühen

Kindheit, lohnt sich ein Fokus auf frühkindliche Bildungsförderung auf jeden Fall. Allerdings schießen viele dieser Bemühungen am Ziel vorbei, weil sie überstimulierend und nicht entwicklungsangemessen sind.

Entstanden ist so etwas wie ein »Superbaby-Phänomen«. Jedermann will das gescheiteste, cleverste, fröhlichste, glücklichste und auch das am besten angezogene Kind haben. Eine Folge davon ist, dass viele Eltern die Kindheit ihres Nachwuchses als pädagogischen Feldzug verstehen und alles daransetzen, dass es früher als die anderen Erfolg hat. Dieser Trend hat einen Namen: »Hothousing« – zu Deutsch »Treibhausförderung«.[7] Gemeint sind damit all die Aktivitäten des Elternhauses, um das Kind zum Erwerb von Wissen und Fähigkeiten zu führen, die typischerweise erst auf einem späteren Entwicklungsniveau erworben werden.

Woher kommt der Drang, dass jedermann das herausragendste Kind haben will? Weshalb gelten frühreife Kinder heute als Statussymbol? Dafür gibt es viele Antworten, doch dürfte mit Sicherheit das schlechte Gewissen der Eltern eine wichtige Rolle spielen. Die demografischen Veränderungen (z. B. hohe Scheidungsraten, doppelverdienende Paare, mütterliche Erwerbstätigkeit) haben eine Generation von Eltern produziert, die grundsätzlich Zeitprobleme hat. Viele fühlen sich unwohl, weil sie den ganzen Tag vom Kind getrennt sind, es in Fremdbetreuung geben müssen, aber auch, weil sie stark im Beruf eingespannt sind und nur wenig Freizeit mit ihm verbringen können. Frühförderangebote sind deshalb eine willkommene Alternative, sich von solchen Negativgefühlen zu entlasten und Überstimulation oder Überstrukturierung des Alltags ihres Nachwuchses in Kauf zu nehmen.

Der Vorsprung beim Schulstart und seine Auswirkungen

Eine besondere Problematik liegt in der weitverbreiteten Überzeugung, dass es nicht mehr zulässig sei, ein Kind vor Schuleintritt einfach nur spielen zu lassen. Kinder sollten »richtig« lernen, d.h. sich schulisch relevantes Wissen bereits möglichst früh aneignen. Zwar haben sich Väter und Mütter schon immer Sorgen gemacht über die Zukunft ihres Kindes. Neu ist jedoch, dass viele von ihnen überzeugt sind, der Zeitpunkt des Schuleintritts entscheide über sein Schicksal. 65 Prozent der Eltern hatten in unserer FRANZ-Studie das Gefühl, dass es heute für ein Kind wichtig oder sehr wichtig ist, gegenüber den anderen Kindern beim Schulstart einen Vorsprung zu haben (Abbildung 7). 45 Prozent der Mütter trugen sich sogar mit dem Gedanken, ab der Schulzeit die eigene Erwerbstätigkeit zu reduzieren.

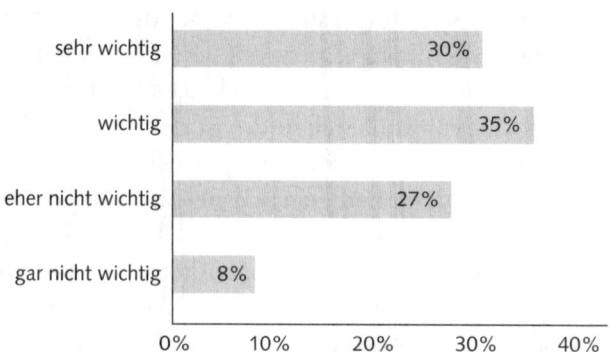

Abbildung 7: *Die Bedeutung des Vorsprungs beim Schuleintritt aus der Sicht von Eltern*

Die große Bedeutung, welche Eltern dem Vorsprung beim Schulstart beimessen, ist verständlich. Denn nicht selten steht dahinter die Furcht, das eigene Kind könnte im schulischen Leistungswettbewerb nicht bestehen. Deshalb setzen sie vor allem auf das Lesen- oder Rechnenlernen und das Ziel, dass der Sprössling beim Schuleintritt bis 100 rechnen, das Alphabet aufsagen, schon ein paar Sätze lesen und einige Wörter schreiben kann. Viele Väter und Mütter wetteifern dabei mit Freunden und Nachbarn um die so erzielten Wissensfortschritte. Nicht selten lassen sie auch eine Potenzialanalyse durchführen, mit dem Ziel, die Diagnose »Hochbegabung« zu erhalten. Dafür rennen sie von einem Psychologen zum nächsten, bis dieses Ergebnis vorliegt.

Nur – das Gras wächst nicht schneller, wenn man daran zieht. Dieses afrikanische Sprichwort bildet sich auch in vielen wissenschaftlichen Erkenntnissen ab. Keine Studie konnte bisher belegen, dass frühe Lese- oder Mathematikinstruktion oder der wöchentliche Kurs in Babyzeichensprache oder im Babyenglisch aus den Kleinsten spätere Sprachtalente, Rechengenies oder hervorragende Schüler macht. Darauf verweisen auch die Ergebnisse unserer Studie »Frühlesen und Frührechnen als soziale Tatsachen«[8]. Abbildung 8 zeigt die Leistungsverläufe vom Schuleintritt bis zum Ende der achten Klasse. Dabei fällt auf, wie unterschiedlich diese sind und wie heterogen sich die ehemals »frühreifen« Kinder entwickelten. »Frühreif« deshalb, weil sie alle beim Schuleintritt über weit fortgeschrittene Lese- und/oder Mathematikkenntnisse verfügt hatten und nur deshalb in die Studie aufgenommen worden waren.

Sichtbar wird in der Abbildung, dass zunächst – also beim Schuleintritt – alle drei Gruppen mit genau gleichen, also deutlich fortgeschrittenen, Leistungsprofilen starteten. Danach ergab sich allerdings eine recht auffällige Scheren-

3-Clusterlösung: Leistungsverläufe

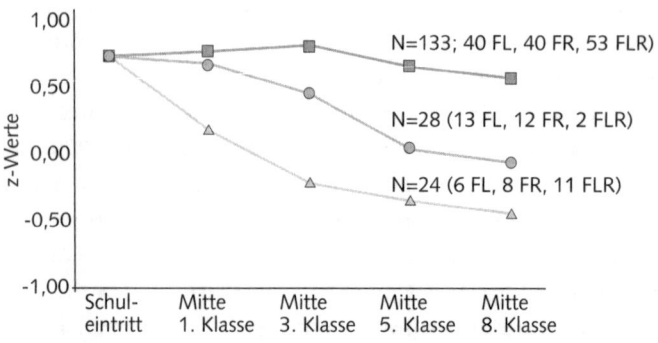

FL = Frühleser; FR = Frührechner; FLR = Frühleser und Frührechner

Abbildung 8: *Leistungsverläufe von Frühlesern und Frührechnern*

tendenz: Während eine Gruppe (Kurve mit quadratischen Symbolen) stabil blieb und ihre Position an der Leistungsspitze bis zum Ende des achten Schuljahres halten konnte, fielen die Leistungen der zweiten Gruppe (Kurve mit dreieckigen Symbolen) relativ rasch, d. h. bereits im Verlaufe der ersten Klasse, ab. Die dritte Gruppe (Kurve mit Kreissymbolen) erbrachte vorerst noch gute Leistungen, die sich jedoch ab der dritten Klasse kontinuierlich verschlechterten. Die stabile Gruppe, die seit der ersten Klasse zu den Klassenbesten gehörte, unterschied sich von den weniger erfolgreichen Gruppen dadurch, dass sie Lesen und Rechnen vorwiegend aus Eigeninitiative gelernt hatte und nicht durch elterliche Instruktion. Daraus lässt sich schließen, dass Kinder, die schulvorbereitend in Lesen und Mathematik von den Eltern oder in einem Förderkurs instruiert werden, zwar einen Vorsprung vor anderen bekommen, der sich jedoch relativ schnell »auswächst«, d. h. bereits nach einem oder zwei Schuljahren wieder verschwindet. Solche

120

Kinder sind später kaum besser in der Schule als nicht geförderte Kinder. Kinder, die sich hingegen aus eigener Motivation solche Kompetenzen aneignen, sind langfristig erfolgreicher.

Auch aus der Hochbegabungsforschung wissen wir, dass viele Wunderkinder im Erwachsenenalter nicht mehr die überragenden Leistungen zeigen, die von ihnen aufgrund ihrer frühen Exzellenz erwartet worden waren.[9] Zwei Gründe können dafür verantwortlich sein:

- **Die »Midlife-Crisis«:** Oft geraten Wunderkinder in der Adoleszenz in eine Krise, in eine »Midlife-Crisis«[10]. Dies ist meistens dann der Fall, wenn sie erkennen müssen, dass sie ihr bisher eher intuitives Können, das von der Umgebung als einmalig und ungewöhnlich bewundert worden war, nun durch systematisches Üben ersetzen und in ein methodisch basiertes Können überführen müssten. Die Erkenntnis, dass jede große Leistung sehr viel Aufwand, Übung und Mühe erfordert und Lernen ohne Härte nicht zu haben ist, kann dann zum Abbruch des Engagements führen.
- **Der Zwang zum Üben:** Manchmal haben Eltern überzogene Erwartungen an ihre Kinder und zwingen sie deshalb unablässig zum Lernen und zum Üben. Zwar ist aus der Expertiseforschung bekannt, dass hohe Erwartungen und auch ein gewisser Druck von Eltern, Mentoren, Trainern und Lehrkräften auf dem Weg zu guten oder hervorragenden Leistungen ausgesprochen wichtig sind. Aber genauso wichtig ist das sensible Gespür, wie stark die Kinder gefordert werden können, inwiefern überhaupt intrinsisches, also eigenmotiviertes Interesse vorhanden ist und es deshalb auch darum geht, Motivationsprobleme zu überwinden. Gerade für stark geförderte Kin-

der dürfte ein Hauptproblem darin liegen, dass ihre ehrgeizigen Eltern sie fühlen machen, dass sie nur dann etwas wert sind, wenn sie sich immer produktiv und leistungsbereit zeigen. Daraus resultieren nicht selten klinische Probleme. Intensive Schulvorbereitung, Druck und zu hohe Anforderungen führen überdurchschnittlich häufig zu späterer Leistungsängstlichkeit, Leistungsmotivationsproblemen, Schwierigkeiten in der Bindung an Gleichaltrige oder gar zu Depressionen.[11]

Fazit: Aus wissenschaftlicher Sicht müssen ehrgeizige Eltern enttäuscht werden. Früh instruierte Kinder bekommen zwar einen Vorsprung vor anderen, aber dieser wäscht sich relativ schnell aus. Der Schuleintritt ist zwar sehr bedeutsam, doch beginnt die Vorbereitung viel früher und beschränkt sich nicht auf die Instruktion von Lesen, Mathematik und Schreiben, auf Frühförderkurse oder auf die vorzeitige Einschulung. Eine ausgewogene physische und mentale Gesundheit, emotionale Stabilität und ein gutes Selbstwertgefühl sind ebenso wichtige Grundlagen für eine erfolgreiche Schullaufbahn.

Bildungspanik

Heute erwartet man von Eltern, dass sie sich für die Schule interessieren und sich entsprechend engagieren. Ein solches Engagement ist in den letzten Jahren in allen deutschsprachigen Staaten von der Bildungs- und Sozialpolitik eingefordert worden. Die Aufgaben, die Eltern zugeschrieben werden, umfassen in erster Linie Überwachung und Kontrolle (»Monitoring«) sowie Fürsorge und Anteilnahme (»Caring«). Im historischen Vergleich kommen teilweise neue Funktionen hinzu, beispielsweise Hausaufgaben begleiten und betreuen sowie Förderunterstützung etc. Gerade in dieser Hinsicht ist das heutige elterliche Engagement beeindruckend – allerdings nicht, weil Väter und Mütter damit einem expliziten Wunsch der Schule nachkommen. Vielmehr erhöhen sie ihr schulisches Engagement aus freien Stücken, um den Lernerfolg ihres Sprösslings zu sichern oder zu erhöhen, damit das Gymnasium als Ziel nicht auf der Strecke bleibt. Dieses Phänomen ist neu und eigentlich paradox. Der Soziologe Heinz Bude nennt es »Bildungspanik«.

Paradox ist das Phänomen deshalb, weil Eltern für die Bildung ihrer Kinder noch nie so viel Geld ausgegeben und so viel in Kauf genommen haben wie heute. Gleichzeitig hatten sie aber auch noch nie so große Angst und so viele schlaflose Nächte, dass die Kinder nicht mindestens den gleichen Status wie sie selbst erreichen könnten oder, besser noch, ihn übertreffen, um im Wettbewerb um eine gute Ausbildung zu bestehen. Solche Gefühle kann man ihnen angesichts der Tatsache gar nicht verübeln, dass die ganze Welt von Exzellenz spricht, von der Vorschule (»Exzellenzkrippen«) bis zur Hochschule (»Exzellenzuniversitäten«). Deshalb ist es verständlich, wenn die Konkurrenzfähigkeit zu ihrem unausgesprochenen Erziehungsziel und Bildungspanik zur Kehrseite der Medaille geworden ist. Bildungspanik hat viele Ausdrucksweisen, beispielsweise als bezahlte Lernunterstützung, als Steuerung der Freundschaften des Nachwuchses inklusive dem Umzug in Quartiere mit ähnlich bildungsambitionierten Familien. Dabei stellt sich natürlich auch die Frage, mit welchen Folgen Bildungspanik verbunden ist.

Bezahlte Lernunterstützung

Wer selbst ein Gymnasium absolviert hat, tut alles dafür, dass dies auch für den Nachwuchs so bleibt. Und wer zu den Bildungsaufsteigern gehört, die in bessere Positionen gerutscht sind als die Eltern, will seine Kinder so unterstützen, dass sie von Anfang an die besseren Chancen als die anderen haben. Diese Ansteckungsangst ist ein Ausdruck von Bildungspanik und ein Grund dafür, warum man Privilegien sucht und verteidigt. Nicht selten steht deshalb das Abitur respektive die Matura als erstes Bildungsziel schon in der Grundschule fest. Zumindest wünschen sich dies etwa 60 Prozent der Eltern, bei den Akademikereltern sind es sogar fast 90 Prozent.[12] Schon beim Schuleintritt werden die Leistungen zum beherrschenden Familienthema. Eltern kontrollieren Hausaufgaben, helfen mit und agieren als Hilfslehrpersonen. Wenn dies nicht zufriedenstellend ausreicht, dann büffeln sie auch am Wochenende mit den Kindern oder bezahlen Unsummen für Nachhilfeunterricht. Heute bekommen 25 Prozent bis 35 Prozent der Schulkinder Nachhilfe[13], aber nicht etwa, weil sie in der Schule überfordert sind oder eine Klassenwiederholung aufgrund schlechter Schulnoten droht. Vielmehr geht es im wahrsten Sinn des Wortes um »Lerndoping«, definiert als Optimierung der Schulnoten mittels Nachhilfe, um im Konkurrenzkampf zu bestehen respektive die Aufnahmeprüfung ins oder den Verbleib am Gymnasium zu schaffen.

Dabei ist die Bandbreite an Unterstützungsangeboten enorm, und zwar von der Grundschule bis zur Hochschule. Vom klassischen Studenten als Nachhilfelehrer für Grundschulkinder über Lernstudios als Vorbereitungsort für die Aufnahmeprüfung ins Gymnasium oder einem online-Angebot wie etwa »Teachpoint« bis zum äußerst beliebten Repetitorium an Universitäten und Fachhochschulen gibt es alles. Überall ist Prüfungen bestehen und Notenoptimierung das zentrale Stichwort. Weil Lernunterstützung ein Millionengeschäft in einem hart umkämpften Markt geworden ist, müssen sich die Anbieter etwas einfallen lassen. Strategien wie »Geld-zurück-Garantie« oder »All inclusive« sind nur zwei der vielen Werbemittel. Eine Erfolgsgarantie gibt es aber gar nicht, denn was zählt, sind die Motivation des Schülers und die didaktischen Fähigkeiten der Nachhilfelehrkraft.

An sich ist Lerndoping natürlich nicht weiter schlimm. Nachhilfe ist per se unschädlich, und viele Kinder gehen sogar ausgesprochen gern dorthin. Problematisch sind jedoch zwei Dinge:

- **Vorteile für finanzkräftige Elternhäuser:** Mittels Nachhilfe und Lernstudios können sich gut situierte Elternhäuser Lernerfolg erkaufen. Zwar finanzieren auch Eltern aus einfacheren sozialen Schichten Nachhilfeunterricht für ihre Kinder, obwohl er ein großes finanzielles Opfer für sie bedeutet. Doch sind es gerade ökonomisch gutgestellte Eltern, welche sich auch längerfristige und intensive Angebote leisten und ihrem Nachwuchs deshalb mit weit größerer Wahrscheinlichkeit Vorteile sichern können. Ein Jugendlicher aus einem Elternhaus mit Berufsbildungsabschluss bekommt hingegen 25 Prozent weniger Nachhilfe als ein Jugendlicher aus einem akademischen Elternhaus.[14]
- **Neues Parallelsystem:** Das florierende Nachhilfesystem trägt unbemerkt zu einem neuen Parallelsystem neben dem eigentlichen Bildungssystem bei. Zusammen mit der Tatsache, dass Nachhilfe primär mit einer guten finanziellen Familienausstattung zusammenhängt, führt es dazu, dass das, was in der Schule eigentlich zählt – nämlich gute Noten –, zunehmend von außerhalb gesteu-

ert wird. Weil die Aktivität in diesem Parallelsystem nicht nur viel Geld, sondern auch Zeit und Energie kostet, kann sie nur von einem bestimmten Teil der Bevölkerung aufgebracht werden, nämlich von Familien mit den notwendigen materiellen Grundlagen.

Bildungspanik führt somit auch zu einer neuen Ökonomie des Schulerfolgs. Kinder aus gut situierten Familien bekommen früh schon und während ihrer ganzen Schulzeit viel Lernunterstützung, weil ihre Eltern für sie geeignete Bildungsleistungen außerschulisch einkaufen. Der Markt, der hierzu zur Verfügung steht, ist ein expandierendes System an Angeboten, Dienstleistungen und Kursen. Zweisprachige Vorschulen, Super-Kitas, Lernspielzeuge, Software, Nachhilfe, Förder- und Ferienkurse, private Tutoren, Lernstudios und spezialisierte Lerntherapeuten sowie Personal Trainer sind Teil dieser fortlaufenden Kommerzialisierung. Für interessierte und finanzstarke Eltern ist es leicht, ein geeignetes Angebot zu finden: Bildungserfolg ist heute käuflich. Nachhilfestunden und Lernstudios bilden jedoch nur ein Steinchen in einem großen Mosaik.

Steuerung der Freundschaften
Je mehr Förderwucht und Bildungspanik in der Gesellschaft um sich greifen, desto stärker entwickeln Eltern strategische Energien, um die schulische Ausbildung maßgeschneidert und zielorientiert zu planen. Weil sie um ihren eigenen Einfluss wissen, gleichzeitig aber auch um denjenigen der Nachbarschaft und des Freundeskreises, achten sie darauf, dass ihre Kinder in das Milieu hineinwachsen, in das sie ihrer Ansicht nach gehören. Dies beginnt schon bei der Auswahl der Kinderkrippe oder des Frühförderprogramms.

Vergleichbares zeigt sich im Freizeitverhalten. So versuchen Eltern zunehmend, ihre Kinder über die Hobbys mit Kindern aus ähnlichen Familien zusammenzubringen. Ballett, Rudern, Reiten, Handball oder Hockey spielen – das sind Freizeitbeschäftigungen von Kindern aus gut situierten Familien. Laut den Daten unserer FRANZ-Studie (Abbildung 9) tun dies durchschnittlich 61 Prozent der Eltern oft bis sehr oft oder immer in bewusster Absicht, indem sie auf dem Spielplatz, in der Kita, in der Schule oder im Verein gezielt Kontakte zu Familien fördern, welche einen ähnlichen Erziehungsstil pflegen, und ihren Nachwuchs dann handverlesen mit deren Kindern verabreden. Darüber sprechen Eltern aber nicht gerne, und nur die wenigsten geben zu, dass sie überall, im Bus, im Einkaufszentrum, im Schwimmbad, andere Kinder und ihre Eltern mit dem Hintergedanken beobachten, ob sie wohl zu ihnen und ihrem Nach-

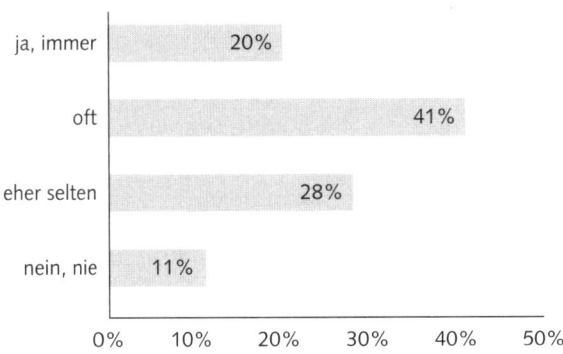

Abbildung 9: *Förderung des Kontaktes zu Kindern aus Familien mit ähnlichem Erziehungsstil*

wuchs passen, aber gleichzeitig auch, wie sie wohl selbst auf andere wirken und was diese von ihnen denken.

Die Bildungspanik vieler Eltern hat aber nicht nur gezielt Förderndes, sondern auch Vermeidendes in sich. Eine Vermeidungsstrategie betrifft die sogenannte »Segregation«. Gemeint sind damit Familien, welche Quartiere mit einem hohen Ausländeranteil und/oder vielen bildungsfernen Familien verlassen und in solche mit Gleichgestellten und Gleichgesinnten ziehen. Als »White-Flight-Phänomen« ist es im amerikanischen Sprachraum seit vielen Jahren bekannt und heute auch im deutschsprachigen Raum gut dokumentiert.[15] Solche Abschottungspraktiken zeigen sich auch in unserer FRANZ-Studie (Abbildung 10) darin, dass 48 Prozent bzw. 19 Prozent der befragten Eltern schon ein- oder mehrmals wegen ihrer Kinder in eine andere Wohngegend oder Gemeinde umgezogen sind.

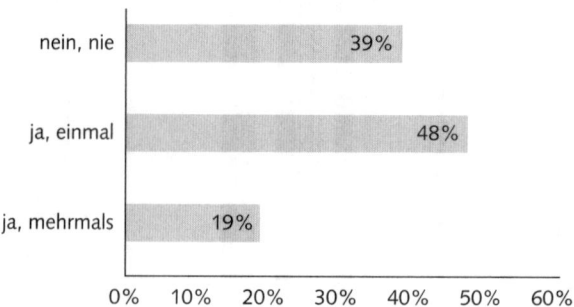

Abbildung 10: *Umzug wegen der Kinder in andere Wohngegenden*

Die Folgen der Bildungspanik

Grundsätzlich zahlt sich Bildungsehrgeiz aus. Dies zeigen verschiedene neue Studien.[16] Damit die Kinder in der Schule erfolgreich sind, kommt es nicht auf die Stunden an, welche Väter und Mütter in die Hausaufgaben investieren, sondern vor allem auf ihr Engagement und ihren Ehrgeiz. Es erstaunt deshalb kaum, dass ihr Einfluss auf die Schulleistungen sehr groß ist. Dabei entwickeln die Eltern früh schon einen Entwurf der Schullaufbahn für ihr Kind. Dieser stützt sich auf eigene biografische Erfahrungen und bevorzugt einen Schulkontext, der zum eigenen Milieu passt – meist das Gymnasium.

Lehrkräfte haben zwar auf die Förderung der Kinder einen Einfluss, aber er ist schwächer als derjenige der Eltern. Obwohl die Intelligenz eine nicht zu unterschätzende Rolle spielt, kann ein Kind mit niedriger Intelligenz, aber guter Elternförderung trotzdem bessere Schulleistungen erzielen als ein Kind, das von den Eltern nicht gefördert wird. Die Studie *Eltern – Lehrer – Schulerfolg* aus dem Jahr 2011, die vom deutschen Bundesfamilienministerium und der Konrad-Adenauer-Stiftung herausgegeben worden ist, kommt zu ähnlichen Ergebnissen. Aus Abbildung 11 wird ersichtlich, dass 63 Prozent der Grundschullehrkräfte in Deutschland das Gefühl haben, die Eltern versuchten immer mehr Einfluss auf sie zu nehmen.

Insgesamt lässt sich aus all diesen Ergebnissen folgern, dass Kinder von Eltern, die auf die Lehrkräfte Druck ausüben, in der Schule offenbar erfolgreicher sind, weil ihre Väter und Mütter alle Hebel in Bewegung setzen, damit sie in der Schule keine 2,5 kriegen, sondern ein »gut« bis »sehr gut«. Es ist somit nicht in erster Linie zentral, wer die Eltern sind, sondern vielmehr, welche Ansprüche sie an ihre Kinder stellen und wie sie sich der Schule gegen-

Wie stark versuchen Eltern Einfluss auf die
Noten Ihrer Schüler zu nehmen?

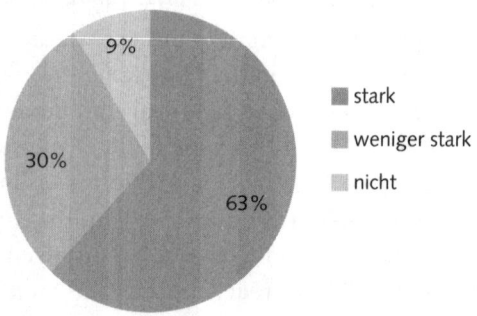

Abbildung 11: *Einflussnahme der Eltern auf die Noten aus der Sicht
der Lehrkräfte*

über verhalten. Dies ist auch ein Kernergebnis der berühmten englischen EPPE-Studie[17] (Effective Provision of
Pre-School Education). Auch die Studie FaseB (»Familie-
Schule-Beruf«) von Markus Neuenschwander belegt, dass
gut situierte Eltern die Notengebung relativ ausgeprägt beeinflussen.[18]

Mit der verbreiteten Bildungspanik geht auch eine Ver-
gleichswut einher. Eltern, die sich stark unter Druck fühlen,
sind oft auch konkurrenzorientiert und vergleichen ihren
Sprössling permanent mit anderen Kindern. Vor allem
Mütter beobachten ganz genau, was andere Eltern besonders gut machen, welche Förderangebote sie in Anspruch
nehmen und weshalb. Allerdings entwickeln sie dabei oft
einen Tunnelblick und verlieren die Sensibilität für die
tatsächlichen Fähigkeiten des eigenen Kindes. Denn dieser
Tunnelblick blendet sowohl eine entwicklungspsychologische als auch eine bildungssoziologische Tatsache aus.

- **Entwicklungspsychologisch** besehen brauchen sowohl körperliche Entwicklung – wie ein Kind laufen, sprechen lernt oder trocken wird – als auch intellektuelle Begabung eine bestimmte Zeit zum Reifen. Deshalb ist ein Kind auf stabile Eltern angewiesen, die sich auf seine seelische Verfassung mehr einlassen können als auf Noten und Tests oder auf das, was das Nachbarskind schon kann.

- **Bildungssoziologisch** besehen ist der Bildungsehrgeiz der Familie zwar wesentlich, aber nur für die Prognose des Schulerfolgs. Denn ein Abitur oder eine Matura in der Tasche zu haben ist zwar ein schönes Gefühl für alle Beteiligten, garantiert jedoch keinesfalls auch den beruflichen Erfolg. Was der Nachwuchs dann auf dem Markt tatsächlich erreichen und wie er sich durchsetzen kann, bleibt auch in der bildungsambitioniertesten Familie unsicher. Wir alle leben in einer Risikogesellschaft, weshalb wir nicht verhindern können, dass die Konkurrenz möglicherweise besser ist.

Deshalb geben Eltern, die sich von der gesellschaftlichen Bildungspanik emanzipieren, dafür mehr auf die Entwicklung von Persönlichkeitsmerkmalen wie Selbstbewusstsein, Durchsetzungsfähigkeit oder Frustrationstoleranz setzen, ihrem Kind wahrscheinlich das beste Rüstzeug für eine in jedem Fall unsichere Zukunft mit.

Partnerschaftliche Erziehung

Der Wandel der Beziehungen zwischen den Kindern und ihren Eltern wird häufig mit der Paraphrase »Vom Befehlshaushalt zum Verhandlungshaushalt« umschrieben.[19]

Heute wird Erziehung nicht mehr so sehr als Vorgabe und als Einwirkung verstanden, sondern vielmehr als kommunikative Anregung und Herausforderung zur Selbsterziehung. Tatsächlich ist der Familienalltag im Vergleich zur Situation vor vierzig, fünfzig oder mehr Jahren von weniger Autorität, mehr Frieden, weniger dramatischen Konflikten, mehr Freundschaft und wechselseitiger Anerkennung gekennzeichnet. Dies sind Aspekte einer positiven pädagogischen und gesellschaftlichen Entwicklung und im Vergleich zu den angstbesetzten Beziehungsstrukturen früherer Generationen ein großer Fortschritt. Keiner von uns möchte zur Schwarzen Pädagogik zurück, etwa zum Struwwelpeter, mit dem uns unsere Eltern drohten, oder zum Teppichklopfer als Mahnmal elterlicher Autorität.

Für fast alle Kinder gilt die Familie heute als wichtigster Ort des Wohlbefindens und der Mitbestimmung.[20] Tatsächlich ist sie die zentrale Schutz- und Anregungsinstanz für Kinder, aber ebenso ein wichtiger Risikofaktor. Einer der Risikofaktoren ist die partnerschaftliche Erziehung. Viele Eltern möchten ihre Kinder nicht einschränken, weil sie davon gehört haben, dass Kinder unter einer strengen Erziehung leiden können – oder vielleicht auch, weil sie in der eigenen Kindheit solche Erfahrungen gemacht haben. Deshalb versuchen sie, dem eigenen Nachwuchs früh schon unbegrenzte Selbstverwirklichung zuzugestehen, ihn möglichst wenig zu beeinflussen und selbst entscheiden zu lassen, was gut für ihn ist. Kinder sollen die besten Freunde der Eltern werden.

Das Kind als bester Freund

»Mein Sohn Damian ist mein bester Freund.« Dies war die Antwort von Sylvie Meis in der BILD-Zeitung auf die Frage, was ihr denn in der schweren Zeit nach der Trennung vom

Profifußballer Rafael van der Vaart Kraft gegeben habe. Sylvie Meis hat damit vielen Eltern aus dem Herzen gesprochen. Auch für 57 Prozent unserer FRANZ-Studie ist das Kind oft oder immer der beste Freund (Abbildung 12).

Wie sehr stimmen Sie der Aussage
»Mein Kind ist mein bester Freund« zu?

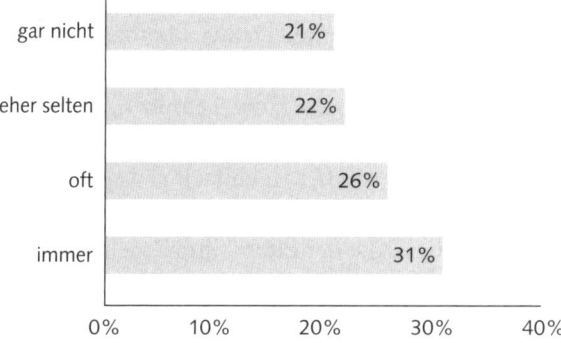

Abbildung 12: *Wie oft Eltern ihre Kinder als die besten Freunde betrachten*

Dieser Sachverhalt ist nachvollziehbar. Zum einen sind die heutigen Familienstrukturen ursächlich daran beteiligt. Partner kommen und gehen, das Kind jedoch bleibt. Es ist sogar das einzig Stabile, das Kontinuität über das ganze Leben ohne Liebesentzug verspricht, wie dies beim Partner möglicherweise nicht der Fall ist. Weil das Kind die emotionale Lücke füllt, um sich geliebt und sicher zu fühlen, stilisieren es die Eltern zum Glückserfüller empor, werden jedoch gleichzeitig von ihm abhängig. Dies ist einer der Hauptgründe, weshalb sie sich so große Sorgen machen, ihre Disziplinierungsmaßnahmen könnten negative Auswirkungen haben und dazu führen könnten, dass sie seine Liebe verlieren. Zum anderen spielt der gesellschaftlich vorgegebene Erziehungsdruck eine wichtige Rolle. Er bewirkt bei Eltern oft eine große Scheu, etwas falsch zu machen, weshalb sie sich kaum getrauen, die Kinder zu disziplinieren. Die Kinderärzte Thomas Baumann und Romedius Alber stellen in ihrem Buch *Schulschwierigkeiten* bei vielen Vätern und Müttern in dieser Hinsicht handfeste Berührungsängste fest. Sie sorgen sich, dass schon die kleinste Kritik ihr Kind traumatisieren könnte. Daniel Eberhard (2015) behauptet sogar, heutige Eltern würden sich deshalb kaum mehr um Kontrollverantwortung bemühen, weil sie sich nach einem anstrengenden Berufstag nur eines wünschten, nämlich Ruhe. Dies ist aber zu einfach gedacht, denn hinter diesem vorgeschobenen Wunsch nach vermeintlicher Ruhe steht oft die Angst der Eltern, ihre Regelungen respektive Sanktionen könnten das Kind traumatisieren.

Wer allerdings vorschnell kritisiert, Eltern würden sich nicht mehr getrauen, von ihren Kindern etwas einzufordern oder ihnen zu widersprechen, berücksichtigt viel zu wenig den moralischen Zeigefinger von – oft selbst ernannten – Fachexperten. Sie sagen den Eltern, was zu tun ist und was nicht. Eltern, die unsicher sind und Orientierung suchen, nehmen solche Dogmen schnell und dankbar an. Nicht selten proklamieren solche Fachexperten einen partnerschaftlichen Erziehungsstil, ohne dabei zu differenzieren, dass ein solcher eigentlich erst bei größeren Kindern anwendbar ist. Dazu kommt, dass an sich gute Erziehungsratgeber oft falsch interpretiert werden. Ein Beispiel ist das erfolgreiche Buch *Familienkonferenz* von Thomas Gordon, welches das Aushandeln aller Familienmitglieder in den Mittelpunkt stellt. Vielfach unberücksichtigt geblieben ist dabei, dass das Programm erst für Kinder ab ca. 11 Jahren geeignet, vorher angewendet jedoch wenig erfolgreich ist. Denn Kinder müssen zuerst Regeln und Normen eingeübt und immer wieder trainiert haben, bis sie in der Lage sind, mit formaler Gleichheit in der Familie umgehen und argumentieren zu können. Wenn sie jedoch keine solchen grundlegenden Kompetenzen erwerben, sondern immer nur verständnisvolle Eltern haben und ihre Wünsche erfüllt bekommen, fehlt ihnen dieses ganz wichtige Fundament. Deshalb ist es eine der wichtigsten Aufgaben von Vätern und Müttern, dem kleinen Kind durch Verhaltensregeln Halt zu geben und ihm so ein stützendes und orientierendes Gerüst in Form von festgesetzten und nicht verhandelbaren Regeln und Normen zu geben. Eine partnerschaftliche Erziehung ab Geburt ist aus zwei Gründen falsch:

- **Kinder werden überfordert:** Eine partnerschaftliche Erziehung hat die Tendenz, kleine Kinder viel zu sehr in den Mittelpunkt des Familienlebens zu stellen. Väter und Mütter, welche den Nachwuchs als Freunde betrachten, formen ihn schon im Kleinkindalter als gleichwertigen Partner, kommunizieren mit ihm auch so und fragen ihn wegen jeder Kleinigkeit um seine Meinung. Ein solches Verhalten drängt Kinder immer mehr in eine Position, die sie aufgrund ihres körperlichen, geistigen und psychischen Entwicklungsstandes kaum erfüllen können und deshalb überfordert werden. Kinder werden nicht als fertig entwickelte Wesen – oder gar als kleine Persönlichkeiten – geboren.
- **Eltern werden überfordert:** Partnerschaftliche Erziehung überfordert auch die Eltern. Weil sie sich nicht mehr getrauen, ihren Sprössling zu erziehen und dadurch so etwas wie eine Distanz zu ihm herzustellen, müssen sie immer mehr Energie aufbringen und sich dabei förmlich

zerreißen, um seine Bedürfnisse zu befriedigen und ihn zufrieden zu sehen. Dies sprengt nicht nur ihre Kapazitäten, sondern hindert sie auch daran, ihre Autorität zu leben, die sie eigentlich intuitiv spüren würden. Oft kommt es sogar zu einem Rollentausch. Kinder werden zu kleinen Erwachsenen hochstilisiert, während sich die Eltern zunehmend den Kindern anpassen. Je mehr sie versuchen, das Kind symmetrisch als Partner zu behandeln, desto stärker begeben sie sich in seine Abhängigkeit und schaffen ihm damit unbewusst und ungewollt ein Fundament für späteres Scheitern.

Kinder, die kein »Nein« ertragen

Nicht wenige der heutigen Väter und Mütter haben Eltern der »Babyboomer-Generation«. Dabei handelt es sich um diejenige Generation, die nach dem Krieg in einer Zeit geboren wurde, als die Geburtenrate besonders hoch war und die auch von der einmaligen Wohlstandsperiode profitieren konnte. Geprägt von einer globalisierten Jugend- und Musikbewegung waren viele von ihnen sogenannte »68er«, die sich mit ihren Gefühlen wenig zurückhielten und zur raschen Auflösung traditioneller Wert- und Normvorstellungen in Bezug auf Sexualität, Heirat, Familie und Ehescheidung einen wichtigen Beitrag leisteten. Es erstaunt somit kaum, dass für heutige junge Väter und Mütter, die in solchen Verhältnissen aufgewachsen sind, spontanes Elternverhalten selbstverständlich ist. Deshalb haben sie weniger Berührungsängste gegenüber psychologischen Fragestellungen und setzen sich auch mit Unzulänglichkeiten oder Fehlern auseinander, die sie allerdings nicht selten ihren eigenen Eltern zuschreiben.

Diese neue Elterngeneration sieht sich nun selbst in der Rolle als Väter und Mütter. Um nicht die gleichen Fehler zu wiederholen, versuchen sie, den Kindern all das zu geben, was sie selbst vermisst haben – und geben ihnen deshalb vielleicht von allem ein bisschen zu viel. Dabei besteht die Gefahr, dass sie ihre Kinder als verlängerten Arm ihrer selbst verstehen, genauso, wie dies Alice Miller in ihrem Buch *Du sollst nicht merken* bereits vor mehr als dreißig Jahren beschrieben hat. Wenn Eltern Sekundärtugenden wie Disziplin, Gehorsam, Verbote etc. als altmodisch und autoritär erachten, dann handeln sie mit ihrem Kind alles demokratisch aus und erwarten dabei, dass es von selbst einsichtig ist und sich deshalb so verhält, wie sie dies von ihm erwarten. Wenn es kein »Nein« erträgt, versuchen sie, es um etwas zu bitten, sind dann aber sehr erstaunt, wenn dies ebenfalls keine Früchte trägt. Liegen ihre Nerven dann doch irgendwann einmal blank, dann schreien sie vielleicht etwas herum, trotzdem ändert sich wenig. Eine Mutter hat dies in einer unserer Studien so formuliert: »Oft versuche ich, unsere Kinder in den Mittelpunkt zu stellen und sie in allem zu verstehen. Dabei gebe ich ihnen nach, bis ich sie nicht mehr ertragen kann. Und dann werde ich so autoritär, dass ich mich selbst nicht mehr ertragen kann.«

Leider überlegen sich viele Eltern selten, dass sie ihre kleinen Kinder auf diese Weise überfordern und es einen Zusammenhang gibt zwischen ihrem nachgiebigen »Laisserfaire«-Erziehungsstil und dem kindlichen Verhalten. Es ist deshalb erstaunlich und irgendwie auch dramatisch, wenn sie mit ihrer im Vergleich zu früheren Generationen freieren und selbstreflektiveren Erziehungshaltung solche Zusammenhänge nicht erkennen. Vielleicht hält sie die überdimensionierte Sorge, etwas grundsätzlich falsch zu machen, davon ab. In dieser Hinsicht sind gerade die »neuen Väter« besonders gefährdet. Zwar ist ihr verstärktes Engagement in der Familie ein großer Gewinn, doch mündet es nicht selten in eine symmetrische Beziehung ein. So bezeichneten in unserer FRANZ-Studie fast doppelt so viele Väter ihre Söhne als beste Freunde, als dies im Urteil der Mütter für ihre Töchter der Fall war. Gerade geschiedenen respektive getrennten Vätern passiert dies – unbesehen vom Geschlecht des Kindes – dann, wenn sie besonders gute Väter sein und eine enge Beziehung zum Kind haben wollen, weshalb sie sich kaum getrauen, Autorität zu zeigen.

Autorität als positives Merkmal der Eltern-Kind-Beziehung

Der autoritative Erziehungsstil gilt in unserer Kultur als erfolgreichstes Erziehungsverhalten. Er zeichnet sich einerseits durch Liebe, Kooperation, Wertschätzung und Achtung aus, andererseits aber auch durch Strukturmomente mit eindeutigen Botschaften wie die Vorgabe von Regeln und eine klare Trennung zwischen Erwachsenen- und Kinderebene. Vielen Eltern fällt es jedoch schwer, solche scheinbar gegenläufigen Erziehungsaspekte zu leben. Wie soll man denn einem Kind Grenzen setzen, obwohl man es achten will? Wie kann man eine Autorität sein, das Kind aber trotzdem beteiligen? Und wie lassen sich Regeln setzen und auf deren Einhaltung bestehen, ohne die Liebe des Kindes zu verlieren?

Autoritative Erziehung hat nichts mit autoritärer Erziehung zu tun, sondern mit der Schaffung des notwendigen Fundaments, welches das Kind für eine gesunde psychische Entwicklung braucht. Vätern und Müttern, die einen solchen Erziehungsstil pflegen, gelingt es,

- klare Vorgaben zu setzen
- als erwachsene Person aufzutreten

- ein bestimmtes Verhalten einzufordern
- Innigkeit und Wärme zu zeigen
- Konflikte und Konfrontationen auszuhalten

Eine so verstandene »Er-Ziehung« ist eine von Erziehungs-
normen geleitete Einübung in all die Kompetenzen, welche
unsere Kultur bei mündigen Bürgerinnen und Bürgern vo-
raussetzt. Die Beziehung zwischen Eltern und Kind ist
demzufolge eine Beziehung hierarchischer und nicht demo-
kratischer Art. Eltern verantworten das Aufwachsen ihrer
Kinder. Sie stellen Regeln auf und müssen darum besorgt
sein, dass sie auch eingehalten werden. Erziehung in und
mit Liebe geht immer mit Konflikten einher. Deshalb müssen Eltern lernen, sich mit ihren Kindern zu konfrontieren,
und diese, sich unterzuordnen. Haben Eltern Probleme damit, klare Regeln aufzustellen, dann haben ihre Kinder gar
keine Möglichkeiten mehr zu lernen, selbst Pflichten und
Verantwortung zu übernehmen, aber auch Konflikte auszu-
tragen. Erst in der Pubertät verändert sich die Position der
Eltern in Richtung größerer Partnerschaftlichkeit.

Der autoritative Erziehungsstil wird oft falsch verstanden. Dies hat damit zu tun, dass ihm das Wort »Autorität«
innewohnt und dieses ein Reizthema ist. Roland Reichenbach sagt in seinem Buch *Pädagogische Autorität*, der Begriff
gehöre deshalb zu den »bösen Wörtern«. Er bezeichnet ihn
sogar als Unwort, weil er oft im Gleichschritt mit Macht,
Gehorsam, Disziplin oder Strafe verwendet werde und deshalb verpönt sei. Deshalb haben wir uns angewöhnt, den
Begriff zu vermeiden und stattdessen alle Kinder gleichberechtigt zu behandeln. Dies führt aber zu großen Unsicherheiten. Darf Erziehung überhaupt nicht mehr mit Autorität einhergehen? Und muss man denn Autorität verleugnen?
Auf solche Fragen bekommen Eltern Hunderte unterschied-

licher Antworten, und jede beansprucht zu wissen, was genau denn »richtige« oder »gute« Erziehung ist.

Für Väter und Mütter sind nicht nur die unterschiedlichen Positionen von Therapeuten und Fachexperten lähmend, sondern ebenso die große Bandbreite an Ratschlägen von Verwandten, Freunden oder Arbeitskollegen, weil sie die Suche nach einer klaren Haltung erschweren. Gerade deshalb finden immer wieder extreme Positionen, wie etwa im Buch von Bernhard Bueb *Lob der Disziplin* vertreten, eine große Resonanz. Offenbar haben viele Menschen so etwas wie ein Verlangen nach »eindeutigen« Pauschalurteilen, die dem »Erziehungsnotstand« mit harter Disziplin zu begegnen vorgeben.

Autoritativ meint weder autoritär noch »anything goes«. Diese Differenzierung ist für die Kritik an der partnerschaftlichen Erziehung wichtig. Ein autoritativer Erziehungsstil verzichtet auf Zwang, geht jedoch immer mit hoher Kontrolle, deutlicher Grenzsetzung und vorgegebenen Regeln einher, aber auch mit der Gewährung von viel Freiheit. Autorität und Freiheit sind keine Gegensätze, doch müssen sie in der richtigen Balance sein. Oder wie es Hannah Arendt in ihrem Essay »Was ist Autorität?« auf Seite 159 f. formuliert hat: *»Autorität jedoch schließt gerade den Gebrauch jeglichen Zwangs aus, und wo Gewalt gebraucht wird, um Gehorsam zu erzwingen, hat Autorität immer schon versagt.«*

Überbehütung und Verwöhnung

Die großen Förderanstrengungen und die damit verbundene Bildungspanik vieler Mütter und Väter sind eine Antwort auf den gesellschaftlichen Druck, Eltern seien nicht nur für den Erfolg, sondern auch für den Misserfolg ihrer Sprösslinge verantwortlich. Doch können sie auch als Antwort auf persönliche Erfahrungen im Berufsleben verstanden werden. Viele Väter und Mütter sind konfrontiert mit der Welt der »new economy« und den daraus resultierenden Anforderungen, beispielsweise kommunikations- und informationseffizient zu sein und sich gegen immer jünger werdende Mitarbeitende durchsetzen zu können. Weil erwartbar ist, dass der eigene Nachwuchs die gleichen oder die noch anspruchsvolleren wettbewerbsähnlichen Zukunftsaussichten hat, fühlen sich viele Eltern verpflichtet, alles zu tun, um ihm so früh wie möglich Vorteile zu verschaffen und Stolpersteine aus dem Weg zu räumen. Überbehütung und Verwöhnung sind Ausdruck solcher Bemühungen.

Leider werden diese Verhaltensweisen in vielen Erziehungsratgebern und auch in Onlineforen geradezu provoziert, vor allem dort, wo Eltern darauf hingewiesen werden, dass schon kleine Kinder ungeteilter Aufmerksamkeit bedürften. Statt zu differenzieren, wann dies erforderlich ist und wann nicht, wird Rundumbehütung oftmals sogar als ein zentrales Merkmal verantwortungsvollen Elternverhaltens bezeichnet. Logischerweise heizen solche fordernden Aussagen die Elternsorgen nur noch mehr an, weshalb sich zur Überbehütung auch eine schleichende Verwöhnung gesellt. Damit sind neue Probleme verbunden, die der große Philosoph Jean-Jacques Rousseau in seinem Roman *Emile oder über die Erziehung*[21] wie folgt beantwortet hat: »Kennt ihr das sicherste Mittel, ein Kind unglücklich zu machen? Ihr müsst es daran gewöhnen, alles zu erhalten. Sein Verlangen wächst unaufhörlich.«

Dieses Zitat ist aktueller denn je, und die meisten Eltern wissen nur zu gut, was damit gemeint ist. Zuerst möchte das

Kind einen Ball haben, später einen Gameboy, dann ein iPhone, Markenjeans und schließlich folgt das Mountainbike – eben alles Wünsche, die es bei den anderen Kindern verwirklicht sieht. Diese Art von Verwöhnung bezeichnet Jürg Frick in seinem Buch *Die Droge Verwöhnung* als schlimmen Erziehungsfehler, und ein chinesisches Sprichwort besagt, ein Kind zu verwöhnen, heiße, es zu töten.

Die vielen Gesichter von Überbehütung und Verwöhnung

Überbehütung meint eine übertrieben beschützende, begluckende und bevormundende Erziehungshaltung, Verwöhnung die materielle Überhäufung mit Spielsachen oder Belohnungen, aber auch die immaterielle Schonung vor Anstrengungen oder häuslichen Pflichten.

In der Art und Weise, wie Mütter und Väter eine Bindung zum Kind aufbauen, wird Überbehütung schon früh ersichtlich. Sicher ist eine Bindung dann, wenn die Eltern verfügbar sind und angemessen auf das Kind reagieren. Überbehütende Eltern machen daraus jedoch eine Abhängigkeit, und zwar dann, wenn sie ihr Baby andauernd kuscheln und liebkosen oder auf jede seiner Regungen sofort reagieren, auch wenn seine Suche nach Schutz und Wärme eigentlich gesättigt ist und es gar keine Zuwendung einfordert. Es gibt somit auch ein Zuviel an Feinfühligkeit, welches die Autonomiebestrebungen des kleinen Kindes unterbindet.

Überbehütung zeigt sich in vielen Situationen. Albert Wunsch beschreibt in seinem Buch *Die Verwöhnungsfalle* anschaulich das altbekannte »Fläschchen-Beispiel«, wonach Eltern immer ein Fläschchen bei sich haben und es auch noch Drei- und Vierjährigen zustecken, sobald sie in der Nähe sind oder etwas unruhig werden. Solches Verhalten ist Ausdruck einer sofortigen Genuss- oder Bedürfnisbefriedigung und keine Reaktion der Kinder auf Durst. Es setzt sich in der Kita, im Kindergarten und in der Schule fort, und sogar noch in den Seminaren an der Universität zeigt sich, dass Studierende offenbar nicht mehr in der Lage sind, 45 Minuten ohne Getränkenachschub zu überleben.

Ähnliche Abhängigkeiten zeigen sich dort, wo Eltern ihrem Kind alles abnehmen, was Anstrengung und vielleicht auch Übung erfordert. Weil sie es eilig haben und ein Termin ansteht, binden sie ihm selbst die Schuhe oder schließen den Reißverschluss der Jacke, denn seine eigenen Versuche würden zu viel Zeit in Anspruch nehmen. Auch decken sie den Tisch lieber selbst, nicht nur weil sie es schneller machen, sondern auch weil sie dann sicher sind, dass nichts vergessen wird und alles perfekt ist. Eine besondere Form von Überbehütung praktizieren Eltern, welche die ganze Zeit im Schullager anrufen oder dem Kind ein Handy ins Gepäck schmuggeln, obwohl dies von der Schule klar verboten worden ist. Und manchmal machen Eltern sogar die Hausaufgaben selbst, um das Kind vor dem Scheitern zu bewahren. Weil vor allem Mütter oft wollen, dass Hausaufgaben makellos sind, ist es eine logische Folge, wenn die Tochter ihre Hausaufgaben dann gar nicht mehr ohne Hilfe der Eltern erledigen kann, obwohl sie die notwendigen intellektuellen Fähigkeiten dafür längst besitzen würde. Diese Situation ist nicht nur für die Kinder problematisch, sondern ebenso für die Lehrkräfte. Die Kinder können so kaum mehr lernen, sich mit einer schwierigen Herausforderung auseinanderzusetzen, sie zu verkraften und den Erfolg als eigene und selbstständige Leistung zu genießen. Und für die Lehrkräfte wird es schwierig, bei fast fehlerlosen Hausaufgaben zu erkennen, was die Schüler im Unterricht verstanden haben und was nicht und wo sie folglich ansetzen müssten.

Eng mit Überbehütung verknüpft ist Verwöhnung. Während die materielle Verwöhnung stark ins Auge springt und offensichtlich ist (z. B. das mit Spielsachen überfüllte Kinderzimmer oder die Belohnungen für gute Schulnoten), verläuft die immaterielle Verwöhnung, von Jürg Frick auch als psychische Variante der Verwöhnung bezeichnet, viel verdeckter. Sie zeigt sich etwa in den Eltern-Taxidiensten zur Schule, im ausgewählten Essen (es wird nur das gekocht, was der Nachwuchs gern hat) oder in der Entlastung von häuslichen Pflichten. Welche Fünf- und Sechsjährigen müssen heute noch helfen, den Tisch zu decken, die Wäsche zu sortieren, die Blumen zu gießen, den Pflanzenabfall zu entsorgen oder die Sporttasche fürs Ballett oder das Fußballtraining zumindest ansatzweise selbst zu packen? In unserer FRANZ-Studie sind es nur etwa die Hälfte der Sechsjährigen, für die dies oft oder immer der Fall ist (Abbildung 13). 19 Prozent müssen zu Hause nie eine Aufgabe übernehmen, und für 31 Prozent trifft dies nur selten zu. Offenbar nimmt der Großteil der Eltern ihren Sprösslingen zu Hause alle möglichen Pflichten ab und stellt sie von häuslicher Alltagsarbeit frei.

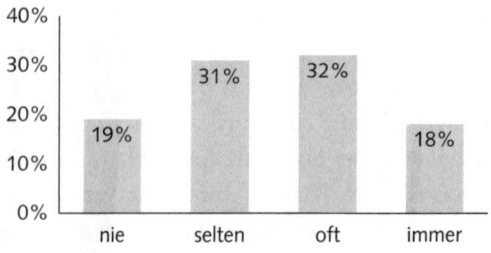

Abbildung 13: *Häusliche Pflichten sechsjähriger Kinder*

Verzichten, damit das Kind glücklich ist

Ist der Sprössling unglücklich, dann leiden viele Eltern mit ihm mit. Weil ihnen eine harmonische Beziehung zum Kind so wichtig ist, versuchen sie, ihm alle Wünsche zu erfüllen. Dies ist jedoch oft mit finanziellen Aufwendungen verbunden, weshalb Eltern auf einiges verzichten. Dieser Druck ist für viele Familien fast existenziell. Aus Abbildung 14 wird ersichtlich, dass nur 12 Prozent der Eltern unserer FRANZ-Studie das Verzichtenmüssen nicht kennen, 60 Prozent jedoch damit konfrontiert sind. Die große Mehrheit der Eltern verfügt somit über eng begrenzte finanzielle Ressourcen.

Abbildung 14: *Verzichten, um dem Nachwuchs etwas bieten zu können*

Dass viele Familien die Knappheit des Geldes spüren, ist angesichts der teilweise enormen Aufwendungen für die Förderung der Kinder allerdings wenig erstaunlich. In unserer Studie wurden 33,5 Prozent der Vorschulkinder regelmäßig in privat finanzierten Kursen gefördert. Der durchschnittliche jährliche Aufwand pro Kind im sprachlichen Bereich betrug dabei 508,30 €, im sportlichen 406,00 €, in der Musik 405,65 € und in Motorik/Bewegung 399,80 €, während kulturelle Förderaktivitäten mit 118,20 € eher selten waren (Tabelle 1). Nicht eingerechnet sind dabei die Anschaffungen für die Kinder.

Tabelle 1: *Förderaktivitäten Vier- und Fünfjähriger*

Bereich	Mittelwert	Durch-schnittliche Stunden/ Woche	Durchschnitt-liche jährliche Ausgaben (€)
Sport	3,52	3,5	406,00
Motorik / Bewegung	3,44	2,2	399,80
Kultur	2,41	1,2	118,20
Musik	3,35	1,8	405,65
Sprache	2,96	1,4	508,30
Andere	3,31	2,3	321,00

Wertebereich:
nie = 0; selten = 1; hin und wieder = 2; oft = 3; sehr oft = 4; täglich = 5

Zwar lassen sich Familien sehr unterschiedlich von den auf Konsum und auf Zurschaustellung von Markenartikeln ausgerichteten Medien und Werbung einnehmen. Aber nahezu alle fühlen sich angesichts dieser Kommerzialisierung unter Druck, und nur wenige treten dieser Entwicklung selbstbewusst entgegen. Gerade in einfacheren Familien hat der Konsum oftmals die Funktion der Förderung, indem der Nachwuchs demonstrativ mit technischen Ausstattungen (PC, Playstation, MP-3-/DVD-Player, X-Box etc.) eingedeckt wird. Dies geschieht nicht selten in der Hoffnung, die eigenen Kinder mögen die Chance bekommen, mit anderen Kindern mithalten zu können.

Finanzieller Druck bedeutet aber auch, dass ein einziges Einkommen heute in 51 Prozent der Fälle nicht mehr ausreicht, um über die Runden zu kommen (Abbildung 15). Wenn aber auch die Mutter erwerbstätig ist, tappt die Familie in die Organisationsfalle, und es kommen zusätzliche Kosten für die Betreuung dazu. So entsteht bei vielen Müttern und Vätern das wachsende Gefühl, im Dilemma zu stecken, benachteiligt zu sein und als Familie ausgebeutet zu werden, ohne sich dagegen wehren zu können.

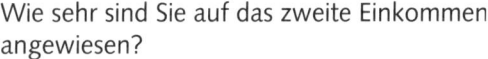

Abbildung 15: *Notwendigkeit des zweiten Einkommens*

Auswirkungen von Überbehütung und Verwöhnung

Überbehütung und Verwöhnung sind auch eine Folge falsch verstandener Formulierungen in Erziehungsratgebern. Wenn beispielsweise zu lesen ist, dass ein kleines Kind unbeschränkte Liebe und Zuneigung brauche, weil nur so ein gemeinsamer Weg in ein erfülltes Leben möglich sei[22], dann nehmen Eltern eine solche Aussage logischerweise für bare Münze und reagieren entsprechend. Weil sie ja nur das Beste für ihr Kind wollen und dies auch der Umgebung zeigen wollen, räumen sie alles weg, was für seine Entwicklung unangenehm und wenig förderlich sein könnte. Das Umfeld soll konfliktfrei und ohne unliebsame Herausforderungen sein.

Viele Eltern sind sich bewusst, dass die Art und Weise, wie sie ihre Sprösslinge überbehüten und verwöhnen, unangemessen ist. Auch wenn sie selbst nicht so aufgewachsen sind, bleiben sie trotzdem überzeugt, dass es gerade wegen ihrer Kinder so sein muss. Dass sie jedoch mit einer solchen Haltung die soziale Unangepasstheit und Unselbstständigkeit geradezu provozieren, ist ihnen meist nicht bewusst. Wer sein Kind Tag und Nacht glücklich machen und glücklich sehen will und es deshalb rundum behütet, schadet ihm mehr als dass ihm dies nützt. Ein überbehütender Erziehungsstil führt dazu, dass Kindern drei wichtige Erfahrungen fehlen, die jedoch für die Lebensbewältigung unabdingbar sind:

■ **Zu wenig Distanz:** Überbehütung und Verwöhnung führen zu der Paradoxie, dass das Kind zu kurz kommt. Es fehlen ihm die Distanz und der Freiraum, in welchem es selbstständig mit seinen Problemen umgehen kann und diese lösen muss. Kinder werden so zu chronisch unselbstständigen Menschen erzogen. Sie können ihre

Fähigkeiten nur mangelhaft entwickeln, weil die Eltern ihre Ängste auf sie übertragen. Auf diese Weise werden sie in ihrem Tun dauernd von Erwachsenen gestört, oder es wird ihnen sofort geholfen, obwohl sie eigentlich selbst eine Lösung finden könnten.

◼ **Mangelnde Lernerfahrungen:** Überbehütete und verwöhnte Kinder werden auch um eine entwicklungspsychologisch wichtige Lernerfahrung gebracht: selbst etwas ohne Elternhilfe zu erreichen, das Anstrengung und Ausdauer erfordert, zu lernen, wie man selbstständig wird, Verantwortung übernimmt und Eigeninitiative entfaltet. Solche Kinder können keine Erfahrungen sammeln und Eigeninitiative entwickeln, wenn sie von den Eltern in ihrem Probieren und Tun ständig unterbrochen werden, weil sie etwas nicht genau richtig machen, weil etwas kaputtgehen könnte oder sie sich verletzen könnten.

◼ **Fehlende Widerstandsfähigkeit**: Wenn es Eltern schwerfällt, Unsicherheiten und Fehlschläge zu ertragen, und sie deshalb ihre Kinder vor allen Unwägbarkeiten schützen, können diese nicht am eigenen Scheitern wachsen und auf diese Weise stark und widerstandsfähig werden. Diese Widerstandsfähigkeit nennt die Wissenschaft Resilienz.

Sicherheitsangst und Risikoscheu

Eltern werden nicht nur für die Förderung ihres Sprösslings verantwortlich gemacht, sondern ebenso für seine Sicherheit und somit für das gesamte Spektrum der Tagesabläufe. Verantwortungsvolle Elternschaft bedeutet deshalb auch, die Kinder dauernd überwachen zu müssen. Dies ist jedoch eine spezifisch deutschsprachige und angloamerikanische

Idee, denn in vielen anderen Gesellschaften genießen Kinder weit mehr Freiheiten, sich allein oder zumindest selbstverantwortlich in der Außenwelt zu bewegen. Dabei ist unsere Angst um die kindliche Sicherheit auf einem beispiellosen und fast schon schizophrenen Niveau angelangt. So wird etwa bereits von frischgebackenen Eltern erwartet, dass sie ihre Wohnung so kindersicher wie nur möglich herrichten und ein Babyphone anschaffen, um das Kleine via Smartphone oder Tablet überwachen zu können. Der neueste Trend ist das sogenannte Wearable, ein Computer, der direkt am Körper des Kindes befestigt wird und alles aufzeichnet, vom Herzschlag über die Körpertemperatur bis hin zum Sauerstoffgehalt im Blut.

Sobald das Baby etwas größer ist, werden Väter und Mütter schnell einmal so sozialisiert, dass sie Unfälle – ein aufgeschürftes Knie, ein Sturz vom Fahrrad oder vom Dreirad, aber auch vielleicht eine Magenverstimmung, weil etwas nicht ganz Sauberes gegessen worden ist – als absolute Gefahren einschätzen, die unter allen Umständen vermieden werden sollen. Nicht selten jedoch empfinden die Eltern solche gesellschaftlichen Mahnungen und Erwartungen als schwere Erziehungslast, insbesondere Mütter und Väter, die beide berufstätig sind. Sie sollen sich zu Hause nicht nur andauernd und qualitativ hochwertig mit dem Kind beschäftigen, seine Bedürfnisse wahrnehmen und auf diese unmittelbar reagieren, sondern es gleichzeitig auch vor jeglichen Risiken und Gefahren schützen. Deshalb empfinden sich viele Eltern auch als 24-Stunden-Sklaven.

Erstaunlicherweise ist dieser Zuwendungsterror gerade im Hinblick auf Sicherheitsangst und Risikoscheu unhinterfragt geblieben. Vor allem in Frauen-, Eltern- und Väterzeitschriften werden die Bemühungen um die Sicherheit der Kinder sogar als unabdingbarer Teil verantwortungsvoller Elternschaft gewürdigt, was logischerweise Ängste und Gefühle der Machtlosigkeit provoziert und deshalb auch produziert.

Gesellschaftlich provozierte Angstkultur

Sicherheitsangst und Risikoscheu haben schädliche Auswirkungen auf die Qualität des Aufwachsens und die Entwicklung der Kinder. Diese Einsicht ist zwar überfällig, trotzdem wird sie wenig diskutiert. Und wenn dies schon der Fall ist, dann werden Elternängste, vor allem in psychoanalytischen Schriften, lediglich als Angst- oder Persönlichkeitsproblem einiger weniger Väter und Mütter bagatellisiert. Das Problem ist jedoch ein viel umfassenderes, das einer fundierten Diskussion bedarf und unsere Gesellschaft als Ganzes in den Blick nehmen muss. Denn Ängste der Eltern werden durch eine Vielfalt an Einflüssen hervorgerufen. Ganz wesentlich ist dabei das gesellschaftliche Bild vom Kind, das sich in den letzten zwanzig Jahren massiv verändert hat. Galten Kinder noch in den 1970er- und 1980er-Jahren als stark und das Risiko als positiv, so überwiegt heute die Vorstellung, sie seien gefährdet und zerbrechlich, weshalb sie von Anfang an vor Schäden jeglicher Art beschützt werden müssen. Dieser Verwundbarkeitsgedanke und die damit verbundene fast zwanghafte Sorge um die Sicherheit der Kinder werden sowohl von der Sicherheitsindustrie als auch von Fachexperten angeheizt. Ein solches Angstklima entsteht, wenn beispielsweise in Erziehungsratgebern oder Merkblättern den Eltern ständig geraten wird, ihre Kinder nie allein zu lassen und immer darum besorgt zu sein, dass ein Elternteil oder eine Betreuungsperson in Sichtweite anwesend ist. Folglich führt diese Angst so weit, dass Eltern denken, sie würden das Kind vernachlässigen, wenn sie es einmal kurz allein lassen. Tatsächlich gelten gerade diejenigen als besonders verantwortungslos, die sich eigentlich normal verhalten, also weniger eingreifen und den Kleinen etwas zutrauen. Das nachfolgende Beispiel einer Mutter, die im Buch *Paranoid Parenting* von Frank Furedi von ihren Erfahrungen erzählt, als sie mit ihren beiden kleinen Kindern unterwegs war, illustriert dies sehr gut. Die Mutter berichtet ungefähr das Folgende:

»Ich war auf dem Heimweg durch einen Park mit meinen beiden Kindern, dem dreijährigen Sohn und der fünfjährigen Tochter. Weil sie unbedingt vorausgehen wollte und ich wusste, dass sie ein vernünftiges Kind ist, ließ ich sie. Aber ich sagte ihr, sie solle beim Tor, das in der Nähe der Straße ist, warten. Bis ich mit meinem Dreijährigen dort war, hatte ich etwa drei Minuten. Wie erwartet, stand meine Tochter neben dem Tor und wartete auf uns. Aber es stand auch eine ganze Anzahl Menschen um sie herum. Ich musste mir viele kritische Kommentare anhören, und eine Frau nannte mich gar eine durch und durch verantwortungslose Mutter.«

Obwohl viele Eltern spüren, dass sie ihrem Kind mehr zutrauen sollten, verhindern gerade solche Erfahrungen in und mit der Öffentlichkeit, dass sie es auch tatsächlich tun und auf sachlicher Basis intelligente Entscheidungen treffen, wenn es um Sicherheitsfragen der Kinder geht. Die Auswirkungen unserer gesellschaftlichen Angstkultur sind wahrscheinlich schädlicher als die Risiken, denen Kinder täglich ausgesetzt sind. Kinder können sich von Unfällen schnell erholen. Und wenn sie in einer liebevollen und wertschätzenden Umgebung aufwachsen, können sie auch gut Misserfolge überwinden und Fehler ertragen. Wenn sie allerdings durch die Angst ihrer Eltern erstickt und in ihrem Erkundungs- und Freiheitsradius eingeengt werden, dann übernehmen sie auch alles, was den Eltern Angst einflößt, unbesehen davon, ob diese Gefahr existent ist oder nicht.

Mit zunehmendem Alter der Kinder weitet sich die gesellschaftliche Angstkultur immer stärker auf die Erziehung aus. Dies zeigt sich etwa im Problem der Disziplinierung der Kinder, die sich immer mehr in eine Sicherheitsfrage umwandelt. Dazu gehören beispielsweise die Ausrüstung der Kinder mit Handys zur steten Erreichbarkeit oder auch das Verbot, draußen zu spielen oder alleine zu Fuß in die Schule zu laufen. Gemäß einer repräsentativen Umfrage der ZEIT[23] beschleicht etwa die Hälfte der deutschen Eltern bereits ein mulmiges Gefühl, wenn das Kind nach draußen geht. 56 Prozent gestatten ihrem Kind nur das Spielen in der Nähe des Hauses, und 83 Prozent wissen jederzeit, wo ihr Kind ist und mit wem. Solche übertriebenen Reaktionen auf mögliche Risiken, denen Kinder angeblich ausgesetzt sind, entsprechen jedoch kaum der gesellschaftlichen Realität. Vor allem ist es der mediale Hype um Einzelfälle, die sich dann im kollektiven Bewusstsein festsetzen. Die reale Bedrohung wird jedoch überschätzt.

Eltern, die ihre Kinder an der kurzen Leine führen, können zudem Kontrolle über sie aufrechterhalten, ohne dabei besondere Autorität ausüben zu müssen. Die Lokalisierung und Überwachung von Kindern ist rechtlich jedoch umstritten. Netzwerke für Kinderrechte, Kinderanwaltschaften oder Datenschutzbeauftragte verweisen auf das Recht der Kinder auf Privatsphäre, das in der UNO-Kinderrechtskonvention auch so festgehalten ist. Dieses Recht schützt Kinder vor staatlichen Eingriffen in ihr Privatleben, aber auch vor solchen der Eltern. Deshalb dürfen Väter und Mütter nicht ohne Erlaubnis persönliche Sachen der Kinder durchsuchen, Telefongespräche abhören oder Briefe lesen. Ein allgemeines Sicherheitsbedürfnis der Eltern reicht aus Datenschutzsicht somit nicht aus, um ein Kind permanent zu überwachen.

Die problematische Rolle der Sicherheitsbranche

Elternangst ist auf subtile Weise mit den Aktivitäten der Kinder-Sicherheitsbranche verknüpft, welche die High-tech-Absicherung als Marketingfaktor nutzt und infolgedessen immer drastischere Maßnahmen fordert. Industrie und Handel stillen solche Forderungen nur allzu gern, und sie lassen auch keine Gelegenheit aus zu verkünden, Kinder seien heute permanent gefährdet und eine 24-Stunden-Überwachung sei absolut notwendig.

Solche Warnungen intensivieren Elternängste und lösen gerade in neuester Zeit regelrechte Paranoia-Attacken aus, man denke etwa an die Diskussionen von der Pädophilie bis zum plötzlichen Kindstod, vom Sonnenbaden bis zum Straßenverkehr oder zur Vorschrift in vielen Kitas, wonach Eltern eine Einverständniserklärung unterschreiben müssen, damit ihre Kinder überhaupt noch fotografiert werden dürfen.[24] In vielen Köpfen von Vätern und Müttern ist der böse Fremde respektive der pädophile Kidnapper allgegenwärtig. Aber auch sensationshungrige Medien stürzen sich auf solche Beispiele, bauschen jeden Pädophiliefall auf und bombardieren uns mit spektakulären Berichten. Dies führt dazu, dass viele Eltern voller Angst in einem permanenten Katastrophenmodus leben und hinter jedem (zu) freundlichen Erwachsenen schnell einmal einen Pädophilen sehen. Richtig ist zwar, dass unbeholfene Erwachsene für Kinder und ihre Eltern ein Problem darstellen, wenn sie schwangeren Frauen ungefragt auf den Bauch langen oder im Kinderwagen liegende Kinder betätscheln. Aber trotzdem verhalten sich viele Eltern so, als ob andere Erwachsene immer potenzielle Feinde seien. Sie versuchen, ihr Kind vor Fremden zu schützen, misstrauen aber auch Nachbarn oder sogar dem Fachpersonal in Kitas, das ihren Nachwuchs betreut. Gerade Männer gelten in solchen Institutionen oft als Risikofaktor. Eine Studie des Bundesministeriums für Familie, Senioren, Frauen und Jugend aus dem Jahr 2014 weist beispielsweise nach, dass 40 Prozent der Eltern, 43 Prozent des Kitapersonals und 48 Prozent der Trägerverantwortlichen Männer unter einen generellen Missbrauchsverdacht stellen. Viele Verbände haben auf solche Negativtrends reagiert und einen Verhaltenskodex für ihre Mitglieder ausgearbeitet. Dass solche Verdachtszuschreibungen jedoch einen eigentlichen Akt der Diskriminierung von Männern in Kitas darstellen – davon getraut sich bisher kaum jemand zu sprechen.

Alle Themen rund um die Sicherheitsangst werden fast ausschließlich emotionsgeladen und sehr einseitig diskutiert. So wird etwa in Bezug auf die Pädophilie kaum je in Betracht gezogen, dass Kinder, die angeben, belästigt worden zu sein, möglicherweise nicht ausschließlich die Wahrheit sagen. Denn unsere ausgeprägte Idealisierung der Kindheit trägt dazu bei, dass Kinder als rein und unschuldig gelten. Deshalb wird unter den Tisch gewischt, dass es in der kindlichen Entwicklung im Kindergarten- und ersten Grundschulalter noch einen Unterschied zwischen Fantasie und Realität gibt und es deshalb völlig normal ist, wenn Kinder etwas zusammenfantasieren und auch lügen. Erwachsene sollten infolgedessen solch spielerisches Fantasieverhalten im Hinterkopf behalten. Selbstverständlich ist es wichtig, dem Kind gut zuzuhören, was es erzählt, und dies auch ernst zu nehmen. Genauso wichtig ist jedoch, ihm nicht einfach blind zu glauben, sondern das Ausgesagte oder Erzählte kritisch zu reflektieren.

Auch in Bezug auf Kindsmissbrauch ist davon auszugehen, dass er in den letzten Jahrzehnten nicht häufiger geworden ist, als dies früher der Fall war. Weil jedoch die Sensibilität gestiegen und die Schranke, was als Kindsmissbrauch gilt, gesunken ist, verzeichnen amtliche Stellen in der Tendenz eine Zunahme. Unberücksichtigt bleibt dabei, dass die meisten Täter aus der Familie selbst oder aus dem nächsten Umfeld kommen. Aufgrund der Medienpräsenz der Thematik genügt oft schon ein Fall, um eine Welle öffentlicher elterlicher Ängste auszulösen. Die moralische Panik hat ein fast paranoides Maß angenommen. Die Paradoxie dabei ist, dass gerade das, was Eltern bei ihren Kindern verhindern sollen und wollen, oft fehlt: die tatsächliche Gefahr.

Die perfekten Eltern gibt es nicht

Wie einleitend vermerkt, geht es in diesem Buch nicht um *die* Eltern, sondern um die besonders bildungsinteressierten oder bildungsambitionieren Mütter und Väter. Das sind etwa 60 Prozent aller Eltern. Es wäre jedoch zu vermessen, sie als einheitliche Gruppe dazustellen. Denn bei Weitem reagieren nicht alle Väter und Mütter gleich auf die heutige gesellschaftliche Situation. Es gibt »die feinen Unterschiede«, wie sie der Soziologe Pierre Bourdieu in seinem gleichnamigen Werk beschrieben hat. Eltern benutzen Gewohnheiten (Essen, Kleidung, Wohnung) und Freizeitbeschäftigungen (Sport, Kultur, Musik) genauso wie Berufs- oder Lebensziele sehr unterschiedlich, um ihr statusbezogenes Bewusstsein auszudrücken und zu reproduzieren.

Übertragen auf perfekte Eltern bedeutet dies, dass es zwischen den Einstellungen, Positionen und Haltungen und den Lebensmustern der einzelnen Familien einen Zusammenhang gibt, sie sich jedoch aufgrund der großen Vielfalt voneinander unterscheiden. Zwar stellen nahezu alle Eltern heute die Bedürfnisse des Kindes in den Mittelpunkt, doch gehen sie mit dem gesellschaftlichen Druck und den Unsicherheiten unterschiedlich um. Den einen sind bestimmte Ziele und Werte wichtiger, den anderen weniger. Dies zeigte sich auch in unserer FRANZ-Studie. Auf der Basis einer Clusteranalyse[25] haben wir untersucht, wie bestimmte Faktoren miteinander gekoppelt sind und welche spezifischen Muster sich dabei unterscheiden lassen. Einbezogen wurden die Erziehungsziele und Erziehungsstile der Eltern, ihre Berufe und ihre soziale Herkunft, ihre Anstrengungen zur Förderung der Kinder, die Inhalte und Verantwortlichkeiten der Familienarbeit sowie die Organisation der Betreuung.

Dabei haben sich, wie in Abbildung 16 dargestellt, vier Gruppen herauskristallisiert, anhand derer perfekte Eltern beschrieben werden können: »die Abitur-Eltern«, »die Präsentations-Eltern«, »die Trainings-Eltern« und »die Anti-Superkids-Eltern«. Allerdings sind dies idealtypische Gruppen, die in der Realität natürlich nicht genauso beobachtet

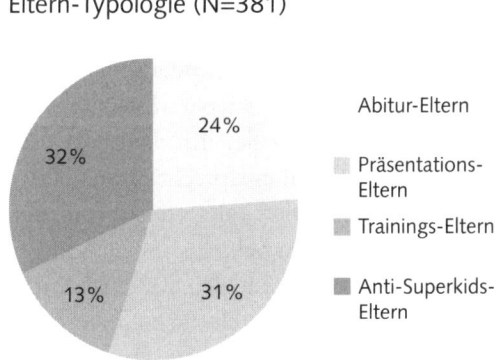

Abbildung 16: *Die perfekten Eltern gibt es nicht: eine Typologie*

werden können. Vielmehr finden sich Ansätze einer Gruppe auch in anderen Gruppen. Keine der vier Gruppen ist die beste oder die schlechteste. Schädlich dürfte nur sein, wenn bestimmte Verhaltensformen Kindern aufgezwungen und sie deshalb überfordert werden.

Abitur-Eltern

In dieser Gruppe befinden sich 24 Prozent der Eltern. Sie stammen vorwiegend aus der oberen Mittelschicht sowie aus akademischen Elternhäusern und haben deshalb ihre Bildung »vererbt«. Oft haben sie ein Studium absolviert und sind als Ärzte, Anwälte und Juristen oder auch im universitären Bereich tätig. Sie verfügen über ein sichtbares Statusdenken, ein ausgeprägtes Selbstbewusstsein und verstehen sich als Teil der gesellschaftlichen Elite. Das Abitur ihres Nachwuchses ist ein Muss, weshalb sie »Abitur-Eltern« genannt werden. Insbesondere die Väter sind beruflich stark eingebunden, während Mütter meist in Teilzeit berufstätig sind und häufig nach der Geburt der Kinder eine längere Auszeit nehmen. Abitur-Eltern setzen sich früh schon sehr fundiert mit Fachliteratur und Erziehungsratgebern auseinander. Sie haben hohe Ansprüche an die kindliche Entwicklung und legen deshalb großen Wert auf die Qualität der Ausbildung. Die Kinder sollen erfolgreich werden und auch nach Erfolg streben. Deshalb wählen die Eltern bereits die Kita oder den Kindergarten ihren Vorstellungen und Ansprüchen entsprechend aus. Zeigt ein Kind Entwicklungsdefizite oder -vorsprünge, reagieren sie rasch und ziehen Fachexperten bei.

Weil es ihr erstes Ziel ist, den Kindern eine anspruchsvolle Ausbildung zu vermitteln, achten sie auch zu Hause darauf, dass sie optimal gefördert werden. Sie lesen mit ihnen, machen naturwissenschaftliche Experimente, besuchen Konzerte und (Kinder-)Opern. In der Schule interessieren sich Abitur-Eltern vor allem für den Stoffplan und die Art und Weise, wie die Lehrperson unterrichtet. Dabei sind sie überzeugt, dass der Schulerfolg des Nachwuchses in erster Linie von hohen Bildungserwartungen und der richtigen Förderung abhängt. Lässt der Schulerfolg zu wünschen übrig, sehen sie die Ursachen ausschließlich bei der Schule. Abitur-Eltern erachten sich selbst als ausgesprochen korrekt und verstehen ihre Kinder deshalb vor allem als Produkt ihrer Bemühungen.

Präsentations-Eltern

Anders als die Abitur-Eltern stammt die 31 Prozent umfassende Gruppe der »Präsentations-Eltern« zwar aus eher bescheidenen Verhältnissen, doch haben sie den Aufstieg, beruflich und auch finanziell, geschafft. Von anderen beneidet, haben sie das erreicht, was als »reich« oder »wohlhabend« gilt: ein schönes Haus, zwei Autos, Ferien in fremden Ländern für sich und die Kinder. Dieses Ziel mussten sie sich hart erarbeiten und auch bereits in der Ausbildung und in anschließenden Weiterbildungen bereit sein, sich hochzukämpfen. Überdurchschnittlich viel zu arbeiten ist für sie deshalb normal. Wichtig ist daneben aber auch, Sport zu treiben und auf das Äußere zu achten. Weil sie in der Erziehung genauso strebsam sind, gilt dies auch für den Nachwuchs. Häufig haben sie schon vor der Geburt Ratgeber gelesen und Kurse besucht. Dabei orientieren sie sich an den Meinungen von Experten, um den Erfolg der Kinder sicherzustellen. Anders als den Abitur-Eltern geht es ihnen jedoch nicht primär um ein Abitur als Muss, sondern darum, einmalige und bei den anderen beliebte Kinder zu haben, die sich in der Erwachsenenwelt bewegen können. Weil sie sich von der Masse abheben sollen, werden sie in die neuesten Klamotten eingekleidet oder in die teuersten Restaurants ausgeführt, und es kann durchaus vorkommen, dass sie als Fünfjährige bereits mit den Eltern auf einer Safari in Afrika waren. Den Präsentations-Eltern geht es vor allem darum, dass ihre Kinder in dieser Hinsicht den anderen überlegen sind.

Das Familienmanagement der Präsentations-Eltern ist meist professionell und durchgetaktet, die Aufteilung von Haushalts- und Familienarbeiten ist paritätisch. Trotzdem sind es vorab die Mütter, welche die familieninterne Verantwortung tragen und enorm viel leisten. Anders als die Abitur-Eltern definieren sich Präsentations-Eltern jedoch nicht über den Schulerfolg der Kinder, sondern über Besitz und Luxus. Deshalb sind ihre Kinder in dieser Hinsicht auch sehr selbstbewusst, aber wenig autonom.

Trainings-Eltern

Dieser Gruppe, zu der 13 Prozent der Stichprobe gehören, ist die sportliche oder musikalische Laufbahn des Kindes und das dazugehörende Engagement besonders wichtig. Deshalb werden sie »Trainings-Eltern« genannt. Im Vergleich mit den anderen Gruppen verfügen diese Eltern über niedrigere Ausbildungsabschlüsse und sind auch überwiegend in mittleren beruflichen Positionen tätig. Sie haben kaum Aufstiegsambitionen und führen ein insgesamt ziemlich beschauliches Leben. Die Familienstrukturen sind meist traditionell, d. h. dass die Väter für die finanzielle Ausstattung der Familie, die Mütter für Haushalt und Familie verantwortlich sind und höchstens ein paar Stunden pro Woche Teilzeit arbeiten, um das Familienbudget aufzubessern. Zwar empfinden beide Elternteile ihre Arbeit manchmal als etwas wenig herausfordernd, doch betrachten sie es als willkommenes Schicksal, talentierte Kinder zu haben und deshalb die Energie sowie einen nicht kleinen Teil der Freizeit und des Familienbudgets in ihre sportlichen oder musischen Engagements zu stecken. Diese umfassen Fußball, Kunstturnen, Eiskunstlauf, Eishockey, Ballett, Violine/Cello, Saxofon etc. Dabei sind Väter und Mütter auch willens, manchmal sogar täglich und auch am Wochenende, für ihre Kinder bereit zu sein, als Eltern-Taxis und als diejenigen, welche den Terminkalender im Griff haben. Die Mütter spielen dabei eine zentrale Rolle.

Frühes intensives Training und Üben oder Wettbewerbs- und Wettkampferfahrungen der Kinder machen den Trainings-Eltern keine Angst, im Gegenteil. Oft sind sie der Ansicht, dass sich dies positiv auf die kindliche Durchsetzungs- und Abhärtungsfähigkeit auswirkt. Der Fokus auf eine mögliche Karriere des Kindes ist ausgeprägt, und sie zeigen auch kaum Angst, dass ihre Kinder physische oder psychische Schäden davontragen könnten, die sich aus solchen Herausforderungen möglicherweise ergeben.

Anti-Superkids-Eltern

Dieses 32 Prozent umfassende Cluster unterscheidet sich grundlegend von den anderen Gruppen. Herausstechendes Merkmal ist der Versuch der Eltern, dem Wettbewerbsdruck und dem »Je früher, desto besser« zu widerstehen. Diese »Anti-Superkids-Eltern« stammen aus der breiten Mittelschicht, sind in qualifizierten Berufen tätig (Medizin, kirchlicher Bereich, Pädagogik, Sozial- und Gesundheitswesen, technische und Dienstleistungsberufe) und verfügen über ein knapp ausreichendes Einkommen.

Väter und Mütter erleben ihre Partnerschaft als gleichberechtigt und versuchen, zwischen Familie und Beruf eine Balance zu erzielen. Sie nehmen sich viel Zeit für ihre Kinder und haben hohe Ansprüche an die Qualität ihrer Erziehungsleistungen. Gleichzeitig sind sie sich ihrer Rolle als Modelle bewusst und versuchen, sich dem Konsum, dem Genuss und der Verschwendung von ökologischen Ressourcen so gut es geht zu entziehen. Meist haben sie eine glückliche eigene Kindheit erlebt und möchten eine solche auch ihren Kindern ermöglichen. Vielleicht gerade deshalb haben sie eine ungezwungene und relativ lockere Einstellung gegenüber dem Aufwachsen heutiger Kinder und vor allem natürlich gegenüber den eigenen Kindern. Im Gegensatz zu den Präsentations-Eltern und den Abitur-Eltern liegt ihnen eine zwangfreie Erziehung am Herzen. Ihre bevorzugte Erziehungsmethode ist jedoch nicht Laisser-faire, sondern eher der autoritative Erziehungsstil.

Eher fremd sind ihnen Normtabellen und Entwicklungspläne der Kindermedizin und der Fachexperten. Geht es um Vorsorgeuntersuchungen oder Abklärungen, so getrauen sich Anti-Superkids-Eltern, kritische Nachfragen zu stellen und eigene Wege zu gehen. Auch geben sie im Vergleich zu den drei anderen Gruppen am wenigsten Geld für zusätzliche Förderkurse aus. Vielmehr bemühen sie sich um Erfahrungen mit ihren Kindern, welche gratis zu haben sind: gemeinsames Spielen, Ausflüge in den Wald, ins Schwimmbad oder in den Zoo.

Allerdings ist es ein großes Anliegen der Anti-Superkids-Eltern, dass ihre Kinder in Kindergarten und Schule angemessen gefördert und nicht früh schon ins Leistungssystem eingebunden werden. Deshalb liebäugelt ein nicht kleiner Teil von ihnen mit Privatschulen.

4 Perfekte Kinder

Perfekte Eltern reagieren auf die Angstkultur unserer Gesellschaft zwar verschieden, doch sehen sich alle mit vier erzieherischen Handlungsstrategien und Verhaltensweisen konfrontiert: der überdimensionierten Förderung, begleitet von einer ausgeprägten Bildungspanik; dem Hang zur partnerschaftlichen Erziehung; Überbehütung und Verwöhnung sowie der Tendenz, die Kinder übermäßig zu beschützen. Mütter und Väter, welche solche Strategien anwenden, haben spezifische Auswirkungen auf ihre Kinder. Zwar sollen diese perfekt sein, doch stehen sie viel zu oft unter Druck, sind unselbstständig und abhängig und werden deshalb lebensuntüchtig. Solche Auswirkungen zeigen sich in vier Merkmalen: in den vermessenen, d. h. mit Diagnosen und Therapien eingedeckten Kindern; in den als kleine Könige behandelten Kindern; in den abhängigen, stets behüteten und umsorgten Kindern sowie in den verwundbaren Kindern, die vor jeder Gefahr geschützt werden.

- »*Das vermessene Kind*«: Sowohl der Hype um Frühförderung als auch der auf den Eltern lastende Bildungsdruck führen zu »vermessenen Kindern«. Das Ausmaß an Therapien, Behandlungen, Stütz- und Fördermaßnahmen, wie sie von Gesellschaft und Politik unmissverständlich eingefordert werden, lässt uns innehalten und fragen: Was läuft hier falsch?

163

- »*Das Königskind*«: In vielen Familien dominiert der Trend zur partnerschaftlichen Erziehung. Oft basiert er auf der Angst der Eltern, sie könnten mit ihrer Autorität dem Kind schaden und seine Liebe verlieren. In der Folge identifizieren sie sich mit ihm und machen es zum »kleinen König«. Welche Folgen sind damit für das Kind verbunden?
- »*Das abhängige Kind*«: Viele Eltern überbehüten ihre Kinder und verwöhnen sie. Dahinter steckt meist keine gezielte Absicht, sondern eher eine übertriebene Sorge oder der Zweifel an den kindlichen Fähigkeiten. Deshalb trauen sie dem Kind wenig zu, nehmen ihm die zu bewältigenden Aufgaben ab und überhäufen es mit Materiellem. Überbehütung und Verwöhnung führen jedoch zu der Paradoxie, dass das Kind abhängig wird und zu kurz kommt. Worin zeigen sich diese Abhängigkeiten, und welche Auswirkungen haben sie auf die Schullaufbahn?
- »*Das gefährdete Kind*«: Mit Überbehütung und Verwöhnung geht auch eine überbordende Sicherheitskultur unserer Gesellschaft einher. Dahinter steckt ein stark verändertes gesellschaftliches Bild vom Kind. Galten Kinder vor dreißig Jahren noch als stark, so überwiegt heute die Vorstellung, der Nachwuchs sei verwundbar und gefährdet. Was fehlt solchen in Watte gepackten Kindern?

Das vermessene Kind

Vor einiger Zeit habe ich eine zweisprachige Kita besucht. Dabei bat ich die Kinder, etwas von sich zu erzählen. Erwartet hatte ich – wie dies eigentlich für Drei- und Vierjährige üblich ist –, dass sie mir etwas zu ihrem Aussehen, ihren

Besitztümern oder zu ihrem Alltag berichten würden. Beispielsweise, dass sie bereits die Socken oder die Schuhe allein anziehen oder einen besonders hohen Turm mit Bauklötzen bauen könnten. Ich bekam jedoch mehrheitlich ganz anderes zu hören. So zeigte mir der dreijährige Kevin mit sichtlichem Stolz sein englisches Babar-Buch, aus dem er mir sogleich einzelne Wörter vorzulesen begann. Die vierjährige Lina wiederum wollte mir unbedingt demonstrieren, dass sie bereits ohne Finger bis über zehn rechnen könne. Und der ebenfalls vierjährige Yves berichtete, dass er schon einmal ganz allein mit dem Flugzeug nach New York zu seinem Vater geflogen sei.

Bestätigen uns solche Beispiele in der Annahme, dass es heute mehr »Wunderkinder« gibt als je zuvor? Eigentlich kaum, denn weder Kevin noch Lina oder Yves gehören zu den kleinen Mozarts oder Federers[1], wohl jedoch zur wachsenden Anzahl an Kindern, die bereits in der frühen Kindheit erstaunliche Leistungen vollbringen, die man eigentlich erst später erwarten würde. Was steckt hinter diesem Phänomen, und welches sind die Hintergründe? Kinder sind ja nicht generell gescheiter geworden.

Förderung und Terminkindheiten

Gemäß unserer FRANZ-Studie haben 33,5 Prozent der drei- bis fünfjährigen Kinder umfassende Erfahrungen mit privaten Förderkursen. Gezielte Bildung in der frühen Kindheit hat Hochkonjunktur. Dahinter verbirgt sich die Philosophie, dass Kinder nahezu alles lernen können, wenn es nur gut arrangiert ist. Schon für die Allerkleinsten gibt es Lern-DVDs mit vielversprechenden Namen wie »Baby-Einstein« oder »Baby-Van Gogh«. Der Markt ist riesig und die Werbung demzufolge auch. So passt sich beispielsweise die Website von »FasTracKids« mit ihrem Slogan »Kinder auf der Überholspur«, gut ein in die größer werdende Zahl von Angeboten mit Namen wie »Brillbaby«, »Lollipops«, »Little English House« oder »Abrakadabra«. Die »Helen-Doron-Sprachzentren« bieten sogar sogenanntes »Early English« bereits für drei Monate alte Babys an. Solche Kurse sind oft schon lange im Voraus ausgebucht.

Derartige Angebote basieren auf der Überzeugung, dass Eltern nichts verpassen dürfen und deshalb früh mit der Förderung anfangen sollten. Häufig wird auch betont, wie wichtig ein didaktisch richtiges und entwicklungspsychologisch angemessenes Vorgehen sei. Bei FasTracKids schwört man beispielsweise auf das »Intervalllernen« respektive das »Zickzackverfahren«. Begründet wird es damit, dass die Aufmerksamkeit von Kindern auf wenige Minuten beschränkt sei, weshalb sich die Konzentrationsfähigkeit durch wechselnde Impulse erhöhen lasse und infolgedessen die Lernfortschritte besonders groß seien. Diese wiederum würden eine hervorragende Basis für die schulische Bildung schaffen.

Obwohl die Kognitionspsychologie darauf verweist, dass reizüberflutende Methoden absurd sind und Kinder für das direkte Handeln viel Zeit brauchen, haben solche Angebote einen großen Zulauf. Vielleicht auch deshalb, weil ein erfolgreiches Kind seine Eltern glücklich macht und es sie als gute Eltern bestätigt. Wenn der Kleine bereits nach drei Wochen im Frühenglischkurs »train« ruft anstatt Zug oder »bird« anstatt Vogel, dann sind Vater und Mutter überzeugt, dass sie auf dem richtigen Weg sind. Leider sind solche Sprachkurse künstliche Arrangements, die dem Entwicklungsstand kleiner Kinder überhaupt nicht gerecht werden. In der Forschung gibt es kaum Anhaltspunkte dafür, dass das frühe Pauken einer Fremdsprache den Kindern Vorteile im Fremdsprachenerwerb sichert und sie zu Sprachtalenten macht. Allerdings ist es etwas anderes, wenn ein Kind zweisprachig aufwächst oder einen bilingualen Kindergarten besucht. Dann nämlich wird die fremde Sprache als Bestandteil des Alltags ganz selbstverständlich und spielerisch erlernt. Der wöchentliche Sprachunterricht hingegen ist viel zu punktuell, weil er die Kinder aus dem Alltag reißt und eine Situation konstruiert, die wenig mit ihren Gewohnheiten zu tun hat. Deshalb sind die Effekte solcher Sprachkurse eher gering.

Die Kehrseite der Medaille dieses Frühförderbooms ist eine doppelte. Erstens müssen Kinder eine frühe und intensive Förderung über sich ergehen lassen, die manchmal gar nicht ihren eigenen Bedürfnissen entspricht. Zudem kann der starke Fokus auf frühe Leistungen und Erfolg zulasten anderer Fähigkeiten gehen, etwa sozialer Kompetenzen, und dabei einen starken Einfluss auf die kindliche Entwicklung und die Lebensqualität haben. Zweitens ist es die durchterminierte Kindheit. Die Kleinen verbringen schon in den ersten Lebensjahren viel Zeit in Frühförderkursen, und spätestens im Kindergarten beginnen Hockey, Tennis, Musikstunde oder Kunstturnen. Besonders verbreitet ist der »Reisefußball«, bei dem Kinder an Wochenenden einen Großteil der Zeit im Auto auf dem Weg zu Turnieren und zurück verbringen. Auch in unserer FRANZ-Studie ist diese Situation eine empirische Tatsache (Abbildung 17).

12 Prozent der Vorschulkinder haben mindestens einen Termin pro Woche. Für 14 Prozent bzw. 25 Prozent sind es zwei oder drei und für 37 Prozent vier Termine. 12 Prozent müssen sogar fünf oder mehr Termine einhalten. Die Kinder haben somit früh schon zu lernen, das eigene Leben unter Kontrolle zu haben, also neben der Kita, dem Kindergarten oder der Schule die Förder- und gegebenenfalls auch

Wie viele Termine hat Ihr Kind pro Woche im Durchschnitt?

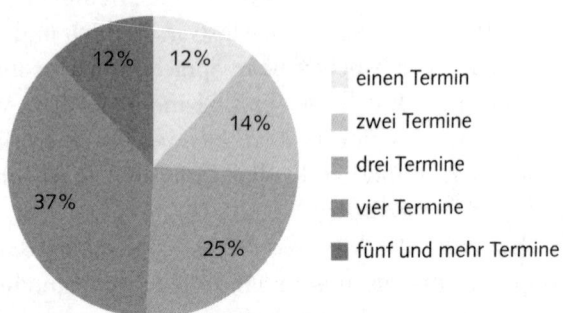

Abbildung 17: *Wöchentliche Termine von Vorschulkindern*

Therapiezeiten genau einzuhalten, damit noch eine Restzeit für Soziales übrig bleibt.

Wenn somit Kinder einen nicht kleinen Teil ihrer Zeit in organisierten und institutionalisierten Kursen verbringen, hat dies Vor- und Nachteile. Positiv ist, dass sie früh schon lernen müssen, sich an bestimmte Zeiten zu halten und sich in Gruppen außerhalb der eigenen Familie einzuordnen. Sie müssen auch keine langweiligen Nachmittage mehr zu Hause verbringen oder Besuche bei Verwandten über sich ergehen lassen, weil ihre Eltern immer für Beschäftigung sorgen, wenn es auch »nur« der Zirkus, das Museum oder das Konzert ist. Die negative Seite ist allerdings die, dass Terminkindheiten wichtige Spielhemmer sind, weil Kinder kaum mehr ungeplant mit Nachbarskindern auf dem Spielplatz, im Wald oder im Hof spielen und sich frei mit anderen Kindern treffen können.

Frühere und spätere Einschulungen

Wir alle haben einmal die Diagnose »schulreif« erhalten. Konnten wir mit der rechten Hand über den Kopf das linke Ohr fassen und uns als Mensch mit Kopf, Rumpf und Gliedern zeichnen, dann galten wir als schulreif. Gelang uns dies nicht und zeichneten wir uns selbst womöglich noch als Kopffüßler, dann hieß es: zurück in den Kindergarten oder ab in die Einschulungsklasse.

Jahrzehntelang hat der Begriff »Schulreife« den Start des Kindes ins Schulleben bestimmt. Abgelöst wurde er durch die »Schulfähigkeit« (die nach den Eigenschaften fragt, über welche ein Kind verfügen soll) und schließlich durch die »Schulbereitschaft« (die davon ausgeht, dass nicht nur das Kind schulfähig, sondern auch die Schule kindfähig werden müsse). Heute ist dies weitgehend anders. Geht es nach einem Großteil der Eltern, dann gilt das »möglichst früher rein« als hauptsächliches Kriterium. Sie werden zunehmend ungeduldiger, wenn ihre Kinder nicht so eingeschult werden, wie sie sich dies vorstellen.

Die frühere Einschulung ist jedoch eine stark polarisierende Angelegenheit. Während die einen das Schuleintrittsalter so belassen möchten wie bisher und teilweise fürchten, eine frühere Einschulung würde eine glückliche Kindheit verkürzen oder gar verhindern, wächst das Heer der ungeduldigen Eltern. In Deutschland hat sich die Zahl derer, die vor der offiziellen Aufforderung in die Schulen drängen, innerhalb eines Jahrzehnts beinahe verdreifacht: Mitte der Neunzigerjahre waren es nur 2,5 Prozent, 2006 lag die Quote der freiwilligen Früheinsteiger bereits bei 7,3 Prozent und im Jahr 2014 bei 9,9 Prozent.

Auch in städtischen und reichen Schweizer Kantonen steigt die frühe Einschulungsquote deutlich an. Allerdings ist damit der frühere als bisher übliche Eintritt in den Kindergarten gemeint. Denn aufgrund der »HarmoS-Konkordats«, d. h. der interkantonalen Vereinbarung über die Harmonisierung der obligatorischen Schule, welches alle 26 Schweizer Kantone umfasst, beginnt die obligatorische Schule wegen der Integration des Kindergartens bereits mit dem vollendeten vierten Lebensjahr. In der Schweiz wird ein Kind somit in den Kindergarten »eingeschult«, weshalb ausschließlich das Alter entscheidend ist. Ob ein Kind schulreif, schulfähig oder schulbereit ist, spielt kaum eine Rolle mehr.

Dass immer mehr Eltern ihr Kind in den Kindergarten »einschulen« wollen, dürfte teilweise mit dem Wunsch zusammenhängen, eine teure Kinderkrippe sparen zu können, denn der öffentliche Kindergarten ist in der Schweiz für alle Kinder gratis. Andere Eltern wiederum wollen dem Kind einen Bildungsvorsprung verschaffen oder solche aus anderen Ländern oder Kulturen vielleicht an die Tradition im Herkunftsland anknüpfen, wo Kinder bereits mit vier oder fünf Jahren eingeschult werden. Schließlich kann der Grund auch in den akzelerierten Fähigkeiten des Kindes liegen, beispielsweise dass es über einen gut entwickelten Sprachschatz und deutlich vorangeschrittene Lese- und Mathematikkenntnisse verfügt, aber auch in sozial-emotionaler Hinsicht mithalten kann.

Gesuche zur früheren Einschulung in den Kindergarten werden sehr unterschiedlich gehandhabt. In verschiedenen Kantonen nehmen die Gemeinden auf Gesuch der Eltern Kinder probeweise, d. h. ohne weitere Abklärung, auf. Allerdings hat sich in der Vergangenheit gezeigt, dass relativ viele Kinder diese »Probezeit« nicht bestehen und wieder zurückmüssen, also wieder in die Kita kommen oder wieder von der Familie zu betreuen sind. Für die Eltern ist eine Rückstellung in solchen Fällen eine Kränkung, für das Kind eine vielleicht dramatische Situation, weil es den Druck zu spüren bekommt, der die Eltern so belastet, und es deshalb ihre Erwartungen schultern muss. Solche Erfahrungen haben dazu geführt, dass viele Schulgemeinden inzwischen genauer hinschauen und entweder eine schulpsychologische Abklärung oder ein Arztzeugnis verlangen, aber auch auf Elterngespräche setzen.

Der neueste Gegenzug ist jedoch der, dass Späteinschulungen in Deutschland zunehmen und Kinder ein Jahr länger den Kindergarten besuchen. In Bayern beispielsweise besuchten im Schuljahr 2009/2010 9666 Kinder ein Jahr länger den Kindergarten. 2013/2014 hatte sich diese Zahl auf 12 422 erhöht.[2] Möglicherweise ist dies Ausdruck einer Art Gegenreaktion auf den immer stärkeren schulischen Leistungsdruck. In der Schweiz ist der Trend ebenfalls vorhanden, jedoch – abgesehen von den Rückstellungen aufgrund von Entwicklungsverzögerungen – minimal ausgeprägt.

Kinder des Diagnose- und Therapiewahns
Wer selbst als Kind noch Masern oder Mumps (»Ziegenpeter«) gehabt hat oder sie aus den Erfahrungen mit eigenen Kindern kennt, weiß, was eine »richtige« Kinderkrankheit ist. Aufgrund des medizinischen Fortschritts konnten Kinderkrankheiten in den letzten Jahrzehnten weitgehend bekämpft werden, während seit den 1990er-Jahren ein deutlicher Anstieg von psychischen, psychosomatischen und lernbedingten Krankheiten festzustellen ist. Heute heißen Kinderkrankheiten eher Wahrnehmungs-, Entwicklungs- oder Sprachstörungen. Mindestens 60 Prozent der Kinder

haben bereits im Grundschulalter eine Therapie hinter sich, eines von zehn Kindern ist schon in psychotherapeutischer Behandlung gewesen, und mehr als 10 Prozent leiden an Schul- und Prüfungsangst. Ferner werden ca. 3 Prozent als depressiv eingestuft und ca. 5 Prozent haben ADHS (Aufmerksamkeitsdefizit-/Hyperaktivitätsstörung) oder GAD (generalisierte Angststörungen).[3]

Gemäß Auskunft des Schulpsychologischen Dienstes der Stadt Zürich waren im Jahr 2014 in einer ersten Klasse von 24 Schülern durchschnittlich zehn Kinder (42 %) in einer Therapie: fünf Kinder in einer logopädischen, drei in einer psychomotorischen Behandlung und zwei hatten aufgrund ihrer besonderen Bedürfnisse eine individuelle Förderung durch eine heilpädagogische Fachkraft während drei Stunden pro Woche. Das ist zwar ein lediglich mündlich berichtetes Ergebnis, doch lassen fast alle verfügbaren Auskünfte von Fachpersonen einen ähnlichen Schluss zu: Die diagnostischen Abklärungen und Therapien nehmen laufend zu. Die beiden Abbildungen 18 a und 18 b legitimieren diese Aussagen. Im Jahr 2008 wurden gut 2000 Kinder beim Schulpsychologischen Dienst der Stadt Zürich angemeldet, im Jahr 2013 waren es 2443, was bei gut 24 000 aller Grundschulkinder der Stadt Zürich 10 Prozent ausmacht und einer Zunahme von 20 Prozent entspricht. Im gleichen Zeitraum stiegen die Logopädietherapien von 1200 auf ca. 1580 Schüler (Zunahme von 28 %), die Psychomotoriktherapien von 400 auf 550 Schüler (Zunahme um 35 %). Thomas Baumann und Romedius Alber bezeichnen diese Entwicklung in ihrem Buch als »Diagnose- und Therapiewahn«.

Obwohl diese Zürcher Statistik stellvertretend für viele andere steht – ein allgemeines Monitoring für Störungen im Kindesalter gibt es nicht –, macht sie klar, dass sich die Grenze dessen, was als auffällig eingestuft wird, hin zu mehr

Anmeldungen beim Schulpsychologischen Dienst

Anzahl Schüler(innen) pro Jahr

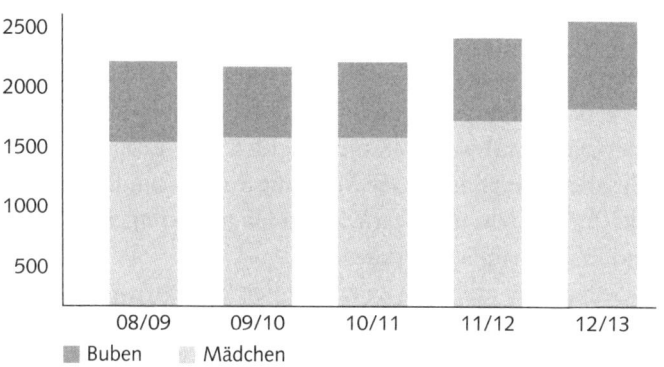

Schüler in einer Logopädie- oder Psychomotorik-Therapie

Anzahl Schüler(innen)

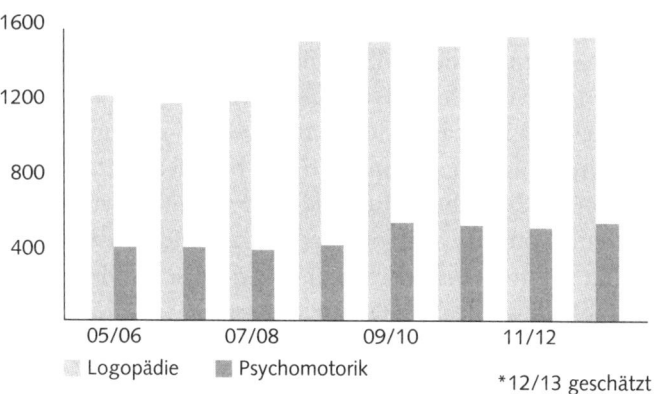

Abbildung 18a und b: *Anmeldungen beim Schulpsychologischen Dienst der Stadt Zürich (2013; pro Jahr) bzw. Schüler in einer Therapie (Logopädie, Psychomotorik)*

Störungen verschiebt. Der Hang zum Defizitblick ist eine logische Folge.

Der Hang zum Defizitblick

Die Diagnose steht fast immer am Anfang einer Maßnahme oder Behandlung. Sie definiert, ob ein Kind »normal« ist oder nicht und was therapiert werden soll. Diagnosen haben aber immer auch eine Wirkung auf das kindliche Umfeld. Sie können die Eltern schockieren, aber auch befreien und ihr Verhalten legitimieren.[4]

Selbstverständlich ist es ein großer Fortschritt, dass man heute differenzierte Diagnosen stellen und viele Störungen therapieren kann. Regelmäßige Untersuchungen durch geschultes Personal haben ihre guten Seiten, insbesondere zur Entdeckung von Entwicklungsverzögerungen oder -vorsprüngen. Dank der ärztlichen Vorsorgeuntersuchungen, die im ersten Monat einsetzen und regelmäßig bis zum Schuleintritt (und dann bis zum 15. Lebensjahr) durchgeführt werden, ist die kindliche Beobachtung seit den 1970er-Jahren intensiviert und die Diagnostik massiv verbessert worden. Gleichzeitig sind Kinder zu einer zunehmend exponierten Gruppe geworden, deren Mitglieder nicht mehr a priori als belastbar gelten und deren Normalität infolgedessen als prekär erscheint. Je mehr das Kind in den Mittelpunkt unserer erzieherischen und medizinischen Bemühungen gestellt worden ist, desto stärker ist der defizitorientierte Blick auf sie geworden. Wo findet man heute noch Kitas, Kindergärten und Schulen, die sich konsequent einer ressourcenorientierten Pädagogik widmen, so wie sie in den 1990er-Jahren fast gang und gäbe war? Zweifellos gibt es Leuchttürme, aber man muss sie zunehmend suchen.

Durch den nahezu unbemerkten Perspektivenwechsel von der potenzial- zur defizitorientierten Sichtweise ist auch

174

deshalb eine prekäre Situation entstanden, weil Eltern und Lehrkräfte nicht selten unterschiedliche Positionen vertreten. Während Eltern oft einen »potenzialorientierten« Blick auf ihren Nachwuchs haben und von seinen Talenten und Begabungen überzeugt sind, allfällige Verhaltensschwierigkeiten jedoch als Folge einer unterlassenen schulischen Förderung betrachten, erachten Lehrkräfte ein gesundes, tatsächlich vorhandenes Potenzial als etwas eher Seltenes und Verhaltensprobleme in erster Linie als familiär bedingt. Prallen derart unterschiedliche Vorstellungen aufeinander, resultiert daraus notgedrungen fast immer eine Diskussion über Therapien, selten eine Betrachtung der ganzen Bandbreite an Entwicklungsvarianten und noch seltener ein potenzialorientierter Blick auf Maßnahmen zur Begabtenförderung. Das Ausmaß, das die Vermessung des Kindes aufgrund des gesellschaftlichen Defizitblicks angenommen hat – insbesondere auch des riesigen Helfersystems, das oft nur defizitorientiert arbeitet –, lässt uns innehalten und fragen: Was läuft falsch, wenn unser Gesellschaftssystem fast mehr kranke als gesunde Kinder produziert? Und was läuft falsch, wenn Fachkräfte immer häufiger mit eigentlich kerngesunden, doch falsch erzogenen Kindern arbeiten (müssen)? Falsch laufen vor allem drei Dinge.

■ **Angebot schafft Nachfrage:** Ein Problem besteht darin, dass immer mehr Kinder in eine Therapie geschickt und immer mehr Therapeuten und Spezialisten ausgebildet werden. Dass diese helfende Berufskategorie stark zunimmt, hat letztlich auch etwas Paradoxes an sich. Denn das Angebot schafft die Nachfrage, und diese wiederum verstärkt das Angebot, sodass der therapeutische Markt stets die passende Förderung in vielfältigen Varianten bereithält. Eine große Anzahl Professioneller bemüht sich mit unterschiedlichen Ansätzen, die diagnostizierten Störungen anzugehen und zu eliminieren oder zumindest zu reduzieren.

■ **Diagnose zur persönlichen Entlastung:** Fachleute haben eine wichtige professionelle Marktposition in der Bestimmung des Wissens über die kindlichen Defizite. Sie sind die Experten, welche immer wieder betonen, dass das Kind ein kostbares Gut sei und deshalb kein Defizit übersehen werden dürfe. Das Problem besteht dabei darin, dass Eltern als Laien betrachtet werden und ihnen kontinuierlich ausgeredet wird, sich kompetent genug zu fühlen. Deshalb wird automatisch und unhinterfragt davon ausgegangen, dass sie in jedem Fall fachmännische Hilfe brauchen. Ein Gang zum Experten oder zur Expertin kann deshalb mindestens drei unterschiedliche Folgen haben:

– dass Eltern mit Tatsachen konfrontiert werden, die sie bisher so nicht in Erwägung gezogen haben, und sie deshalb schockiert sind;

– dass Eltern eine hilfreiche Bestätigung dessen erhalten, was sie bereits vermuteten, weshalb eine Diagnosestellung für sie zur Entlastung wird. Sie müssen sich nun keine Schuldgefühle mehr machen, weil der Grund für die Probleme gefunden ist und man beim Kind etwas reparieren kann, ohne bei sich selbst ansetzen zu müssen;

– dass die konsultierten Experten nicht mit den Überzeugungen der Eltern übereinstimmen, weshalb diese weitersuchen, bis eine Fachperson gefunden ist, welche die persönliche Vermutung bestätigt und die erwünschte Diagnose liefert.

■ **Therapie als Prävention:** Schließlich gibt es auch das relativ neue Phänomen präventiver Therapien. Nicht selten geben Eltern offen zu, dass sie auf diese Weise ihren Kindern besonders gute Bedingungen für die Schule schaffen oder ihnen Probleme bei der Bewältigung eines herausfordernden Ereignisses ersparen wollen. Ein Beispiel ist die vorbeugende Therapie bei einer Scheidung. Oft denken Väter und Mütter, eine Scheidung werde dem Kind sicher schaden, weshalb sie möglichen Problemen mit therapeutischen Maßnahmen vorsorglich entgegentreten wollen. Deshalb investieren sie viel Zeit, Geld und ein rationalisiertes Familienleben in eine angemessene Behandlung.

Im Kern haben der Defizitblick und seine Folgen dazu geführt, dass viele Therapien und Behandlungen die Kinder der gesellschaftlichen Norm anpassen und sie auf diese Weise wieder funktionstüchtig machen wollen. Das Subjekt Mensch wird dabei mehr oder weniger ganz ausgeschaltet, weil nur Symptome bekämpft werden und das Kind mit ihnen gleichgesetzt wird.

Etikettierungen als magische Botschaften
Kinder haben sich in den letzten Jahren nur wenig verändert. Verändert haben sich lediglich unsere Vorstellungen darüber, wie Kinder sein sollten. Dabei ist die Bandbreite dessen, was als »normal« gilt, deutlich enger und folglich das, was »jenseits der Norm«, also im Bereich des Behandlungsbedürftigen, liegt, auch größer geworden. Dies kommt daher, dass wir immer mehr wissen und die diagnostischen Instrumente differenzierter geworden sind. Deshalb beobachten wir die Entwicklung der Kinder viel genauer und stellen logischerweise auch mehr Variabilität zwischen ihnen fest. Eine Folge davon ist, dass heute viele Abweichungen vom Durchschnitt als Entwicklungsstörun-

gen deklariert werden, während sie vor zehn Jahren noch im Normbereich angesiedelt wurden.

Kinder ohne Therapien, also »normale« Kinder, werden somit immer seltener. Auch Aufs und Abs in der kindlichen Entwicklung werden kaum mehr als Schicksal betrachtet, sondern als von Eltern verantwortete Erfolge und Misserfolge. Gerade weil Kinder in jeder Hinsicht als formbar gelten, dürfen körperliche, geistige oder andere Eigenschaften jenseits der Norm nicht mehr unhinterfragt hingenommen werden. Es ist deshalb mehr als verständlich, wenn Eltern Mängel möglichst schnell beheben lassen wollen, auch wenn Fachexperten oft gar nicht genau prüfen, inwiefern es sich um Entwicklungsdefizite, Entwicklungsstörungen oder lediglich um individuelle Abweichungen von der vermeintlichen Norm handelt. Wie in Kapitel 4 aufgezeigt worden ist, werden Kinder heute ungeachtet eines »Mangels« schon früh vermessen und in Normtabellen eingeordnet, die genauestens analysiert und interpretiert werden und statistische Aussagen über Abweichungen erlauben. Auf diese Weise wird das Kind automatisch zu einem »Patienten«, obwohl es vielleicht gar kein richtiges Problem gibt, sondern lediglich eine Abweichung von der Norm. Die übermächtige Suche nach kindlichen Defekten und der Vergleich mit der Norm macht aus jeder individuellen Lebensgeschichte eine Pathologie, die fast immer mit einer Etikettierung einhergeht. Diese wiederum unterliegt einer hoch codifizierten Dynamik, welche das Kind als Individuum dahinter verschwinden lässt.

Infolgedessen wird jede Etikettierung zu einer Botschaft mit magischer Kraft. Das etikettierte Kind ist plötzlich nicht mehr widersprüchlich und vielschichtig, sondern eine auf einen Blick erfassbare Person, die uns keine Rätsel mehr aufgibt und uns – fälschlicherweise – denken lässt, alles über das Kind zu wissen. Gerade deshalb wiegt jede Etiket-

tierung schwer, weil das ganze Verhalten des Kindes unwill-
kürlich zum Symptom wird. Schreibt ein Kind mit einer
ADHS-Diagnose einen Aufsatz, dann ist es eben ein typi-
scher Aufsatz eines ADHS-Kindes, fällt ein Kind mit einer
GAD-Störung auf, dann gilt sein ganzes Verhalten als ty-
pisch für GAD-Kinder.

Verheerend ist zudem die verbreitete Überzeugung, dass
jedes Kind, das von der vermeintlichen Norm abweicht,
eine Therapie braucht. Daraus ist eine gefährliche Situation
entstanden, welche in Überforderung umkippen kann –
und zwar der Kinder, der Eltern und der Schule. Die Tragik
unserer etikettierenden Gesellschaft besteht darin, dass das
Kind der Moderne zur Therapie und ins Lernstudio geht, in
der Freizeit auch ins Ballett oder zum Judo, und dabei übt
und übt, aber trotzdem irgendwie nie perfekt wird, weil es
die Norm einfach nicht erreicht oder sie nicht übersteigt.

Dass immer mehr Pädagogen, Psychologen und Ärzte die
Ansicht vertreten, ein Kind dürfe nicht derart etikettiert
werden, ist folgerichtig. Es sei viel stärker zu fragen, weshalb
es einer Therapie zugeführt wird, und weniger, was ihm
fehlt.[5]

Das Königskind

Die behütete und voraussetzungsreiche Kindheit ist für einen Großteil der hierzulande aufwachsenden Kinder längst
zur Norm geworden. Die Eltern bemühen sich, deren Bedürfnisse in den Mittelpunkt zu stellen und ihnen das Beste
mit auf den Weg zu geben. In der westlichen Welt geht es
Kindern heute besser denn je, und es mangelt ihnen an
nichts. Kinder haben Rechte, so wie sie in der UN-Kinderrechtskonvention festgehalten sind, und sie entscheiden

mit, sei es in der Familie, in der Schule, in den Medien. Neben dem Recht auf Bildung, dem Recht auf Spiel und dem Recht auf eine Privatsphäre spricht Janusz Korczak zudem von einem Recht des Kindes auf den heutigen Tag. Bisher sind diese Rechte jedoch mehrheitlich wenig reflektiert oder häufig einseitig betont und unhinterfragt angewendet worden. Dies hat unter anderem dazu geführt, dass Kinder – oft unter dem nebulösen Begriff »Partizipation« subsummiert – überall als kleine Erwachsene »partizipieren« sollen, was sie jedoch nicht selten überfordert. Eigentlich müssten Kinderrechte zuerst auf das Niveau von Kindern transformiert und diese wiederum an die Nutzung von Rechten herangeführt werden. Kinder können mit Rechten und Vergünstigungen, wie sie Erwachsene besitzen, noch gar nicht umgehen.

Aufgrund der verbreiteten Überzeugung, dass bereits Säuglinge Persönlichkeiten seien und nicht als unfertige Wesen auf die Welt kommen, unterliegen viele Väter und Mütter dem Glauben, das Kind gestalte seine Entwicklung selbst. Man müsse es als Kumpel behandeln und nicht durch Disziplinierung einschränken. Solche Trends haben dazu geführt, dass Kinder immer mehr zu kleinen Königen geworden sind, um die sich alle Bemühungen der Erwachsenen drehen.

Das Kind in der Rolle des Kunden
Das nachfolgende Pyjama-Beispiel aus der Plattform liliput-lounge (www.liliput-lounge.de) zeigt, wie ein Kind in die Position eines Erwachsenen versetzt wird, der es aber in keiner Art und Weise gewachsen ist und von der es überfordert wird. Die Mutter schwankt hin und her zwischen Zwang und Appell an die Vernunft. Das Kind übernimmt so die Rolle des Kunden: Die Mutter bietet ihm etwas an, das sie verkaufen will, und der Sohn kann dies annehmen

oder ablehnen. Funktioniert dies nicht, kommt der Zwang zum Zug.

Eine entnervte Mutter bringt ihren knapp dreijährigen Sohn im Pyjama in den Kindergarten, weil es jeden Morgen einen Machtkampf ums Anziehen gibt. Es hatte damit begonnen, dass er immer weglief, wenn es um das Anziehen ging, und sich im Bett versteckte. Dabei wurde der Widerstand immer stärker, sodass das Anziehen unter lautem Gebrüll mehr als eine Stunde dauerte. Nun sah die Mutter keinen Ausweg mehr, der Papa musste ran. Bei ihm jedoch machte der Sohn brav mit. Und als der Papa nach einer Woche wieder früher zur Arbeit musste, ging das Geschrei wieder los. Die Mutter überlegte sich dies und das, zum Beispiel sich mehr Zeit für den Kleinen zu nehmen oder ihn am Abend zuvor die Kleidung selbst heraussuchen zu lassen. Nichts half. Da platzte ihr einmal der Kragen. Sie stopfte die Kleider in eine Tasche, setzte ihn im Schlafanzug ins Auto und gab ihn so im Kindergarten ab. Von da an waren die Probleme gelöst.

Wo liegt das Hauptproblem? In erster Linie darin, dass die Mutter zu viele Diskussionen mit ihrem Sohn über das Anziehen hatte, ihn damit jedoch überforderte und frustrierte. Obwohl ein Kind in diesem Alter verhältnismäßig noch nicht so weit ist, sich ganz allein anzuziehen, ist es willensmäßig so stark, dass es seinen Kopf durchsetzen und die Eltern – hier die Mutter – dominieren kann. Erst als die Mutter zum ersten Mal eine Grenze setzte, die sicher nicht die beste war, hatte sie Erfolg. Eltern, die keine Grenzen setzen und nicht konsequent sind, haben oft Kinder, welche diese Grenzen mit unterschiedlichen Verhaltensweisen geradezu provozieren. Das Beispiel zeigt aber auch auf, wie überfordernd partnerschaftliche Erziehung für Eltern sein kann. Wenn Eltern nicht abgegrenzt als Erwachsene agieren und dem Kind Regeln und Strukturen vorgeben, sie abverlangen und eintrainieren, laufen sie Gefahr, immer mehr manipuliert zu werden. Denn dem Kind fehlt ein stützendes und orientierendes Gerüst, weil es keinen Vergleichsmaßstab mehr hat und von den Eltern festgesetzte und nicht verhandelbare Grenzen nicht mehr kennenlernt.

Das Bedürfnis nach Symmetrie zeigt sich auch darin, dass sich Eltern immer stärker an den Bedürfnissen der Kinder orientieren. Deshalb können sie schon früh in vielen familiären Bereichen mitbestimmen oder sogar, bei wem sie im Scheidungsfall leben möchten. Das zeigen sowohl die Befunde aus dem Monitor Familienleben des Instituts für Demoskopie Allensbach als auch diejenigen unserer FRANZ-Studie (Abbildung 19).

Dürfen Ihre Kinder in folgenden Familienbereichen mitbestimmen?

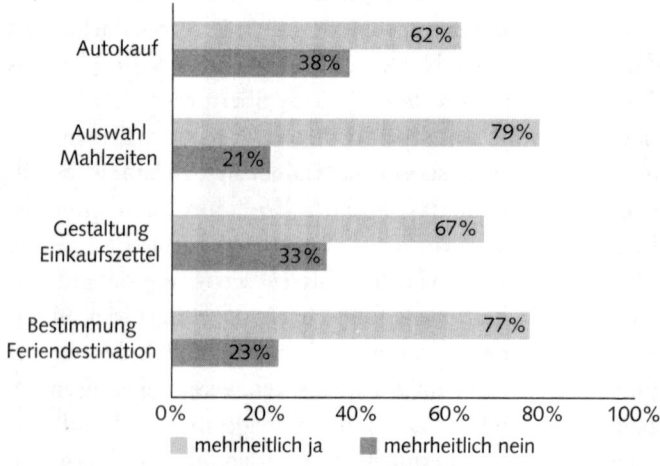

Abbildung 19: *Mitbestimmung von Vorschulkindern in familiären Angelegenheiten*

Im Durchschnitt sind es etwa zwei Drittel bis drei Viertel der Vorschulkinder, welche in der Familie ihre Meinungen und Bedürfnisse einbringen können, sowohl in der Auswahl der Feriendestination (77 %), der Gestaltung des Einkaufszettels (67 %), beim Entscheid, welche Mahlzeiten auf den Tisch kommen (79 %), oder auch welches Auto gekauft werden soll (62 %).

Solche Ergebnisse wirken auf den ersten Blick vielversprechend, weil sie darauf verweisen, dass bereits Vorschulkinder ernst genommen und ihnen auch Mitbestimmungsrechte eingeräumt werden. Problematisch ist dabei jedoch, dass gerade kleinen Kindern der Bezug zur Realität fehlt, wenn sie so erzogen werden, als ob im Leben alles nur nach dem Lustprinzip und der Gleichberechtigung funktionieren würde.

Selbstverständlich ist Mitbestimmung sinnvoll und in einer autoritativ erziehenden Familie geradezu notwendig. Aber sie muss maßvoll und selektiv sein und vor allem auch das Alter des Kindes berücksichtigen. Gerade kleine Kinder sind junge Menschen, die geführt, begleitet, unterstützt und emotional betreut werden müssen, aber nicht dauernd im Mittelpunkt stehen sollten. Wenn Väter und Mütter ihr Denken und Handeln nur nach ihnen ausrichten, sich nicht getrauen, Verhaltensnormen durchzusetzen, und sie stattdessen als gleichberechtigte Partner behandeln, dann werden Kinder zunehmend in eine Rolle gedrängt, die sie noch gar nicht ausfüllen können. In Kindergarten und Schule tun sie sich schwer, wenn sie vorher in Familie und Kita nicht gelernt haben, Grenzen zu beachten und Regeln zu befolgen. Geben die Eltern somit das Zepter schon im Baby- und Kleinkindalter aus der Hand, übernehmen es die Kinder automatisch.

Schulprobleme von Königskindern

König ist das Kind nur in der Familie. Kommt es in ein anderes Umfeld – in die Kita, die Spielgruppe, den Kindergarten –, dann steht es anderen kleinen Königen gegenüber, die zwar ähnlich erzogen werden, doch gelten in diesen Institutionen nun ganz andere Regeln. Solche Kinder müssen deshalb plötzlich verkraften, dass sie hier lediglich ein Kind unter vielen in einem Klassenverband sind. Für partnerschaftlich erzogene Kinder entsteht dadurch eine schwierige Situation. Von zu Hause her gewohnt, die Familie und auch die ganze Welt steuern zu können, rebellieren sie in der neuen Umgebung, sobald sie nicht mehr im Mittelpunkt stehen und ihre Bedürfnisse unbefriedigt bleiben. Sie sind dauernd schlecht gelaunt und finden nichts gut, ihre Psyche ist in einem permanenten Überforderungszustand. Dabei akzeptieren ihre Eltern häufig nicht, dass sie selbst Ursache der Probleme ihres Kindes in Kindergarten oder Schule sind, weshalb sie bei der erstbesten Möglichkeit die Lehrkräfte anklagen. Zwei Beispiele:

Unser Sohn hat einen starken Willen

»Unser Sohn ist ein Individualist. Er vertritt immer seine eigene Meinung. Die Lehrerin kann diese selten akzeptieren. Deshalb wird sie mit ihm nicht fertig und gibt ihm häufig Strafaufgaben. Das gefällt ihm gar nicht, sodass er ihr regelmäßig ins Gesicht lacht und ihr sagt, das kümmere ihn überhaupt nicht. Wir als Eltern ließen dies nicht auf uns sitzen und baten um ein Gespräch mit der Schulleitung und der Lehrerin. Diese gab aber überhaupt nicht nach und beharrte darauf, dass unser Sohn überheblich sei.«

Unsere Tochter durchschaut schlechte Lehrer sofort
»Unsere Tochter kann Autoritäten einfach nicht akzeptieren. Sie ist überdurchschnittlich intelligent und muss nie lernen. Schlechte Lehrer durchschaut sie sofort. Deshalb taten wir uns mit ein paar Eltern zusammen, damit die Lehrerin entlassen wurde. Dann jedoch kam eine neue Lehrerin, die genauso unfähig war wie die erste. Ich brachte den Schulleiter dazu, unsere Tochter in eine andere Klasse zu versetzen. Sie ist einfach ein sehr besonderes Kind, aber die Lehrkräfte wissen nicht, wie man mit ihr umgehen muss. Man müsste den Unterricht für sie interessant machen.«

Was bedeuten diese Beispiele? Erstens, dass solche Beschreibungen doppelt gefiltert sind, sowohl durch das, was das Kind zu Hause erzählt, als auch durch die Art und Weise der elterlichen Interpretation. Man kann somit lediglich erahnen, wie die Meinung der Lehrkräfte tatsächlich aussieht. Auffallend ist, und zwar in beiden Beispielen, wie schlecht die Lehrkräfte gemacht, die Kinder aber durchgehend glorifiziert und entweder als kleine Könige oder dann als bemitleidenswerte Geschöpfe dargestellt werden. Ebenso auffällig ist, wie Väter und Mütter meist lediglich ihre eigene Optik sehen und kaum versuchen, selbstkritisch zu sein. Deshalb können sie die tatsächliche Problematik schlecht erkennen. Gerade Eltern, welche ihr Kind als tyrannisch oder problematisch beschreiben, sehen zu wenig, dass sie mit ihrem zu laschen und permissiven Erziehungsstil dem Kind nicht den notwendigen Halt geben. Zwar fordert es mit seinem störrischen Verhalten einen führenden Erziehungsstil geradezu ein, doch reagieren die Eltern meist noch nachgiebiger und noch verständnisvoller, sodass ein Teufelskreis entsteht. Diese Problematik wird in der Filmkomödie *Frau Müller muss weg* von Sönke Wortmann aufs Korn genommen. Sie zeichnet eine Mittelschicht, die zwischen Sorgen um Statusverlust und Selbstüberschätzung um sich selbst kreist und die Schule zum Kriegsschauplatz um Interessen macht, die mit dem Wohl der eigenen Kinder nur bedingt etwas zu tun hat.

Eltern, die sich so verhalten, schaden nicht nur sich selbst, sondern ziehen auch Kinder heran, die ein falsches Bild ihrer Fähigkeiten bekommen. Der einzig richtige Weg, aus einer so verfahrenen Situation herauszukommen, führt nur über den Blick auf den eigenen Umgang mit dem Kind und über die selbstkritische Erkenntnis, dass partnerschaftliche Erziehungsstrukturen Kindern keinen Halt geben und sie dauernd überfordern.

Das abhängige Kind

Gerade weil viele Eltern vor dem Gedanken Angst haben, ihr Kind könne etwas nicht, das von ihm erwartet wird, fühlen sie sich schon vor dem Schuleintritt unter Druck, ein mögliches Scheitern unbedingt abwenden zu müssen. Verstärkt wird dieser Druck durch das Gefühl, das eigene Leben auf die Bedürfnisse des Nachwuchses ausrichten zu müssen, um dadurch seine Liebe nicht zu verlieren. In seinem Buch *Erziehungskompetenz* nennt Urs Fuhrer dieses Phänomen »Bindungsangst«. Von Angst besetzte Elternliebe kann jedoch zu viel des Guten sein. Wer sein Kind übertrieben beschützt, es verwöhnt und zu viel und vor allem bedingungslose Liebe will, nimmt ihm die Möglichkeit, selbstständig zu werden. Solche Kinder bleiben bis ins Erwachsenenleben von den Eltern abhängig.

Überbehütung und Entwicklungsprobleme

Für die Kinder kann ein Zuviel an Nähe gravierende Folgen für die Entwicklung haben. Dies belegen verschiedene deutsch- und englischsprachige Studien.[6] Überbehütete Kinder haben besonders oft Probleme, bestimmte Entwicklungsaufgaben zu meistern, etwa den Übergang in den Kindergarten, in die Schule, in die Berufslehre oder generell in einen neuen Lebensabschnitt, aber auch die Integration in eine Gleichaltrigengruppe. Weil sie sich vollkommen auf die Eltern verlassen, von ihnen gelenkt werden und die eigenen Bedürfnisse unmittelbar befriedigt bekommen, können sie gar keine Eigeninitiative entwickeln. Sie lernen nie oder dann viel zu spät, für das eigene Tun Verantwortung zu übernehmen und Durchhaltevermögen zu entwickeln. Damit jedoch enthalten ihnen die Eltern das wichtigste Erziehungsziel vor, nämlich mündig zu werden. Mündigkeit erfordert ein gutes Ausmaß an Ich-Stärke (Selbstvertrauen, Selbstwertgefühl), Sozialkompetenz (Toleranz, Rücksichtnahme, Verantwortungsbewusstsein, Konfliktfähigkeit) sowie Leistungsbereitschaft, Ausdauer und Zielstrebigkeit – Merkmale, die überbehütete Kinder kaum oder nur mangelhaft entwickeln können.

Nicht selten zeigen solche Kinder auch eine große Anspruchshaltung (die Mutter soll die vergessene Sporttasche in die Schule bringen; der Lehrer soll etwas nochmals erklären, weil man gerade nicht aufgepasst hat etc.), übersteigerte Wünsche nach Bewunderung, aber auch Schwierigkeiten, Verantwortung für bestimmte Aufgaben zu übernehmen. Solche Symptome finden sich bereits beim Schuleintritt. Dies verdeutlicht Abbildung 20 mit den Ergebnissen aus unserer FRANZ-Studie zur Befragung der Eltern und der Erstklassenlehrkräfte, inwiefern sie bei den Kindern Probleme beim Schuleintritt festgestellt hatten.

Hatte das Kind aus Ihrer Sicht Probleme beim Schuleintritt?

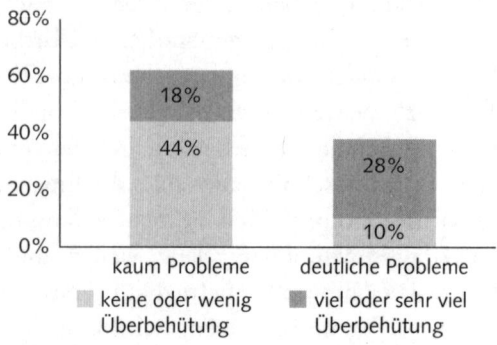

Abbildung 20: *Überbehütung und Schwierigkeiten beim Schuleintritt (gemittelte Ergebnisse von Eltern und Lehrkräften)*

Dargestellt sind die gemittelten Resultate, kombiniert mit dem Ausmaß der Überbehütung. Insgesamt wurden bei 62 Prozent kaum, bei 38 Prozent hingegen deutliche Probleme festgestellt. In der Gruppe der unproblematischen Kinder kamen 18 Prozent aus einem überbehütenden Elternhaus, während dies bei den Kindern mit Schuleintrittsproblemen 28 Prozent waren, die damit mehr als die Hälfte ausmachten. Solche Probleme umfassten Unselbstständigkeit, schnelles Resignieren, Antriebslosigkeit und Ängstlichkeit. Diese Ergebnisse legitimieren somit die Annahme, dass eine überbehütende und verwöhnende Erziehung dazu führen kann, dass Kinder mit dem schulischen Alltag und den damit verbundenen Anforderungen nicht zurechtkommen.

Probleme aufgrund von Überbehütung zeigen sich jedoch nicht immer sofort, sondern oft erst nach einer längeren Latenzzeit in der Pubertät, z. B. in Form auflehnenden

Verhaltens gegen das gläserne Gefängnis der Überbehütung. Sichtbar wird dies beispielsweise in provokativem
oder rebellischem Benehmen, in Gesetzesüberschreitungen
oder in riskanten Verhaltensweisen (z. B. Mutproben, wag-
halsige Unternehmungen, riskantes Verkehrsverhalten),
aber auch in der Suche nach Freiräumen im Schulschwänzen oder der Schulverweigerung. Darauf verweisen die Daten aus unserer Untersuchung »Schulabsentismus in der
Schweiz«[7]. Aus Abbildung 21 wird zunächst ersichtlich,
dass von den 3756 Siebt- und Achtklässlern 13 Prozent nie
die Schule schwänzen, 48 Prozent als Gelegenheitsschwänzer (»in den letzten zwei Monaten einmal geschwänzt«),
33 Prozent als häufige Schwänzer (»in den letzten zwei Monaten mehrmals geschwänzt«) und 6 Prozent als massive
Schwänzer (»in den letzten zwei Monaten mehr als zwei
halbe Tage geschwänzt«) bezeichnet werden mussten.

13%	48%	33%	6%	N=3.756
Nicht-schwänzer	Gelegenheits-schwänzer	Häufige Schwänzer	Massive Schwänzer	
vÜ: 25%	vÜ: 68%	vÜ: 41%	vÜ: 34%	
wÜ: 75%	wÜ: 32%	wÜ: 59%	wÜ: 66%	

Abbildung 21: *Der Zusammenhang zwischen Überbehütung und
Schulschwänzen (vÜ = viel oder sehr viel Überbehütung;
wÜ = wenig oder keine Überbehütung)*

Differenziert man diese Schwänzer-Kategorien nach dem
Ausmaß der überbehütenden Erziehung, so wird offensichtlich, dass 68 Prozent der Gelegenheitsschwänzer,
41 Prozent der häufigen Schwänzer und 34 Prozent der

massiven Schwänzer aus Familien mit überbehütenden Erziehungsstrukturen stammen. Da auch in unserer Längsschnittstudie über Dropouts[8] Jugendliche aus privilegierten und überbehütenden Familien erstaunlicherweise eine nicht kleine Gruppe der Schulabbrecher bildeten, legitimieren die Daten in Abbildung 21 die Aussage, dass Überbehütung sowohl als Risikofaktor für Schulschwänzen als auch für Schulabbruch bezeichnet werden kann. Es ist keinesfalls so, dass Schulschwänzer nur aus problematischen oder zerrütteten Familien stammen.

Die verwöhnten »Shuttle-Kids«

Wie sehr Kinder überbehütet und verwöhnt werden, lässt sich auch an dem Ausmaß ablesen, in dem Kinder von häuslichen Pflichten im Familienalltag entbunden sind oder regelmäßig mit dem Auto zur Schule gefahren werden. Viele Eltern wollen ihrem Nachwuchs wegen der Belastung durch die Schule und durch Förderkurse oder Vereinstätigkeiten von der alltäglichen Hausarbeit freistellen oder ihnen den Schulweg zu Fuß ersparen. Die Gründe hierfür sind unterschiedlich. Entweder haben sie Angst vor Gefahren – das Kind könnte sich beispielsweise beim Tischdecken an einem Messer verletzen, beim Abfallentsorgen die Treppe hinunterstürzen oder auf dem Schulweg entführt werden etc. –, oder sie wollen ihm zu Hause ein stressfreies Umfeld und damit einen Schonraum schaffen, weil der Terminkalender allein schon Herausforderung genug sei.

Auch in unserer FRANZ-Studie wird der familiäre Schonraum deutlich sichtbar. Folgt man Abbildung 22, so muss nur etwa ein Viertel der Kinder regelmäßig helfen, den Tisch zu decken (23 %), oder die Sporttasche fürs Ballett oder das Fußballtraining selbst packen (25 %). Noch seltener gilt dies für die Entsorgung des Abfalls (17 %) oder

Welche der häuslichen Pflichten muss Ihr Kind wie oft
übernehmen?

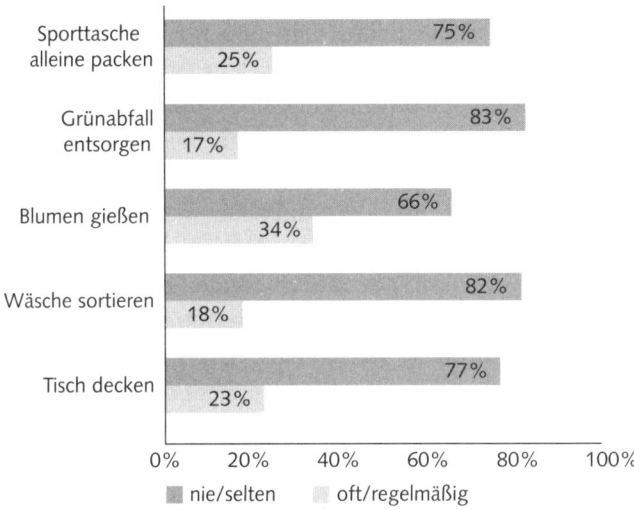

Abbildung 22: *Regelmäßige häusliche Pflichten der Vorschulkinder*

das Sortieren schmutziger Wäsche (18 %). Allerdings muss
fast ein Drittel regelmäßig die Pflanzen gießen (34 %).

Zwar ist es in gewissem Sinn nachvollziehbar, dass Eltern
ihren Kindern zu Hause Schonräume bieten wollen oder ihnen gewisse häusliche Pflichten gar nicht zutrauen. Trotzdem verpassen sie damit eine große Chance, sie in Bereichen zu fördern, die neben den Schulleistungen ebenso
wichtig für die Lebenstüchtigkeit sind. Denn bei der Aus-
übung von häuslichen Pflichten trainieren Kinder nicht nur
ihre Grob- und Feinmotorik, sondern sie lernen auch, wie
man selbstständig und eigenverantwortlich eine Aufgabe
erledigen kann.

Negativauswirkungen familiärer Schonräume reichen bis

weit ins Jugendalter. So sind beispielsweise nach Auskunft von Lehrkräften viele Jugendliche heute nicht mehr in der Lage, in Sommer- oder Klassenlagern und später als junge Erwachsene normale Reinigungs- und Küchenarbeiten unangeleitet zu verrichten. Oft sind solche Arbeiten eine vollkommen neue Herausforderung, der sie sich erst jetzt stellen müssen. Deshalb kann gerade die Berufstätigkeit der Eltern in dieser Hinsicht eine frühe Chance bieten, damit Kinder lernen, ein Essen vorzubereiten, das Zimmer ohne Hilfe aufzuräumen, Wäsche zu sortieren oder einkaufen zu gehen. Solche je nach Alter angemessenen Herausforderungen tun der Entwicklung gut. Selbstverständlich ist es nicht einfach zu erkennen, was einem Kind zugetraut werden kann und was noch nicht. Aber mit Sicherheit handeln Eltern richtig, wenn sie ihre Kinder bewusst auf derartige Herausforderungen vorbereiten und ihnen diese auch zumuten. Hindernisse überwinden, Hürden meistern und Frustrationen ertragen zu können sind wichtige Lebenskompetenzen, die Selbstvertrauen und Selbstbewusstsein steigern und Anstrengungsbereitschaft und Eigeninitiative stärken.

Vor diesem Hintergrund scheint die Entwicklung problematisch, dass immer mehr Lehrkräfte für Schullager oder Skifreizeit eine Unterkunft mit Rundumservice auswählen. Anstatt Massenlager und Selbstversorgerküche gibt es Doppelzimmer und Restaurantservice, sodass die Kinder am Morgen nur ihre Betten machen und nach dem Essen den Tisch abräumen müssen. Offenbar sind auch in den Schulen die Zeiten zunehmend vorbei, in denen die Schüler im Lager mitkochen, abwaschen und putzen mussten. Laut einer Auswertung der Vermittlungsplattform groups.ch ist der Anteil betreuter Gruppen in den letzten Jahren auf über 20 Prozent gestiegen.[9] Das Interesse ist offenbar riesig, sodass der Trend zum Rundumservice weiter zunehmen dürfte. Damit dürften auch Schullager künftig immer mehr zu Schonräumen werden, die den Kindern die Rolle der verwöhnten Konsumenten geradezu aufdrängen.

Überbehütung zeigt sich auch beim Thema Schulweg, das ein Kapitel für sich ist. Gemeint ist damit vor allem das Phänomen der Eltern-Taxis. Immer mehr Kinder werden als »Shuttle-Kids« regelmäßig zur Schule und wieder nach Hause chauffiert. Laut Daten des Bundesamts für Statistik aus dem Jahr 2014 wenden Eltern für den Transport ihrer Kinder heute wöchentlich rund eine halbe Stunde mehr auf als noch 1997. Schweizweit werden mindestens 20 Prozent der Kinder mehrmals pro Woche mit dem Auto zur Schule gefahren, etwas mehr als 15 Prozent täglich, Tendenz steigend. In Deutschland und Österreich sind es gut 20 Prozent bis 30 Prozent.[10] Auch unsere Daten der FRANZ-Studie bestätigen diese Situation. Allerdings gibt es große geografische Unterschiede. Eine Schweizer Untersuchung zeigt, dass der Anteil der Eltern-Taxis im Tessin rund sechsmal so hoch ist wie in der Deutschschweiz.

Weshalb hat sich diese Situation so zugespitzt, wenn doch Schul- und Verkehrsfachleute immer wieder davor warnen? Welches sind die Gründe? Die immer wieder als Erstes genannte Länge des Schulwegs dürfte nur eine geringe Rolle spielen, denn diese hat in den letzten Jahren nicht zugenommen. In unserer Studie (Abbildung 23) wurden nicht die Kinder mit dem längsten Schulweg, d. h. mit mehr als 20 Minuten Gehzeit, zur Schule gefahren, sondern diejenigen, die zwischen 11 und 15 Minuten laufen müssen. 51 Prozent der Kinder, welche oft oder regelmäßig zur Schule gefahren werden, gehören zu dieser Gruppe, während 14 Prozent der Kinder mehr als zwanzig Minuten brauchen, 13 Prozent zwischen ca. 16 und 20 Minuten und der Rest (22 %) weniger als 10 Minuten.

Wie lang ist der Schulweg Ihres Kindes zu Fuß?

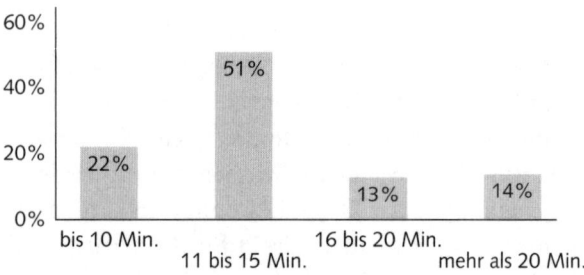

Abbildung 23: *Eltern-Taxis und die Länge des Schulwegs zu Fuß*

Noch vor zehn Jahren galt es weitgehend als unbedenklich, den Schulweg zu Fuß zu bestreiten, am Nachmittag zur Schulfreundin zu laufen oder ins Fußballtraining mit dem Fahrrad zu fahren. Heutige Eltern empfinden dies oft als Zumutung. Eher selten nennen sie jedoch praktische Gründe für ihre Taxidienste (z. B. dass die Schule am Arbeitsweg liege oder das Kind am Morgen einfach nie rechtzeitig bereit sei). Viel größer scheint die Angst zu sein, dem Nachwuchs könnte etwas passieren. Dabei wird häufig kaum zur Kenntnis genommen, dass die Statistik eine ganz andere Sprache spricht und Kinder noch nie so sicher aufwachsen konnten wie heute. Die gesellschaftliche Angstkultur hat Mütter und Väter derart eingeschüchtert, dass sie permanent das Gefühl haben, fremde Erwachsene auf dem Schulweg seien eine Bedrohung für ihre Sprösslinge. Von den Medien zusätzlich geschürt wird das Bild des Straftäters, der sich an den Kindern vergreift. Solche Vorstellungen entsprechen jedoch in keiner Art und Weise den Forschungserkenntnissen.

Eltern, welche ihre Kinder mit dem Auto zur Schule fahren, fehlt aber zudem die Sensibilität, dass sie mit ihren Taxidiensten auch andere Kinder gefährden, etwa dann, wenn sie mitten auf dem Fußgängerstreifen vor der Schule regelwidrig anhalten oder riskante Wendemanöver ausführen. Eltern-Taxidienste haben letztlich dazu geführt, dass neue unfallträchtige Gefahrenzonen für Kinder ausgerechnet vor den Schulen entstanden sind, ausgelöst durch die Eltern selbst.

Schulen und Gemeinden reagieren auf diese Problematik sehr unterschiedlich. Die einen prüfen periodisch ihre Gefahrenstellen und Überquerungshilfen, die anderen setzen auf Pendelbusse oder Schülerlotsen, die dritten auf Elternabende und Elterninformation, und die vierten richten für Eltern-Taxis sogar »Elternhaltezonen« ein, damit die Kinder sicher ein- und aussteigen können. Insgesamt kann man davon ausgehen, dass das Eltern-Taxi-Phänomen kaum verschwinden wird, einerseits, weil die gesellschaftliche Angstkultur bestehen bleiben dürfte, andererseits, weil es Ausdruck unseres modern-mobilen Lebensstils geworden ist und Eltern so auch oft versuchen, Beruf und Familie besser unter einen Hut zu bringen. Trotzdem müssten Maßnahmen in Richtung Aufklärung und Verhinderung des steigenden regelmäßigen Elterntransports und seiner kindlichen Sicherheitsgefährdung gehen. Schulwege sind als Lernorte zu verstehen, genauso wie die Schulen. Eltern, welche ihre Sprösslinge regelmäßig zur Schule fahren, nehmen ihnen die Möglichkeit, wichtige Erfahrungen zu machen, durch welche sie unabhängiger und auch selbstsicherer werden könnten.

Wenn Eltern kompetente Kinder wollen, dann sollen diese allein zur Schule gehen dürfen. Im Alter ab sechs Jahren sind Kinder dazu in der Lage, auch in einer Stadt mit viel Verkehr. Deshalb muss der Schulweg als Entwicklungsaufgabe verstanden werden. Er ist nicht einfach eine bestimmte, zurückzulegende Strecke, sondern ein wichtiger Sozialisations-, Kreativitäts- und Gesundheitsfaktor. Kinder können sich hier Kompetenzen aneignen, mit anderen Kindern Insekten, Schnecken und Pflanzen entdecken, Geheimnisse austauschen, aber auch Konflikte austragen sowie sich bewegen. Fast alle verfügbaren Studien zeigen auch, dass Kinder den Schulweg gern zurücklegen und zwar am liebsten selbstständig.

Widerstandskraft durch Herausforderungen

Eigentlich ist es paradox: Alle Welt spricht heute vom »kompetenten Säugling« und vom »kompetenten Kind«. Unsere gesellschaftliche Angstkultur übermittelt uns jedoch eine ganz andere Botschaft, nämlich die, dass Kinder besonders verletzlich, wehrlos, hilfsbedürftig und gefährdet sind – also alles andere als kompetent – und deshalb unsere bedingungslose Unterstützung erfordern. Bei den Eltern ist diese Botschaft nicht nur angekommen, sondern sie hat sich in die Sorge transformiert, dass sich der Nachwuchs nicht richtig entwickeln könnte und deshalb ständig in Gefahr ist. Im Schatten solcher Ängste erinnern auch Experten immer wieder daran, dass diese Elternsorgen berechtigt seien. Solche Botschaften sind allerdings falsch, denn Kinder sind grundsätzlich viel widerstandsfähiger und stärker, als der Mainstream glauben machen will.

Um dies empirisch belegen zu können, muss man nicht weit suchen. Die Resilienzforschung, die inzwischen eine lange Tradition hat, weist im Detail nach, wie kompensationsfähig Kinder eigentlich sind. Resilienz meint die psychische Widerstandskraft und die Fähigkeit, mit Belastungen geschickt umgehen zu können, ohne sich dabei selbst zu schädigen. Wesentliche Erkenntnisse stammen aus verschiedenen Längsschnittstudien, wobei die bekannteste die Kauai-Studie von Emmy Werner[11] ist. Zusammen mit einem Forscherteam untersuchte sie rund 700 der im Jahre 1955 auf der Hawaii-Insel Kauai geborenen Kinder und dokumentierte ihre Entwicklung über vierzig Jahre hinweg. Im Mittelpunkt ihres Erkenntnisinteresses standen vor allem die ca. 25 Prozent der Kinder, die unter schwierigen Bedingungen aufwuchsen. Zwei Drittel dieser Risikokinder kamen mit ihren ungünstigen familiären Bedingungen nicht zurecht und bekamen Schul- oder Drogenprobleme, wurden auffällig aggressiv oder gar straffällig. Aber ein Drittel wuchs unbeschadet von allen widrigen Umständen auf und entwickelte sich zu vielversprechenden Jugendlichen, die auch im Erwachsenenalter erfolgreich blieben und große Selbstsicherheit, Lebenszuversicht und Leistungsfähigkeit zeigten. Sie zeichneten sich durch ein hohes und positives Selbstwertgefühl, eine hohe Selbstwirksamkeit und eine große Frustrationstoleranz aus.

Solche Eigenschaften werden in der Forschung unter dem Begriff »Kohärenzgefühl« zusammengefasst. Dieses Gefühl versetzt Kinder in die Lage, bei Auftreten von Belastungssituationen die erforderlichen Widerstandsressourcen zu aktivieren. Deshalb sind Menschen, welche mit einem solchen Kohärenzgefühl ausgestattet sind, eher in der Lage, Probleme als Herausforderungen zu verstehen, die bewältigt werden können und für die man sich allenfalls Hilfe holen muss.

Obwohl das Konzept der Resilienz in vieler Leute Munde ist und heute fast als Modewort gilt, hat es nicht dazu geführt, dass seine zentrale Botschaft verinnerlicht worden ist: dass Kinder keine Porzellanpuppen sind, sondern grundsätzlich widerstandsfähige Geschöpfe. Deshalb nehmen wir auch kaum zur Kenntnis, dass eine als »gut« verstandene

Kindheit – also eine umsorgende, liebevolle, materiell absichernde und sich ganz auf das Kind konzentrierende – nicht per se resilienzfördernd ist und infolgedessen auch kein Garant für ein erfolgreiches Leben. Um robust und lebenstüchtig zu werden, brauchen Kinder eine Umgebung, die ihnen nicht alles zu Füßen legt. Verwöhnung provoziert Gewöhnung, stete Kontrolle würgt Neugier und Motivation ab. Widerstandskraft stellt sich nur dann ein, wenn sich Kinder für etwas anstrengen und um etwas kämpfen müssen. Erst Krisen und Belastungen machen Kinder stark. Sie lernen nicht nur aus fröhlichen und glücklich machenden Erfahrungen, sondern auch aus traurigen Ereignissen. Kinder ertragen vieles. Sie leiden nicht sofort, aber sie brauchen Seelentrost.

Zweifellos kann sich ein Kind, das systematisch vernachlässigt wird, nicht zu einem normalen, gesunden Kind entwickeln. Die Auswirkungen einer schwierigen, vielleicht sogar destruktiven Erziehung in der frühen Kindheit können wahrscheinlich nie überwunden werden. Aber solche extremen Beispiele, von denen wir immer wieder in den Medien oder auch in Erziehungsratgebern lesen, sind kaum geeignet, um die Beziehung zwischen frühen Erfahrungen und späterer Entwicklung zu verstehen oder gar zu erklären. Deshalb ist es unangebracht, Eltern mit solchen Extrembeispielen Angst einzujagen. Viel wichtiger wäre es, dass Fachexperten ihnen nicht noch mehr schlaflose Nächte bereiten, sondern ins Gedächtnis rufen würden, dass Kinder widerstandsfähig und auch ausgesprochen anpassungsfähig sind. Eltern brauchen solche positive Verstärkungen, damit sie ein Selbstvertrauen in ihre Kinder entwickeln können.

Genau dies ist das Ziel des Elternbildungskurses »Starke Eltern haben starke Kinder!«, der vom Deutschen Kinderschutzbund entwickelt worden ist. Er will das Selbstvertrauen der Eltern stärken und ihren Blick auf die positiven Seiten des Kindes lenken. Zudem klärt er die Wert- und Erziehungsvorstellungen in der Familie. Denn »starke Kinder« sind auch »resiliente Kinder«. Und resiliente Kinder sind nicht überbehütet und überbetreut.

Das gefährdete Kind

Ein großes Problem unserer Sicherheitskultur besteht darin, dass wir uns kaum mehr an tatsächlichen Vorfällen orientieren, sondern vor allem an potenziellen Risiken. Dabei geht es in erster Linie um Morde, Entführungen, Kindsmissbrauch, aber auch um die Sorge, das Kind könnte vielleicht etwas verschlucken, sich eine Murmel in die Nase stecken oder an Cornflakes ersticken. Dies hat zu teilweise absurden Überwachungsaktionen der kindlichen Aktivitäten geführt, die wir noch vor zehn Jahren als unmöglich bezeichnet hätten. Das geht beispielsweise so weit, dass in Kitas zunehmend Videokameras installiert werden, damit Eltern jederzeit den eigenen Nachwuchs beobachten können. Das Leben von Kindern wird dadurch nicht nur zunehmend und fast rund um die Uhr überwacht, sondern auch in wichtigen Bereichen wie dem freien Spielen und der Kreativität ungewollt eingeschränkt. Dies wiederum hat Auswirkungen auf die körperliche und emotionale Entwicklung der Kinder. Denn eine alles kontrollierende und darüber hinaus risikoscheue Erziehung kann nie produktiv sein, weil sie schlecht zu den kindlichen Entwicklungsbedürfnissen passt, ängstliche Bindungen an die Kinder hervorbringt und damit eine meist länger anhaltende Unsicherheit fördert. Sie werden zu sehr in Watte gepackt und deshalb schlecht auf die reale Welt vorbereitet. Deshalb sind es gefährdete Kinder.

Das Mädchen auf dem Mäuerchen

Eltern, die versuchen, ihrem Kind immer und überall eine risiko- und gefahrenfreie Umgebung zu garantieren, bremsen seine Entwicklung – trotz gut gemeinter und liebevoller Erziehung und Förderung und umfassender Nähe. Solchen Kindern fehlt etwas ganz Entscheidendes: lernen zu können, wie man einen Erkundungs- und Freiheitsradius durch Handeln und Üben ausloten kann, um auf diese Weise über sich selbst hinauswachsen zu können. Ein Beispiel:

Ein kleines, etwa vier- bis fünfjähriges Mädchen balancierte beim Eingang eines Einkaufszentrums behutsam und hoch konzentriert über ein etwa ein Meter hohes Mäuerchen. Fuß vor Fuß setzte es, hielt zwischendurch kurz an, als ob es tief durchatmen wollte, und setzte dann seinen Weg fort. Plötzlich ertönte eine sich überschlagende Stimme: »Hör auf und komm sofort herunter!« Das Mädchen erstarrte augenblicklich, und sein Blick zeigte, dass es nicht mehr in der Lage war, nur einen einzigen Schritt weiterzugehen. In seinem Gesicht spiegelte sich die Angst – die Angst seiner Mutter, die es auch sofort von der Mauer herunterholte. Ein älteres Ehepaar, das danebenstand, bemerkte: »Recht haben Sie! Was heute den Kleinen nur alles in den Sinn kommt.«

Die Reaktion dieser Mutter steht stellvertretend für das, was jedermann tut, wenn er ängstlich ist: Man zieht die Schraube an, d. h. man übt Druck auf den Nachwuchs aus und beginnt, ihn auch auf Schritt und Tritt zu kontrollieren. Es liegt in der Natur von Angst, Gefahren zu übertreiben und überdimensioniert wachsam zu werden. Ängstlichkeit verkürzt und verengt den Blickwinkel.

Die Angstkultur ist allerdings eine spezifisch deutsch-sprachige und angloamerikanische Idee, denn in vielen anderen Gesellschaften genießen Kinder weit mehr Freiheiten, sich allein oder zumindest selbstverantwortlich in der Außenwelt zu bewegen. Deshalb gilt das Mäuerchen-Beispiel nur in unseren Breitengraden stellvertretend dafür, wie risikoscheu Kinder heute aufwachsen müssen. Zugegebenermaßen hat die Mutter mit ihrem Eingreifen möglicherweise ein paar blaue Flecken verhindert, weshalb die Sicherheitsindustrie ihr Verhalten wahrscheinlich als »richtig« einschätzen würde. Die Mutter hat ihr Kind dauernd überwacht, verantwortungsvoll reagiert und es vor jeder möglichen und unmöglichen Gefahr geschützt. Trotzdem hat sie verhindert, dass das Balancieren auf dem Mäuerchen als selbst gewähltes Risiko für ihr Kind zum Erfolg hätte werden können. Es hätte auf diese Weise zwar vielleicht Erfahrungen mit blauen Flecken gemacht, aber auch Grenzen überwinden und seine Angst besiegen können. So hätte es lernen können, Risiken einzuschätzen und selbstständig Entscheidungen zu treffen.

Viele Experten würden die Reaktion der Mutter wahrscheinlich als notwendige präventive Maßnahme verstehen, um die Gesundheit des Mädchens nicht zu beeinträchtigen. Diese Präventionsperspektive ist auch einer der Hauptgründe, weshalb viele Kinderspielplätze häufig so leer sind. In fast jeder Gemeinde gibt es Plätze mit vielen Möglichkeiten zum Herumtollen, mit Büschen und Hecken, mit Bäumen und Pflanzen – nicht ganz so, wie wir in unserer Kindheit Spielplätze erlebt haben, aber immerhin für das freie Spiel wie geschaffen. Was diesen Plätzen heute häufig fehlt, sind Kinder. Oder dann sind sie zwar da, werden aber von ihren Eltern genauestens überwacht. Nicht selten tragen die Kinder auf Geheiß der Väter oder der Mütter einen Fahrradhelm. Dieses Sicherheitsdenken widerspiegeln auch viele Spielplätze. In den letzten Jahren sind immer mehr Spielplätze eingezäunt, Schaukeln an genau bestimmten Orten befestigt und Rutschen verkleinert, feste Torpfosten entfernt, Kanten und Ecken abgerundet worden. Genau dies lieben Kinder nicht, und dies mag ein Grund sein, weshalb Spielplätze so oft kindentleert sind. Befragt man sie, dann möchten sie am liebsten Orte zum Spielen, die Erwachsene gar nicht als Spielplätze deklarieren, beispielsweise Brachflächen, Waldgebiete mit Höhlen etc.

Obwohl unsere Sicherheitskultur alles dafür tut, um das Risiko zu senken, belegen die verfügbaren Daten, dass Spielplätze nicht gefährlicher sind als vor zwanzig Jahren und dass dies generell für draußen spielende Kinder gilt. Verändert haben sich lediglich unsere Wahrnehmung und unsere Angstkultur, denn körperliche Verletzungen gelten nicht mehr als normale Begleiterscheinungen eines Kinderalltags. Die meisten Unfälle im Kindesalter sind Sturzunfälle, und diese sind im Allgemeinen unproblematisch. Allerdings müssten uns die Berichte von Kinderpädiatern und Zahnärzten zu denken geben, die immer mehr Frontzahnfrakturen durch unabgefangene Stürze registrieren. Sie sind eine Folge des Umstands, dass viele Kinder nicht mehr richtig fallen können, weil sie dies gar nie haben üben können. Sie haben motorische Defizite, weil ihnen der Umgang mit Balancieren, Koordinieren oder kraftausgleichenden Übungen fremd ist. Kinder jedoch, die viel draußen spielen, werden durch den unebenen Boden und die vielen Klettermöglichkeiten im grobmotorischen Bereich deutlich sicherer als Kinder, die überwiegend drinnen spielen. Der Aufenthalt in der freien Natur ist eine wichtige Gesundheitsprophylaxe.

Spielen als Risiko

Welche Konsequenzen haben solche Erkenntnisse für die Kinder selbst? Die gesellschaftliche Sicherheitskultur belastet ja nicht nur Väter und Mütter zeitlich und emotional, sondern hat auch direkte Auswirkungen auf das Leben der Kinder. Es ist bereits aufgezeigt worden, dass den Kindern immer weniger freie Zeit zur Verfügung steht, in der sie einer selbstbestimmten Tätigkeit nachgehen, Abenteuer erleben oder einfach miteinander sein und spielen können. Weil fast ihr ganzer Tag überwacht und der Terminkalender durchstrukturiert ist, sind unabhängige und unkontrollierte Aktivitäten massiv eingeschränkt.

Dass den Kindern heute mehr als eine Stunde weniger freie Spielzeit zur Verfügung steht als noch vor zwanzig Jahren, wie dies im UNICEF-Bericht »Zur Lage der Kinder in Deutschland« vermerkt wird[12], ist deshalb wenig überraschend. Wie jedoch sieht heute die Situation konkret aus? Wie verbringen Kinder ihre freie Zeit? Genauere Daten liefert unsere FRANZ-Studie zu den Freizeitaktivitäten von Erstklässlern an einem Werktag (Abbildung 24). Durchschnittlich stehen ihnen hierzu fünf Stunden zur Verfügung, nach Abzug des Schlafens (11 Std.), des Essens (2 Std.), des Kindergartens/der Schule inkl. Schulweg (6 Std.).

Zunächst macht die Abbildung deutlich, dass zwei Aktivitäten die freie Zeit dominieren: Die Beschäftigung mit Medien macht 23 Prozent aus und die Förderaktivitäten 28 Prozent. Dazu gehören alle familienexternen institutionalisierten Angebote (auch Therapien) inklusive Tätigkeiten in Vereinen. Beschäftigungen mit der Familie (einkaufen gehen, kochen, backen, Handarbeiten etc.) sowie Besuche (Verwandte, Freunde, Arztbesuche und Therapien) haben einen Anteil von 12 Prozent respektive 15 Prozent. Deutlich geringer ist der Aufwand für Hygiene (an-

Welchen Beschäftigungen geht Ihr Kind
in der freien Zeit nach und wie intensiv?

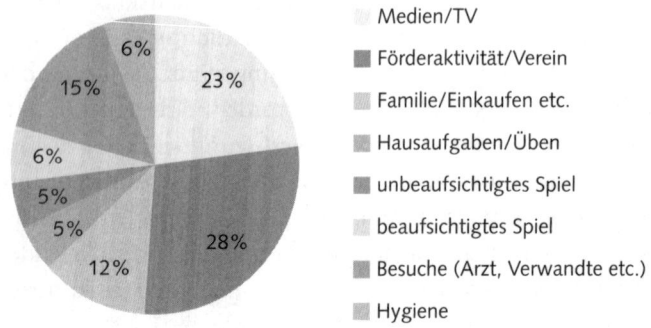

Medien/TV

Förderaktivität/Verein

Familie/Einkaufen etc.

Hausaufgaben/Üben

unbeaufsichtigtes Spiel

beaufsichtigtes Spiel

Besuche (Arzt, Verwandte etc.)

Hygiene

Abbildung 24: *Durchschnittliche Freizeitaktivitäten von Erstklässlern an einem Werktag*

und ausziehen, Zähneputzen, Körperpflege) mit 6 Prozent
sowie Hausaufgaben und Üben (z. B. Instrument) mit
5 Prozent. Für das Spiel stehen somit insgesamt lediglich
11 Prozent zur Verfügung, knapp die Hälfte für das beauf-
sichtigte, etwas mehr als die Hälfte für das unbeaufsichtigte,
oft im Freien stattfindende Spiel.

Diese Daten belegen, dass der große Teil der zur Verfügung stehenden Zeit mit strukturierten Aktivitäten ausge-
füllt und das Spielen infolgedessen stark eingeschränkt ist.
Der erste Grund für die marginale Rolle des Spiels sind Sicherheitsangst und Risikoscheu. Deshalb lassen viele Eltern
ihren Nachwuchs keine Sekunde außer Kontrolle und verbieten jegliche Spiele, die irgendwie gefährlich sein könnten.
Dazu kommt zweitens die marginale Bedeutung, die viele
Eltern dem Spielen beimessen, indem sie es oft lediglich als
Zeitvertreib oder gar als simples, unnützes Tun abtun und
als Gegensatz zum für sie viel wichtigeren Lernen verstehen.

Spielunfähige Kinder

Dass das Spiel immer stärker an den Rand des kindlichen Alltags gedrängt wird, ist eine empirische Tatsache. Gleichwohl ist sich die Wissenschaft einig, dass Spielerfahrungen für das kindliche Wachstum zentral sind und das freie, unbeaufsichtigte Spiel die beste Art von Frühförderung ist. Denn es hat einen entscheidenden Einfluss auf die Ausschöpfung und Erweiterung des kindlichen Lernpotenzials und dient als Basis für die Intelligenzentwicklung. Weil Kinder beim Spielen für das Leben lernen, ist es die wichtigste Hauptbeschäftigung und Lernsituation. Je spielhaltiger das Lernen im Vorschulalter ist, desto nachhaltiger ist es. Engagiertheit im Spiel ist Voraussetzung für gelingende Bildungsprozesse und langfristigen Schulerfolg.

Viele Philosophen und Pädagogen haben sich mit dem Spiel beschäftigt, von John Locke über Jean-Jacques Rousseau bis zu Friedrich Fröbel, Maria Montessori, Lew Wygotsky und Jean Piaget. Sie alle haben die enorme Bedeutung des Spiels unterstrichen und es als führende Entwicklungslinie im Vorschulalter (Wygotski) und als Nahrung für die Seele bezeichnet (Piaget), weil das Kind dadurch seine körperlichen Kräfte schulen (Fröbel) und dem Drang nach Selbsttätigkeit nachleben könne (Montessori). Deshalb sollten Kinder alles, was sie tun oder lernen, zum Spiel machen können (Locke), sodass dieses nicht in Arbeit ausartet (Rousseau). Das Spiel kann dem Kind somit Flügel verleihen, aber die Erwachsenen müssen es hierzu mit Bedacht anleiten, sich dann aber zurückziehen und ihm den benötigten Freiraum dafür geben. Kinder sind kreativer, wenn die Eltern oder andere Erwachsene nicht in Reichweite sind und sie überwachen. Denn ihre Aufsicht führt meist zu strukturierten Aktivitäten und zu deutlich weniger Experimentierfreudigkeit.

Wenn das Spiel somit ein so starker Indikator für das Wohlbefinden und das gute Gedeihen von Kindern ist, dann ist zu fragen, was mit denjenigen geschieht, die ohne angemessene Spielmöglichkeiten aufwachsen. Hierzu gibt es zwar nicht allzu viel Forschung, doch immerhin einige klinische Studien. Sie lassen kaum daran zweifeln, dass Kinder, welche wenig oder nicht spielen können, eine Tendenz zu physischen und psychischen Mängeln zeigen. Deshalb hat sich auch der Begriff »Spieldeprivation« eingebürgert. Es gibt zwei Gruppen spieldeprivierter Kinder: diejenigen, welche zu Hause viele Medien konsumieren und praktisch kaum je spielen, und solche, die in außerordentlich aktiven, organisierten, stark kontrollierenden und überbehütenden Familien aufwachsen und aufgrund vieler Förderkurse und anderer Aktivitäten gar keine Zeit zum Spielen haben. Beide Gruppen können die notwendige kreative Energie hierfür nicht entwickeln.

- **Kinder aus förderorientierten, stark kontrollierenden Familien:** Gerade den Kindern mit durchstrukturierten Tages- und Wochenplänen bleibt kaum freie Zeit für das Spielen. Und ist dies trotzdem einmal der Fall, dann findet es angeleitet in den Förderkursen oder in der Therapie statt. Zwar muss dieser Sachverhalt nicht zwingend negativ sein. Denn für viele Kinder ist die Tatsache, dass sie überhaupt solche Kurse besuchen, auch ein Segen, weil sie auf diese Weise außerhalb der Schule andere Kinder treffen. Trotzdem hat diese Situation zur Folge, dass zu Hause wenig Zeit zum Spielen bleibt oder lediglich unter umfassender Überwachung. Deshalb haben solche Kinder oft Mühe, überhaupt eigene Ideen zu entwickeln und sich kreativ in eine Gruppe einbringen zu können. Aussagen von Kindergartenlehrkräften wie diese aus unserer PRINZ-Studie[13] erstaunen deshalb nicht: »Wenn ich diesen Kindern Zeit zum Spielen gebe, wissen sie oft nicht, was tun. Sie haben von sich aus keine Ideen, weil sie dies gar nie gelernt haben.«

- **Mediengesättigte Kinder:** Zu dieser Gruppe gehören Kinder, welche mit Medienspielzeug übersättigt sind und oft auch kein emotional gutes Beziehungsfundament zu ihren Eltern haben. Ihre Vorschulkindheit verbringen sie vor allem vor der Playstation und dem Fernseher. Jenseits der Tatsache, dass sie sich viel zu wenig bewegen und nicht wenige von ihnen schon früh Gewichtsprobleme haben, bekommen sie das Grundlegendste nicht mit, was für eine gesunde und erfolgreiche Entwicklung notwendig ist, nämlich diejenigen Kompetenzen aufzubauen, die für den Kindergarten- und Schuleintritt wesentlich sind: Gruppen- und Kontaktfähigkeit, Selbstständigkeit und Durchhaltevermögen. Solche Kompetenzen könnten sie beim Spielen lernen.

Gemeinsam ist solchen spieldeprivierten oder gar spielunfähigen Kindern, dass ihnen Kreativität, Muße und Beharrlichkeit fehlen. Die Ursachen und Hintergründe sind jedoch unterschiedlich. Während die erste Gruppe regelrecht bombardiert wird mit fördernden Angeboten und sie keinen Moment Ruhe bekommt, um sich mit sich selbst zu beschäftigen oder zu erspüren, was sie eigentlich tun möchte, wird die andere Gruppe sich selbst überlassen, weshalb sie emotional, kognitiv und sozial unterversorgt bleibt.

Wirft man einen Blick in die Forschung zum kindlichen Spiel, so werden zwei Problembereiche am häufigsten diskutiert, Übergewicht bzw. Fettleibigkeit und Ekzeme sowie Verhaltensschwierigkeiten.[14]

■ **Adipositas, Übergewicht, Ekzeme:** Kinder bewegen sich im freien Spiel mit anderen viel und gerne. Der heutige Lebensstil und die Tendenz, anstatt im Freien zu spielen, sich vor allem mit Medien zu beschäftigen, führen jedoch zu einem sitzenden Lebensstil. Damit sind eine nachlassende Fitness, verminderte Bewegung und häufigeres Übergewicht verbunden. Dieses ist bei Kindern im Vorschulalter in den letzten Jahren markant gestiegen. Viele Kinder erreichen deshalb nicht das empfohlene Ausmaß an Bewegungsaktivität. Waren im Jahr 2000 noch 5,2 Prozent der Sechsjährigen adipös (fettleibig) und 19,0 Prozent übergewichtig, so waren im Jahr 2012 bereits 7 Prozent fettleibig, während der Anteil Übergewichtiger konstant blieb. In der Mittelstufe waren zu dieser Zeit 22 Prozent der Kinder übergewichtig, in der Oberstufe 25 Prozent.

Körperliche Aktivitäten haben auch einen wichtigen Einfluss auf die physische Gesundheit und das geistige Wohlbefinden. Kinder, die viel im Freien spielen, erkranken seltener an Asthma, Niesanfällen, Heuschnupfen oder Ekzemen. Dies ist das Hauptergebnis der internationalen Untersuchung Parsifal, an der 14 893 Kinder im Alter zwischen fünf und dreizehn Jahren aus Schweden, Österreich, den Niederlanden, Deutschland und der Schweiz teilnahmen.[15] Dass sich dieser Befund besonders deutlich bei Bauernkindern zeigte, überraschte die Autoren, kommen solche Kinder doch häufiger als andere mit Pflanzenpollen, Tierhaaren etc. in Kontakt. Bisher hat man die Ursachen zwar nicht ergründen können, vermutet sie aber im Lebensstil, dem natürlichen Umfeld und auch in der Ernährung.

■ **Verhaltensprobleme und ADHS:** Viele Forscher sehen einen deutlichen Zusammenhang zwischen dem Verschwinden des freien Spiels und dem Anstieg von Verhaltensschwierigkeiten bei Kindern, insbesondere von ADHS. Die Aufmerksamkeitsdefizit-/Hyperaktivitätsstörung wird durch die Unfähigkeit charakterisiert, sich auf eine Aufgabe konzentrieren zu können und durch Hyperaktivität und Impulsivität aufzufallen. Vor allem Neurowissenschaftler vermuten, dass das Aufkommen von ADHS mit der Reduktion der freien Spielflächen für Kinder in Zusammenhang gebracht werden kann und mit der verminderten Verfügbarkeit von natürlichen, selbst geschaffenen Spielanlässen. Allgemein geht man davon aus, dass zwischen 4 und 10 Prozent der Kinder bei Schuleintritt von ADHS betroffen sind. Gemäß den in den Jahren 2005 bis 2008 erhobenen Daten der Krankenkasse Helsana hat die Abgabe von Ritalin an 7- bis 18-Jährige im Kanton Zürich um 75 Prozent zugenommen. Vermutet wird, dass es für viele ADHS-Kinder ein Segen wäre, mehr und regelmäßig in der freien Natur sein zu können. Der Umgang mit Tieren und Pflanzen – so Andreas Weber in seinem Buch *Mehr Matsch!* – würde eine Art natürliches Ritalin bereitstellen, weshalb das freie Herumtoben in der Natur eine besonders wirksame Therapie sei.

Viele Eltern möchten, dass ihr Kind glücklich, schulerfolgreich und sozialkompetent wird. Das Spiel hat das Potenzial, dies zu leisten. Das bedingt jedoch, dass sich Eltern in ihrer Überwachungs- und Kontrollpflicht mehr zurücknehmen. Denn je mehr Zeit sie dafür aufwenden, desto weniger Risiken sind ihre Kinder ausgesetzt. Doch Risiken auszuloten und Lösungen für Probleme zu suchen, sind wichtige Kompetenzen. Auf eigene Faust die Welt zu entdecken, ist, unabdingbar, um Ängste zu überwinden. Deshalb ist die Befreiung des Kindes von der elterlichen Risikobesessenheit zentral für seine gute Entwicklung.

Das perfekte Kind gibt es nicht!

Aus der Entwicklungspsychologie ist bekannt, dass sich Kinder im Vorschulalter massiv unterscheiden und die Bandbreite in allen Entwicklungsbereichen groß ist. Dies gilt auch insbesondere dann, wenn man die Entwicklungsverläufe von Vorschulkindern im Hinblick auf ihre Familien-, Förder- und Betreuungsmerkmale untersucht, wie wir dies in der FRANZ-Studie getan haben.

Anhand einer Clusteranalyse konnten wir vier Gruppen von Entwicklungsverläufen identifizieren, die in Abbildung 25 dargestellt sind. Es sind dies: die wenig fremdbetreuten und geförderten Kinder, die sich relativ langsam

Kindertypologie (N=303)

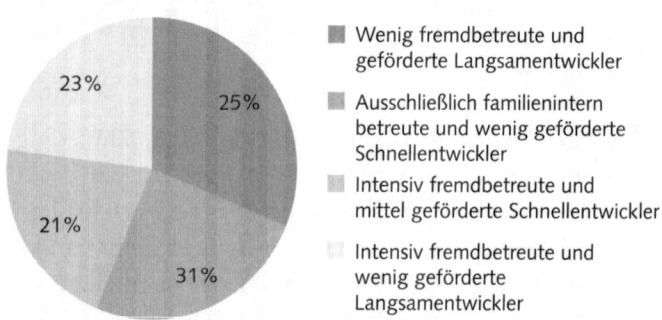

Abbildung 25: *Das perfekte Kind gibt es nicht: eine Typologie*

entwickelten (25 %); die intensiv fremdbetreuten Kinder, die ebenso intensiv gefördert wurden und sich schnell entwickelten (21 %); die intensiv fremdbetreuten, aber wenig geförderten Kinder, die eher als Langsamentwickler in Erscheinung traten (23 %) sowie die Kinder, welche ausschließlich familienintern betreut und wenig gefördert wurden, jedoch zu den Schnellentwicklern gehörten (31 %).

Von Interesse ist natürlich die Frage, wie sich diese Cluster kindlicher Entwicklungsmuster im Hinblick auf schulrelevante Merkmale unterscheiden wie etwa intellektuelle Fähigkeiten, Wortschatz, Kenntnisse in Mathematik und Sozialverhalten. Die Unterschiede sind in Abbildung 26 abgebildet. Dargestellt sind die z-Werte[16]. Der Typ der »wenig fremdbetreuten und geförderten Langsamentwickler« setzt sich aus kognitiv unterdurchschnittlich entwickelten Kindern mit eher bescheidenem Wortschatz, aber mit leicht

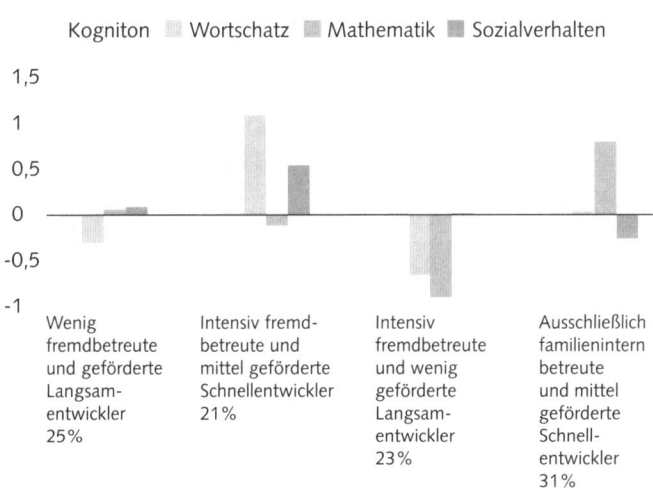

Abbildung 26: *Unterschiede in den kindlichen Entwicklungsmustern*

überdurchschnittlichen Mathematikkenntnissen zusammen. Sozial sind sie gut durchschnittlich entwickelt. Bei den Kindern des Typs 2 (»die intensiv fremdbetreuten und mittel geförderten Schnellentwickler«) handelt es sich um solche, die in allen Bereichen – außer im mathematischen – überdurchschnittlich weit entwickelt sind. Dies gilt auch für das Sozialverhalten. Typ 3 (»die intensiv fremdbetreuten und wenig geförderten Langsamentwickler«) ähnelt dem Typ 1 insofern, als die Kinder, außer in ihrer kognitiven Entwicklung, sprachlich, mathematisch und sozial nicht auf dem gleichen Entwicklungsniveau wie die anderen Kinder sind. Typ 4, also »die ausschließlich familienintern betreuten und mittel geförderten Schnellentwickler«, umfasst Kinder mit fortgeschrittener kognitiver und mathematischer Entwicklung, durchschnittlich ausgeprägtem Wortschatz und etwas unterdurchschnittlich entwickelter Sozialkompetenz.

Bezieht man weitere Merkmale mit ein, wie etwa Geschwister und das Ausbildungsniveau der Mutter, lassen sich die vier Entwicklungsmuster wie folgt charakterisieren.

Typ 1:
»Wenig fremdbetreute und geförderte Langsamentwickler«
Kinder dieses Typs sind kognitiv und sprachlich wenig fortgeschritten. Sie werden zwar fremdbetreut, jedoch deutlich weniger als andere Kinder. Gleiches gilt für die außerfamiliäre Förderung. Außerdem haben sie überdurchschnittlich oft jüngere Geschwister. Möglicherweise ist dies einer der Gründe, weshalb sie sozial gut entwickelt sind. Ihre Mütter verfügen über tendenziell weniger hohe Bildungsabschlüsse.

Typ 2:
»Intensiv fremdbetreute und mittel geförderte Schnellentwickler«

Im Vergleich zu allen anderen Typen weisen Kinder, die diesem Typ zugeordnet werden, weit fortgeschrittene Entwicklungsverläufe auf, nämlich in der intellektuellen Entwicklung, im Wortschatz sowie in ihrem Sozialverhalten. Einzig für Mathematik trifft dies nicht zu. Im Vergleich zu den anderen verbringen Kinder dieses Typs mehr Zeit in familienergänzender Betreuung, d. h. bei Tagesfamilien, Verwandten etc., und sie haben auch seltener jüngere Geschwister. Sie besuchen zudem in einem mittleren Ausmaß Fördermaßnahmen, insbesondere im musischen und sportlichen Bereich. Zudem verfügen ihre Mütter über die vergleichsweise höchsten Bildungsabschlüsse.

Typ 3:
»Intensiv fremdbetreute und wenig geförderte Langsamentwickler«

Typ 3 bildet gewissermaßen den Gegenpol von Typ 2, weisen doch diese Kinder in allen Entwicklungsbereichen, außer in den intellektuellen Fähigkeiten, unterdurchschnittliche Verläufe auf. Am ausgeprägtesten trifft dies beim Wortschatz und den mathematischen Fähigkeiten zu. Im Vergleich zu den anderen Typen fallen drei Aspekte besonders auf: Die Kinder dieses Typs werden intensiver (in Kitas, Spielgruppen etc.) fremdbetreut, sie besuchen jedoch kaum Fördermaßnahmen, das Bildungsniveau ihrer Mütter ist vergleichsweise am geringsten, und sie haben häufiger ältere Geschwister. Ihr Sozialverhalten ist durchschnittlich.

Typ 4:
»Ausschließlich familienintern betreute und mittel
geförderte Schnellentwickler«
Typ 4 umfasst Kinder, welche in der mathematischen Entwicklung einerseits am weitesten fortgeschritten sind und
auch intellektuell überdurchschnittliche Werte zeigen. Andererseits ist ihr Sozialverhalten vergleichsweise am wenigsten entwickelt. Beim Wortschatz lässt sich keine Tendenz
feststellen. Geschwister haben sie seltener, und die Mütter
sind vergleichsweise eher gut gebildet. Im Unterschied zu
den anderen drei Typen werden Kinder dieses Typs am ausgeprägtesten ausschließlich familienintern betreut. Zudem
werden sie zwar familienextern gefördert, aber in modera-
tem Sinn.
Die Typologie bestätigt damit dreierlei:

- **Heterogene Entwicklungsverläufe:** Die Heterogenität
  der kindlichen Entwicklungsverläufe ist enorm. Sie lässt
  sich im Wesentlichen auf vier Merkmale zurückführen:
  auf das Betreuungsmuster (familienintern/ergänzende
  Betreuung) und die Intensität der familienergänzenden
  Betreuung, auf die Intensität der Förderung, auf das Bildungsniveau der Mutter und auf das Vorhandensein von
  Geschwistern.
- **Kein optimales Betreuungs- und Förderungsmuster:**
  Sowohl familieninterne als auch familienergänzende Betreuung kann mit besonders günstigen, aber auch mit
  eher langsamen Entwicklungsverläufen einhergehen.
  Gleiches gilt für das Ausmaß der Förderung. Infolgedessen gibt es nicht das »optimale«, aber auch nicht das
  »schlechte« Betreuungs- und Förderarrangement, wie
  dies im Hinblick auf die emotional geführte Diskussion
  rund um die Kitas häufig behauptet wird.

214

■ **Besonders günstige Konstellationen:** Es gibt Konstellationen, welche einen besonders günstigen und akzelerierten Entwicklungsverlauf charakterisieren. Das sind einerseits die »intensiv fremdbetreuten und mittel geförderten Schnellentwickler«. Die Umweltbedingungen dieser Kinder zeichnen sich zum einen durch eine intensive familienergänzende Betreuung aus, zum anderen durch das Vorhandensein vorwiegend älterer und seltener jüngerer Geschwister sowie durch Mütter mit einem hohen formalen Bildungsniveau. Es sind also keinesfalls – wie dies in der populärwissenschaftlichen Literatur häufig behauptet wird – lediglich hohe intellektuelle Fähigkeiten oder hohe Sprach- oder Sozialkompetenzen, welche besonders günstige Vorschulentwicklungen respektive eine gute Schulfähigkeit prädizieren. Vielmehr ist es eine Kombination von Merkmalen personaler, familialer und betreuungsrelevanter Art, wobei die familialen Faktoren die entscheidende Variable darstellen. Zum anderen weisen auch die ausschließlich familienintern und mittel geförderten Kinder besonders gute Entwicklungen auf.

Vergleicht man die Bedeutung der familienergänzenden Betreuung für die Entwicklung von Vorschulkindern mit derjenigen des familiären Hintergrunds, so erweist sich dieser als eindeutig wichtiger. Die familienergänzende Betreuung hat zwar einen (mehrheitlich positiven) Einfluss auf die Entwicklung, doch wird sie durch Merkmale der Familie überlagert und verliert dadurch an Relevanz. Als besonders bedeutsam erweisen sich das mütterliche Bildungsniveau sowie das Vorhandensein von Geschwistern. Das Bildungsniveau der Väter spielt in fast allen Studien keine bedeutsame Rolle.[17] Die Geschwisterreihenfolge ist hingegen durchaus von Bedeutung. So haben die am weitesten entwickelten Kinder am häufigsten ältere Geschwister. Dies mag damit zu tun haben, dass sie die kognitive und sprachliche Entwicklung der Jüngeren stimulieren, weil diese dadurch im Alltag mit kognitiv herausfordernden Spielen in Kontakt kommen.

Die vier Typen von Entwicklungsmustern belegen, dass alle Betreuungskonstellationen fördernde Auswirkungen auf die kindliche Entwicklung haben können. Ein intensiverer Besuch einer familienergänzenden Betreuung – Tagesfamilie, Kita, Spielgruppe – wirkt sich beispielsweise auf die kognitive, sprachliche und mathematische Entwicklung positiv aus. Der Hauptgrund hierfür dürfte sein, dass die Kinder in den entsprechenden Betreuungseinrichtungen von spezifischen Anregungen profitieren können. Allerdings gehen bestimmte Merkmale ausschließlich familieninterner Betreuung ebenfalls mit günstigen Entwicklungsverläufen einher, so etwa das Bildungsniveau der Mutter oder das Vorhandensein älterer Geschwister. In Bezug auf die soziale Entwicklung präsentiert sich das Bild etwas anders. In Kitas betreute Kinder zeigten ein aggressiveres Verhalten als Kinder, die keine Kita besuchten. Eine mögliche Erklärung dafür ist, dass Kinder, die häufig mit Gleichaltrigen in institutionellen Betreuungsformen zusammen sind, auch mehr Gelegenheit zu Auseinandersetzungen haben als Kinder, die ausschließlich im Kreis der Kernfamilie, bei Verwandten oder Großeltern betreut werden. Andererseits zeigen ausschließlich familienintern betreute Kinder die geringste Sozialkompetenz.

5 Hinreichend gute Eltern sein oder werden

In den letzten Jahrzehnten hat unsere Gesellschaft eine Kultur der Sorge und der Angst entwickelt. Eingepackt in den Begriff der *verantworteten Elternschaft* appelliert sie an Väter und Mütter, alles für ihre Kinder zu tun, ihre Bedürfnisse immer in den Mittelpunkt zu stellen, unaufhörlich und überall wachsam zu sein und sie vor allen Gefahren zu schützen, denen sie permanent ausgeliefert seien. Eine Folge davon ist, dass viele Eltern versuchen, *perfekte Eltern* zu sein und keine Fehler zu machen. Das ist auch die These dieses Buches: Eltern, die perfekt sein und auch perfekte Kinder haben wollen, sind eine Reaktion auf die gesellschaftliche Angst- und Sicherheitskultur und die damit verbundenen Forderungen und Schuldzuschreibungen, kaum jedoch das Ergebnis ihrer Unfähigkeit, Kinder verantwortungsvoll zu erziehen. Nicht unsere Kinder sind in der Krise, sondern die elternunfreundliche Gesellschaft.

Eltern allein haftbar zu machen für alles, was mit ihren Kindern schiefläuft, ist falsch. Wenn schon Siebenjährige auf dem Schulhof mobben, hat die Schule versagt, auch wenn Lehrkräfte das nicht gern hören. Und wenn lernschwache Kinder in unserem Bildungssystem nach unten durchgereicht werden, um am Ende als Versager dazustehen, liegt es mindestens genauso an diesem System wie am

Elternhaus. Väter und Mütter sind nicht per se die Verursacher kindlicher Verhaltensstörungen. Das ist zwar eine mutige Aussage, aber dennoch eine empirisch begründbare. Zwar gibt es kinderpsychotherapeutische Literatur, die mittels einer einfachen Ursache-Wirkungs-Kette die Verfehlungen der Eltern nachweisen will. Zahlreich sind die Hinweise, wonach Eltern die Architekten der Gehirne ihres Nachwuchses seien. Diese Argumentation verführt leider dazu, Kinder einseitig als »Opfer« und Eltern als »Täter« zu sehen. Die Forschung relativiert jedoch solche kausalen Versimplifizierungen. Kinder sind viel *widerstandsfähiger*, als wir denken, und sie können auch schmerzhafte Erlebnisse wegstecken. Aber die Beraterindustrie, welche jedes Entwicklungsmerkmal jenseits der Norm sogleich als pathologisch definiert und sofort zur Stelle ist, macht die Erziehung für Eltern viel schwieriger als je zuvor. Weil Erziehung heute als Risikovermeidung gilt, wird auch von politischer Seite der Druck auf Eltern verstärkt, bei Fragen rund um die Erziehung in jedem Fall fachmännische Beratung beizuziehen.

Nottut eine elternfreundlichere Gesellschaft, die Väter und Mütter grundsätzlich als fähige und kompetente Erzieher und nicht als Hilfe bedürfende Versager versteht. Nottut aber auch, dass sich Eltern emanzipieren und sich diesen Druckversuchen widersetzen. Wie jedoch können sie aus der *Perfektionsspirale* herauskommen, die vor allem ein Ergebnis von Verunsicherung, Zweifeln und Ängsten ist? Dieser Frage widmet sich der abschließende Teil des Buches. Zunächst wird nochmals ausgeführt, dass es gesellschaftliche Wurzeln sind, welche die Gefühle von Vätern und Müttern relativ ausgeprägt beeinflussen. Solche Zusammenhänge sollen sie erkennen, damit sie ihr Vertrauen in die eigene Urteilskraft stärken und ein neues Selbstbild entwickeln oder das bestehende verändern können. Dabei müssen sie jedoch *selbstkritisch* in den Spiegel schauen und sich fragen, in welcher Hinsicht sie selbst Teil des Perfektionsproblems sind. Sodann werden drei Strategien aufgezeigt, wie Eltern aus dieser Perfektionsspirale herauskommen können, um »hinreichend gute Eltern« zu werden. Diese Strategien beinhalten den Aufbau einer positiven Autorität und Distanz zum Kind, die Stärkung der kindlichen Autonomie sowie Förderanstrengungen, welche sich an den kindlichen Entwicklungsgesetzen orientieren. Den Abschluss macht ein Plädoyer für mehr Intuition in der Erziehung. Intuition meint nicht einfach »spontan sein«. Vielmehr gibt es so etwas wie eine professionelle Intuition.

Raus aus der Perfektionsspirale

Einen selbstkritischen Blick in den Spiegel werfen

Es gibt keine richtige Methode der Erziehung. Hämmert man den Eltern dauernd ein, was sie alles falsch machen, setzt man sie nur verstärkt unter Druck. Dies zwingt sie, noch mehr zu überreagieren, noch perfekter werden zu wollen und gleichzeitig noch weniger Selbstbewusstsein zu entwickeln – oder im Gegenzug dieses übertrieben zur Schau zu stellen. Eine solche Erziehung tut Kindern nicht gut. Anstatt perfekt werden sie lebensuntüchtig.

Der Weg, um aus einer solchen Perfektionsspirale herauszukommen und sich dem Klima der Verunsicherung zu entziehen, beginnt bei den Müttern und Vätern selbst und mit ihrem kritischen Blick in den Spiegel. Dies ist jedoch leichter gesagt als getan. Denn als Erstes müssen Eltern verstehen lernen, warum sie sich so und nicht anders verhalten. Es geht somit nicht um Rezepte zur Beseitigung von Störungen und Schwierigkeiten, sondern um die Motivation und die Kraft, mit sich selbst ins Gericht zu gehen und ins Reine zu kommen.

Die wichtigste Frage überhaupt ist die nach den Zielen, die man mit der Erziehung verfolgt. Dieser Frage weichen Eltern allerdings häufig aus. Deshalb können sie nur mit Schwierigkeiten formulieren, was sie gut und wichtig, was sie unnütz und ungünstig finden. Soll beispielsweise in der Erziehung die Leistung oder die Lust am Tun im Mittelpunkt stehen? Das ist eine zentrale Unterscheidung. Denn im ersten Fall geht es um etwas Zweckgerichtetes, im zweiten Fall um Freude und Befriedigung, unabhängig vom Ergebnis. Hierin besteht das große Dilemma vieler Eltern, dass sie einerseits hohe, manchmal überzogene Leistungserwartungen an den Nachwuchs haben, andererseits jedoch mit ihrer überbehütenden und verwöhnenden Haltung jede Anstrengung ablehnen und die Erziehung spielerisch gestalten wollen.

Es sind aber noch andere, unbequemere Fragen nötig, damit man aus der Perfektionsspirale herauskommt, beispielsweise: Was kann ich an mir selbst verändern? Wie soll das geschehen? Was ist nicht veränderbar und deshalb zu akzeptieren? Nur wenn Eltern versuchen, solche Fragen selbstkritisch zu beantworten, können sie erkennen, dass sich die gesellschaftliche Angst- und Sicherheitskultur auf sie überträgt, und lernen, weshalb sie sich von ihr emanzipieren müssen. Diskutieren sie solche Fragen mit anderen Vätern und Müttern, werden sie erkennen, dass auch die meisten anderen Eltern Mühe haben, selbstkritisch zu sein oder zu werden und mutig gegenzusteuern. Dies zu erkennen braucht eine Portion Gelassenheit.

Natürlich kann man argumentieren, eine selbstkritischere Haltung könne man sich in Elternkursen aneignen. Zwar haben Elternkurse allgemein Hochkonjunktur und der Markt an Angeboten und Fachexperten ist inzwischen unübersehbar geworden. Trotzdem finden sich selten Angebote, welche die kritische Selbstreflexion mit dem Blick auf die Probleme perfekter Elternschaft und perfekter Kinder ins Zentrum stellen. Viele Kurse sind nicht nur traditionell auf die Vermittlung von Rezepten ausgerichtet, sondern verstehen Eltern vor allem als Dilettanten und als Schüler, kaum jedoch als kompetente Erwachsene. Dabei sind es vielfach gerade diejenigen Väter und Mütter, welche Kurse nutzen, die ihre Aufgabe allgemein gut erledigen. Meist sind sie gebildet, finanziell relativ gut situiert, kindzentriert und ambitioniert. Solche Eltern brauchen keine traditionellen Elternkurse, sondern Angebote in Richtung der in diesem Buch angesprochenen Herausforderungen. Dazu gehören Probleme der Förderwucht, der partnerschaftlichen Erziehung, der Überbehütung sowie der Sicherheitsangst und Risikoscheu samt ihren Auswirkungen auf die Kinder. Ebenso erwünscht sind Angebote, welche die Eltern darin unterstützen, sich vom Ideal perfekter Eltern zu verabschieden und sich dem Ziel zuzuwenden, »hinreichend gute Eltern« zu werden (oder zu bleiben).

Hinreichend gute Eltern sein oder werden

Was macht eigentlich eine gute Mutter, einen guten Vater aus? Wer in seinem Bekanntenkreis nachfragt, bekommt unterschiedliche Antworten. Für die einen sind Vater und Mutter dann gute Eltern, wenn ihr Kind mehr kann als Gleichaltrige, für die anderen, wenn sie von ihm bedingungslos geliebt werden und das Gleiche für das Kind selbst gilt, für die dritten, wenn Eltern bereit sind, sich für den Nachwuchs aufzuopfern. Auch die pädagogische Forschung hat keine eindeutige Antwort, jedoch eine klare Botschaft: Gute Väter und Mütter sind aufmerksam, liebevoll, akzeptierend und konsequent. Sie sind aber vor allem eines nicht: fehlerlos. Es gibt keine Eltern, die Kinder erziehen, ohne Fehler zu machen. Eltern dürfen Fehler machen, aber sie sollen auch Anforderungen stellen, konsequent sein und Regeln vorgeben.

Vor allem aber sollten sie sich nicht zu stark mit ihrem Kind identifizieren. Deshalb hat der Psychologe Donald Winnicott den Begriff der »hinreichend guten Mutter« (»good-enough mother«) geprägt.[1] Er meint damit das, was im Normalfall eine Mutter für die Entwicklung ihres Kindes leistet. Hätte Winnicott das Buch heute geschrieben, hätte er mit Sicherheit auch vom »hinreichend guten Vater« gesprochen. Väter und Mütter des Normalfalls sind somit hinreichend gut sowie hinreichend fürsorglich und aufmerksam, damit ihr Kind fähig wird, ein lebenswertes Leben zu leben, also autonom, widerstandsfähig und selbstständig werden zu können.

Auch der Pädagoge Janusz Korczak gibt Hinweise, woran sich Eltern orientieren und worauf sie hinarbeiten sollen, wenn sie hinreichend gute Väter und Mütter sein oder werden wollen. In seiner »Charta der Menschenrechte für Kinder«, die er gut achtzig Jahre vor der UN-Kinderrechtskonvention geschrieben hat, formuliert er drei Grundrechte des Kindes: das Recht des Kindes auf seinen Tod; das Recht auf den heutigen Tag und das Recht, das zu sein, was es ist. Das erste Recht hat Korczak bewusst provozierend formuliert. Er wendet sich damit gegen eine allzu beschützende Haltung gegenüber dem Kind und dass es – aus Angst, es zu verlieren – nicht überbehütet werden dürfe: »Aus Furcht, der Tod könne uns das Kind entreißen, entreißen wir das Kind dem Leben«, schreibt er auf Seite 44. Das zweite Recht basiert auf dem Verständnis, wonach die Erziehung die Gegenwart, in der das Kind lebt, ernster nehmen und nicht immer nur die Zukunft im Blick haben soll. Die Kindheit ist ein autonomes Stadium im Hier und Jetzt und darf deshalb nicht auf die Zukunft ausgerichtet werden. Mit dem dritten Recht fordert Korczak schließlich ein, dass Eltern die Persönlichkeit ihres Kindes akzeptieren. Kinder sind Menschen mit einem eigenen Charakter, der nicht manipuliert werden darf. Deshalb können Eltern ihrem Kind am meisten mit auf den Weg geben, wenn sie es so annehmen, wie es ist, und ihm auch ein Recht einräumen, zu scheitern. Ein Kind, dem die Möglichkeit zugestanden wird, am eigenen Scheitern wachsen zu dürfen, ist jedoch auf Eltern angewiesen, die Unsicherheiten und Fehlschläge zu ertragen imstande sind und auch das Gespür dafür entwickeln, welche Einflüsse schädlich für es sein könnten. Hinreichend gute Eltern zeichnen sich deshalb auch durch ein führendes, anleitendes und zurückhaltend überwachendes Verhalten aus, das allgemein unter dem Begriff »Elternmonitoring«[2] zusammengefasst wird.

Legt man das Bild solch hinreichend guter Väter und Mütter im Anschluss an Donald Winnicott als Folie über die drei Rechte von Janusz Korczak, so lassen sich Strategien formulieren, wie Eltern solche Ziele umsetzen können. Diesen drei Strategien sind die nachfolgenden Kapitel gewidmet. Hinreichend gute Väter und Mütter

- bemühen sich, ihre Kinder nicht überzubehüten. Sie setzen ihnen nicht verhandelbare Grenzen, leben eine *positive Autorität* und sind sich der notwendigen *Überlegenheit* zu ihnen bewusst. Sie vernachlässigen ihre Kinder insofern nicht, als sie ihnen auch Momente der ungeteilten Aufmerksamkeit (ohne Smartphone und Facebook) schenken;
- schaffen angstfreie Grundlagen, um ihren Kindern in

kleinen Schritten zu helfen, *Autonomie, Selbstständigkeit* und *Selbstvertrauen* zu entwickeln, damit sie lernen können, in der Welt außerhalb der eigenen vier Wände zu bestehen. Dabei bemühen sie sich um Distanz und berücksichtigen auch das Recht des Kindes auf seine Privatsphäre;

▪ bauen ihre Erziehungs- und Förderanstrengungen auf dem Bewusstsein auf, dass jedes ihrer Kinder einmalig ist und *eigenen Lebens- und Entwicklungsgesetzen* unterworfen ist, die man nicht nach Belieben steuern kann.

Positive Autorität und Distanz

Ein klares Rollenverständnis entwickeln

Auf dem Weg zu hinreichend guten Eltern sollten Väter und Mütter zunächst ein Bewusstsein dafür entwickeln, dass sie zu einer angemesseneren Rolle finden müssen, an der sich das Kind orientieren kann und die ihm nicht die Position eines kleinen Erwachsenen aufzwängt. Diese Bewusstseinsfindung ist ein Prozess, und zwar deshalb, weil Eltern lernen oder sich bestärkt fühlen sollten, in der Erziehung ein autoritatives Verhalten zu entwickeln respektive zu pflegen.

Zu diesem Prozess gehört die Überwindung der Angst, dass auf diese Weise Konflikte entstehen und das Kind mit einem führenden Erziehungsverhalten eingeschränkt wird. Nicht selten gründet diese Angst in den eigenen Erziehungserfahrungen, da man vielleicht selbst unter einer strengen Erziehung gelitten hat und eine solche unter keinen Umständen wiederholen will. Schließlich müssen sie auch die Vorstellung überwinden, dass familiäre Lebensverhältnisse immer ideal sein sollen.

Eltern, denen es gelingt, ein klares Rollenverständnis gegenüber ihren Kindern zu entwickeln und sich in ihrer Abgrenzung als prägend zu begreifen, werden schnell spüren, dass ihren Sprösslingen eine so verstandene Autorität und Führung guttut und sie ruhiger werden, wenn sie klare Anweisungen und Normvorgaben gesetzt bekommen. Und sie werden auch die Zuversicht gewinnen können, dass sie trotz Konflikten der Liebe des Nachwuchses gewiss sein können.

In einer solchen Erziehungsumgebung können sich Kinder ihrem Alter entsprechend entwickeln. Eine partnerschaftliche Erziehung verunmöglicht dies. Eltern sollten deshalb hierarchisch, d. h. autoritativ, denken und nicht horizontal. Kinder brauchen einen führenden und strukturierenden Umgang, der sie davon entlastet, selbst bestimmen zu müssen, was für sie gut ist. Starke Eltern wissen, wie man führt und sich abgrenzt, den Kindern jedoch trotzdem in bestimmten Bereichen das Recht auf Mitbestimmung und Partizipation einräumt. Ein solcher Umgang bedeutet keineswegs mangelnde Achtung vor der kindlichen Persönlichkeit, sondern eine Unterstützung der Entwicklung derselben. Gerade aus solchen Gründen wären auch Kita- und Kindergartenkonzepte zu überdenken, die nach dem Partnerschaftsprinzip funktionieren. Kinder, die nicht nur zu Hause, sondern auch in solchen Institutionen als kleine Erwachsene behandelt werden, werden in ihrer Persönlichkeitsentwicklung überfordert.

Eine horizontalere, partnerschaftlicher orientierte Erziehung und Beziehung kann sich erst bei älteren Kindern langsam durchsetzen, wenn die Psyche ausgebildet und das Fundament gefestigt ist. Die Grundlagen hierzu müssen jedoch viel früher geschaffen werden, weil in der Pubertät die Erziehung weitgehend abgeschlossen ist. Im Jugendalter gilt es deshalb vor allem, die Beziehung zu den Kindern aufrechtzuerhalten und zu versuchen, sie an die Einhaltung der vereinbarten Regeln und Normen zu erinnern – vor allem aber auch, sich als Eltern selbst entsprechend zu verhalten.

Eine positive Autorität aufbauen und Überlegenheit gewinnen

Eltern, aber auch Erwachsene, welche mit kleinen Kindern beruflich zu tun haben, sollten sie zwar erziehen, betreuen und fördern, aber nicht Partner sein und die Kinder auch nicht überbehütend an sich binden. Das Ziel ist es deshalb, eine positive Autorität aufzubauen und dem Kind gegenüber Überlegenheit zu gewinnen. Gemeint ist damit, den Kindern mit vereinbarten Regeln, deren Einhaltung konsequent eingefordert wird, eine Halt gebende Orientierung zu verschaffen. Negativ ist eine Autorität dann, wenn Eltern respektive verantwortliche Erwachsene zaudern, inkonsequent sind, sich in Machtspielchen verstricken und daraus eine permanente Nachgiebigkeit entwickeln.

Eltern beklagen sich jedoch immer wieder, sie könnten ihre positive Autorität einfach nicht durchsetzen. Als Gründe geben sie etwa an, dass in anderen Familien, in der Kita, bei den Großeltern oder bei der Tagesmutter eine viel laschere oder andere Atmosphäre herrsche und sie nicht wüssten, wie sie konsequent sein könnten. Solche Verunsicherungen spüren die Kinder sofort und nutzen sie auch aus. Regeln und die damit verbundenen Konsequenzen sind eben nicht einfach da, sondern sie müssen festgelegt, eingeübt und von den Erwachsenen auch als selbstverständlich erachtet werden.

Eltern, die eine positive Autorität ausüben, zeigen ein eindeutiges Verhalten. Strukturen und Grenzsetzungen ermöglichen ihnen, Distanz zum Kind aufzubauen, es jedoch trotzdem als Individuum, aber nicht als kleinen König anzuerkennen. Kinder brauchen Grenzen und fordern sie manchmal geradezu ein, wenn sie von zu viel Freiheit überfordert werden. Deshalb ist es wichtig, sich zu überlegen, was Grenzen setzen genau meint. Grenzen sind Orientierungsmarken, um zwischen Distanz und Nähe, Ruhe und Lärm, Gewalt und Liebe, Mein und Dein unterscheiden zu können. Grenzen zu setzen heißt auch, eine eigene Linie zu haben.

Grenzsetzungen sind mit Regeln verbunden. Diese müssen ständig trainiert werden, und dabei nicht nur in Bereichen, welche Schule, Freunde, Schlafensrituale etc. betreffen, sondern auch im Hinblick auf alltägliche Abläufe wie am Tisch stillsitzen und einander zuhören können, den Tisch nach dem Essen abräumen, sich allein anziehen und ausziehen lernen, den Schulranzen allein packen etc. Regeln durchzusetzen hat nichts mit Härte oder Lieblosigkeit zu tun. Konsequente Eltern werden für ihre Kinder berechenbarer. Denn so lernen sie, dass Grenzüberschreitungen Konsequenzen nach sich ziehen, die vielleicht auch unangenehm sein können und deshalb ein gewisses Maß an Frustrationstoleranz erfordern.

Konsequent zu sein und zu bleiben ist gemäß dem Familienmonitor des Instituts für Demoskopie Allensbach für 31 Prozent der Eltern die größte erzieherische Herausforderung. Einer der häufigsten Fehler besteht darin, dass sich Eltern in endlose Diskussionen mit ihren Kindern verstricken. Ein Vater, der den TV-Konsum seiner siebenjährigen Tochter rational mit ihr verarbeiten will, wird immer den Kürzeren ziehen. Denn alles, was er an sich Richtigem zur Reizüberflutung oder zur Passivität sagt, wird von ihr mit kindertypischen Argumenten gekontert wie »Alle anderen dürfen die Sendungen schauen und die sind megageil«.

Und spätestens dann wird der Vater ratlos, wenn die Tochter auf seine vielen Erklärungen zu den Negativauswirkungen der Medien depressiv reagiert und sagt, dass es ihr ganz schlecht gehe und sie Bauchweh, Durchfall oder Kopfschmerzen bekommt. Mit Vernunft lässt sich dieser Konflikt gar nicht lösen, sondern nur mit Klarheit. Die Ordnung der Dinge müssen die Eltern durchsetzen und in erzieherisch wichtigen Momenten bestimmt genug reagieren. Eine solche Überlegenheit basiert jedoch auf einer inneren Haltung, die nicht aus Erziehungsratgebern gelernt werden kann, sondern vor allem durch die Anwendung positiver Autorität und Distanz sowie Gelassenheit und einer Portion Intuition.

Das Smartphone auf den zweiten Platz setzen
Kinder brauchen schützende, liebende Eltern und Erwachsene, die sie verantwortungsbewusst erziehen und ihnen Regeln und Normen in einer Gemeinschaft vermitteln. Das Fundament, das Vater und Mutter legen, ist zentral. Damit Erziehung entwicklungsförderlich wird, braucht es nicht nur Erziehungskraft, sondern auch Beziehungskraft. Diese entsteht, wenn bestimmte Ressourcen vorhanden sind. Neben sozialen Vorbildern wie Geschwister, andere Kinder, Großeltern, Onkeln, Tanten und Paten, Kitapersonal und Lehrkräfte, sind es vor allem die fundamentalen Beziehungen zu Vater und Mutter. Oft sind sich Eltern jedoch kaum bewusst, dass eine sichere Beziehung zum Kind auch *eigene* Verlässlichkeit erfordert. Aber Verlässlichkeit entsteht nicht einfach dadurch, dass man das Kind überall bei sich hat und es vielleicht nicht im Wagen herumstößt, sondern im Tragetuch mit sich trägt. Gerade beim sogenannten »Attachment Parenting«, das aktuell in Europa als Erziehungsmethode boomt, ist die Gefahr vorhanden, dass sich Eltern

zwar in einem online-Beziehungsmodus zum Kind empfinden, aber dauernd mit dem Handy telefonieren, im Internet surfen oder twittern. Echte Beziehung entsteht jedoch nur, wenn das Kind spürt, dass sich Vater oder Mutter ihm feinfühlig zuwendet und für es präsent ist. Präsenz meint, dass es Momente zwischen den beiden gibt, die nur ihnen gehören. Diese Präsenz bildet auch die Grundlage für drei Kernaufgaben einer feinfühligen Beziehung: dass Eltern das Verhalten des Kindes wahrnehmen, es richtig interpretieren und darauf zeitnah reagieren können.

Überhaupt spielt die Zeit eine wichtige, allerdings kritische Rolle. Zwar sind Eltern für die Befriedigung der elementaren Grundbedürfnisse verantwortlich. Dazu gehören Ernährung, medizinische Grundversorgung, Einübung von Tagesstrukturen, Bewegungsfreiheit etc. Um solche Aufgaben bemühen sich viele Eltern vorbildlich, vergessen dabei jedoch oft, welche Rolle eigentlich die Zeit für ihre Kinder spielt. Vertraute Erwachsene sollten beim Aufstehen und Zubettgehen anwesend sein und Mahlzeiten gemeinsam eingenommen werden. Gerade Kinder von Vollzeit berufstätigen Eltern müssen nicht selten sehr selbstständig sein und neben den Berufskarrieren der Eltern herlaufen. Das ist vielfach nicht weiter schlimm, weil sie dann lernen, sich mit sich selbst zu beschäftigen. Problematisch ist dies jedoch, wenn Eltern keinen guten Mittelweg finden. Alle Kinder brauchen immer wieder und regelmäßig Zeiten mit ungeteilter Aufmerksamkeit, also jemanden, der sich aufrichtig für sie interessiert, ihnen einfach einmal zuhört, sie ernst nimmt und sie auch so akzeptiert, wie sie sind. Mit einem Smartphone permanent in der Hand ist das jedoch schwierig. Zwar kann man in den sozialen Netzwerken oder auf Twitter aktiv sein und sich so trotz geringer Bewegungsfreiheit, mehr Einsamkeit und Stress eine virtuelle Lebensader zur Gesellschaft erhalten, doch ist es schwierig, sich dabei ganz auf das Kind zu konzentrieren.

Stärkung der Autonomie

Die eigene Abhängigkeit vom Kind korrigieren

Ein wichtiges Erziehungsziel besteht in der Lebenstüchtigkeit. Kinder sollen zur Selbstständigkeit geführt werden, damit sie auch außerhalb der Familie existieren, ihre Kompetenzen unter Beweis stellen und diese weiterentwickeln können. Dies sind zunächst die Spielgruppe, der Schwimmkurs oder die Kita, dann der Kindergarten und die Schule. Wenn Kinder jedoch spüren, dass sie in der Familie mit ihren Bedürfnissen immer im Mittelpunkt stehen, fallen ihnen Schritte in die Selbstständigkeit schwer. Weil sie zu Hause wie kleine Könige behandelt werden, zugleich aber die Gefangenen dieses Königreichs sind, ist es für sie schwierig, der Familie zu entkommen und sich von ihr zu entfernen. Sollen Kinder selbstständig und nach und nach unabhängiger werden, dann brauchen sie die Freiheit, jenseits der Familie eine eigene Identität entwickeln zu können. Mit Überbehütung und dauernder Kontrolle ist dies nur schwer möglich.

Wie können Eltern Autonomie und Lebenstüchtigkeit fördern? Fundamental ist auch hier ein selbstkritischer Blick in den Spiegel. Väter und Mütter sollten sich zunächst einmal fragen, wie stark sie selbst von ihrem Kind abhängig sind, wie sehr sie es an sich binden und wie viel Distanz sie überhaupt zu ihm haben. Eltern zu sein heißt auch, loslassen zu können: Frauen erleben dies bei der Geburt, Väter vielleicht dann, wenn sie erkennen, dass ihr Kind zur Mutter ein innigeres Verhältnis hat, oder wenn es sich zum ersten Mal seinem Einfluss entzieht. Erkennt man die eigene zu starke Abhängigkeit vom Kind, dann ist Loslassenkönnen zwar immer noch schmerzhaft, aber nicht mehr bedrohlich. Wer seinen Kindern zutraut, dass sie das Leben meistern, der kann sie auch gehen lassen, und wer die Kinder immer wieder bewusst loslässt, der wird auch die Erfahrung machen können, dass sie allein zurechtkommen und widerstandsfähiger sind als angenommen.

Der selbstkritische Blick in den Spiegel lässt Eltern die eigenen Grenzen erkennen und akzeptieren, dass es eine Welt außerhalb der familiären Welt gibt und auch geben muss, die man weder beherrschen noch manipulieren kann. Kinder haben ein Recht auf eine eigene Privatsphäre. Deshalb braucht eine zu große Nähe, eine zu große Elternliebe Korrekturen und die Suche nach dem richtigen Maß an Distanz. Selbstbewusste, selbstständige Kinder, die Herausforderungen erfolgreich und allein bewältigen und nicht überbehütet werden, können sich auch jenseits der Familienbindung eine »Ich-Stärke« und dann eine eigene Identität aufbauen – gerade weil sie Eltern haben, die sie nicht zu sehr lieben und sich der unerwünschten Folgen einer zu großen Nähe zu ihnen bewusst sind.

Kinder negative Erfahrungen machen lassen

Die Sicherheitsmaximierung unserer Gesellschaft hat enorm zugenommen. Zwar darf man diese Tendenz nicht generell kritisieren, sondern nur spezifisch im Hinblick auf die unzureichende Differenzierung zwischen echter Gefahr und Risiko. Vor Gefahren müssen wir unsere Kinder schützen, weil sie diese möglicherweise noch gar nicht sehen oder einschätzen können. Dazu gehören Steckdosen oder giftige Beeren für Babys oder dicht befahrene Straßen für Kleinkinder. Ein Risiko ist jedoch etwas anderes, etwa das im Kapitel »Das gefährdete Kind« beschriebene Beispiel des auf einem Mäuerchen balancierenden Mädchens, das auf diese Weise eine positive Herausforderung sucht. Oder für Jungen sind es die kleinen Raufereien, weil sie das Miteinanderrangeln als Wettbewerb verstehen und diesen so sehr lieben.

Kindern, die in Watte gepackt und übertrieben vor Risiken geschützt werden, fehlt die Möglichkeit, lernen zu können, wie man eine Situation einschätzen und sich entsprechend verhalten muss. Eltern, die mit ihrer Risikoscheu die Kinder ersticken und ständig in vermeintlich gefährliche Situationen eingreifen oder sie in ihren Aktivitäten unterbrechen, um ihnen zu zeigen, wie man etwas richtig tun soll, vermitteln ihnen die Botschaft, dass Aufwachsen generell gefährlich sei. Deshalb lernen sie nicht, Risiken richtig einzuschätzen und sie von Gefahren zu unterscheiden. Das hat zur Folge, dass sich auch gut überwachte Kinder verletzen, weil sie nicht gelernt haben, mit solchen Herausforderungen umzugehen.

Entwicklungspsychologisch gesehen ist es wichtig, dass sich Kinder bewegen und dabei auf alle möglichen Hindernisse stoßen, auch wenn es wehtut. Eltern sollen ihr Kind vor Lebensgefahren schützen, aber nicht davor, Risiken einzugehen und dabei negative Erfahrungen zu machen. Kinder müssen hinfallen, sich verletzen und sich wehtun können, weil sie sonst nie lernen, aufzustehen, sich selbst zu schützen, Schmerzen auszuhalten und zu erleben, dass diese wieder nachlassen. Väter und Mütter sollten sich auch nicht in jeden Streit auf dem Spielplatz oder dem Pausenhof einmischen, nicht bei jeder Kletterei aus Angst, das Kind könne herunterfallen, unter dem Baum stehen, und sie müssen auch nicht sofort die Polizei verständigen, wenn das Kind einmal außer Reichweite ist. Kinder haben nicht nur ein Recht auf Bildung, ein Recht auf Spiel und eines auf ihre Privatsphäre, sondern auch ein Recht auf eigene negative Erfahrungen. Natürlich hat diese Devise Grenzen. Sie ist kein Plädoyer dafür, dass Kinder keine Aufsicht brauchen.

Wie können wir uns dem Trend zur Sicherheitsmaximierung besser widersetzen? Eltern sollten sich immer wieder prüfen, welche Grenzen zum Schutz des Kindes gesetzt und eingehalten werden *müssen* und welche Grenzen es durch eigene Erfahrungen eindrücklicher erfahren kann als durch elterliche Mahnungen und Verbote. Nur so können Kinder über sich selbst hinauswachsen und Vertrauen in die eigenen Fähigkeiten entwickeln. Dies ist aber nur möglich, wenn Eltern – und manchmal auch Großeltern! – mehr Mut und Gelassenheit entwickeln und auch öfters den gesunden Menschenverstand walten lassen. Paradoxerweise wissen viele Eltern darum. Ich habe mit einigen Vätern und Müttern gesprochen, die erkennen, dass sie ihren Kindern aus übertriebener Sorge wichtige Erfahrungen und viel Freiheit vorenthalten, von der sie selbst als Kinder profitierten.

Auch in den Medien liest man nun häufiger, dass kleine Kinder heute zu sehr in Watte gepackt werden. Genauso warnen öffentliche Institutionen (Bundesämter für Unfallverhütung, Elternvereinigungen etc.) immer mehr vor übertriebenem Schutz, unverhältnismäßigen Sicherheitsvorkehrungen und falsch verstandener Geborgenheit. Deshalb sollte auch die Politik die Sicherheitsangst kritisch thematisieren. Forderungen, insbesondere solche von Institutionen zur Krisenprävention, es dürfe keine unbewachten Gebiete mehr geben, sind zwar Ausdruck eines wohlwollenden Übereifers, aber absolut unverhältnismäßig, weil sie Elternängste massiv schüren.

Darüber hinaus gibt es einen wichtigen Punkt, den Frank

Furedi in seinem Buch *Paranoid Parenting* (»Elternparanoia«) anspricht. Er erachtet den Zerfall der Erwachsenensolidarität als den Hauptgrund für die Dominanz unserer Angst- und Sicherheitskultur. Deshalb fordert er eine größere Solidarität unter Erwachsenen. Dabei erinnert sein Plädoyer an das bekannte afrikanische Sprichwort: »Um ein Kind zu erziehen, braucht es ein ganzes Dorf.« Es verweist auf die Notwendigkeit, dass die Erziehung und Sozialisation von Kindern durch Erwachsene kollektiv wahrgenommen werden muss. Tatsächlich haben sich in vielen Kulturkreisen – und auch bei uns bis in die 1980er-Jahre hinein – Eltern darauf verlassen können, dass andere Erwachsene, eben auch Fremde, zu Hilfe eilen, wenn Kinder in einer Notlage sind oder Hilfe brauchen. Dieses Bewusstsein müssen wir wieder entwickeln und lernen, ein Gesamtverantwortungsgefühl zu zeigen. Eltern sollten sich darauf verlassen können, dass andere Erwachsene in der Öffentlichkeit ein Auge auf ihre Kinder haben. Dass sich heute jedoch kaum noch jemand dazu getraut, liegt keinesfalls nur am Egoismus oder an der Gleichgültigkeit Erwachsener, sondern auch an der Befürchtung, das Handeln könne missverstanden und übelgenommen oder sogar als Hang zur Pädophilie interpretiert werden. Somit müssen wir alle, und in erster Linie auch Eltern, unser inneres Bild des bösen fremden Erwachsenen, der sich an den Kindern vergreift, überarbeiten.

Kindliche Entwicklungsgesetze als Maßstab

Dem Spiel einen Stammplatz geben

Väter und Mütter betreiben einen enormen Aufwand, um ihr Familienleben zu organisieren. Deshalb ist der Kinderalltag wesentlich stärker strukturiert als je zuvor und die freie Zeit ein insgesamt knappes Gut. Der Umgang mit dem Terminkalender ist heute für alle eine große, aber auch entwicklungspsychologisch bedeutsame Herausforderung. Denn die festen Termine und Fixpunkte im Leben der Kinder gehen mit einer deutlichen Abnahme des freien Spiels einher. Anstatt sich im Freien mit anderen Kindern aufzuhalten, besuchen sie Förderkurse und -programme sowie eine Vielzahl von Therapien in abgeschotteten Räumen, in Turn- und Sporthallen, in Freizeit- oder Einkaufszentren. Obwohl solche Aktivitäten auch enorme Zeitfresser sind, können sie den Kindern viel Spaß machen, ihnen einen Ausgleich zum schulischen Lernen und neue Freundschaften ermöglichen. Trotzdem bleibt fraglich, welchen nennenswerten Nutzen sie bringen – vor allem den Kindern, die solche Angebote nur den Eltern zuliebe nutzen. Zudem haben sie nicht nur den Effekt, dass Kinder verlernen, sich selbst zu beschäftigen, sondern auch, dass sie dauernd überwacht und kontrolliert werden.

Was Kinder jedoch am meisten in ihrer intellektuellen, sozialen und emotionalen Entwicklung fördert, ist das freie und unbeaufsichtigte Spiel mit Gleichaltrigen. Kinder können beim Spielen anderes lernen als in kontrollierten Situationen, weil sie ihre Grenzen unabhängig von anleitenden Erwachsenen austesten und Selbstvertrauen entwickeln. Aber gerade ängstliche, auf Kontrolle bedachte Eltern betrachten das Spiel oft als zu gefährlich und haben große

Angst davor, es könnte etwas passieren. Weil Spielerfahrungen oft banalisiert werden und als wenig »bildungsfördernd« gelten, führt das freie Spiel vielfach ein Schattendasein, manchmal auch in Kitas und Kindergärten.

Damit Eltern das freie Spiel ihres Kindes unterstützen und fördern können, braucht es zunächst zwei Dinge, die auf den ersten Blick trivial erscheinen mögen. Erstens sollten Eltern erkennen, dass das Spielen eine grundlegende und wichtige Haupttätigkeit des Kindes ist[3], und zweitens, dass es zwischen einem ängstlichen, kontrollierenden Erziehungsstil, einer verplanten Freizeit mit fehlenden freien Spielmöglichkeiten und den Entwicklungsschwierigkeiten ihres Nachwuchses Zusammenhänge gibt. Daran tragen jedoch Väter und Mütter nicht die primäre Schuld, sondern unsere Gesellschaft als Ganzes. Sie hat die öffentlichen Spielmöglichkeiten immer weiter eingeschränkt und die zentrale Bedeutung der schulvorbereitenden Förderung in den ersten Lebensjahren in einer Art und Weise herausgestrichen, welche die Eltern glauben macht, eine Unterlassung habe mit Sicherheit nachteilige Folgen für das Kind.

Denjenigen Vätern und Müttern, welche die Bedeutung des Spiels als wesentlichste Frühfördermaßnahme und als wichtigsten Entwicklungs- und Lernmotor erkennen, fällt es wahrscheinlich leichter, den ersten und vielleicht schwierigsten Schritt zu tun: das Kind öfter einfach einmal in Ruhe zu lassen (ohne es dabei lediglich vor dem Fernseher oder der Playstation zu platzieren) und sein Spiel weder zu steuern noch zu kommentieren. So besehen dürfen Eltern durchaus einmal »faule Eltern« sein, wie dies Tom Hodkinson in seinem *Leitfaden für faule Eltern* beschreibt. Selbstverständlich heißt »in Ruhe spielen lassen« nicht einfach Gleichgültigkeit, sondern aktive Zurückhaltung. Der zweite Schritt besteht deshalb darin, dass Eltern ihrem Kind die notwendigen Spielbedingungen überhaupt schaffen. Je nachdem, wie sie dies tun, fördern oder hemmen sie sein Spielverhalten. Zu den wesentlichsten Spielbedingungen zählen Zeit, Platz, Materialien, andere Kinder und Ruhe.

- **Zeit:** Je jünger die Kinder sind, desto intensiver spielen sie. Kleine Kinder spielen bis zu neun Stunden am Tag – wenn man ihnen die Zeit hierfür gibt.
- **Platz:** Vorerst brauchen kleine Kinder wenig Platz; mit zunehmendem Alter hingegen richten sie ihren Blick auf das ganze Umfeld. Dann werden der gesamte Wohnraum, der Garten, die öffentlichen Räume, Wiesen und Wälder, Einkaufszentren und Züge zu ihrem Spielplatz. Weil Kinder aufgrund ihrer eigenen Spielvorstellungen andere Maßstäbe anlegen als Erwachsene, braucht es von Vätern und Müttern genaue, aber nicht zu einengende Vorgaben und normativ geprägte Erwartungen. In öffentlichen Räumen, Zügen, Restaurants etc. sind sie strikter, in der freien Natur viel lockerer.
- **Materialien:** Genauso vielfältig wie die Plätze zum Spielen sind die Materialien, welche Kinder brauchen. Dabei geht es bei allen Materialien nicht primär um fertige Spielzeuge, sondern vielmehr um solche, welche sich zweckentfremden, verändern, austauschen lassen, z. B. Gegenstände des täglichen Lebens, Kartons, Papier- und Stoffreste, Kleidungsstücke, verschiedene Materialien wie Holz, Plastik, Steine etc.
- **Andere Kinder:** »Das unterhaltsamste Spielzeug eines Kindes ist ein anderes Kind« hat der irisch-britische Dramatiker George Bernard Shaw einmal gesagt. Wie recht hatte er! Damit es beim Spiel seine soziale und emotionale Kompetenz und damit seine Identität entwickeln kann, ist es auf die Unterstützung von und Auseinander-

setzung mit anderen Kindern – älteren und jüngeren – angewiesen.

- ■ **Ruhe:** Um sich ungestört dem Spiel widmen zu können, brauchen Kinder auch Ruhe. Väter und Mütter, Großeltern und Nachbarn, die den Kindern Ratschläge fürs Spielen geben, meinen es zwar gut, stören letztlich aber den Spielaufbau und -ablauf. Und sie stören vor allem die Möglichkeit, dass Kinder erspüren können, was sie gerade wollen und brauchen.

Eltern, welche dem Spiel einen hohen Stellenwert beimessen, legen nicht nur die Basis für die Freude am Lernen, sondern auch für den langfristigen und stabilen Schulerfolg ihres Kindes. Väter und Mütter, die schon ihre kleinen Kinder zum Spielen motivieren und es auch mit ihnen tun (Mensch ärgere dich nicht, Memory, Domino etc.), signalisieren ihnen damit, dass sie etwas können und dass sie ihnen auch etwas zutrauen. Sie leben ihnen vor, dass Spielen etwas Interessantes ist, und geben ihnen mehr Motivation auf den Lebensweg mit als Eltern, welche ihre Kinder dauernd in Förderkurse stecken und sie überbehüten.

Die persönlichen Vorstellungen zurückstellen

Feinfühlige und aufmerksame Eltern spüren immer wieder, dass das Aufwachsen ihres Kindes ganz eigenen, nicht planbaren Entwicklungsgesetzen unterworfen ist, die sich den Zwängen und Forderungen nach Mobilität, Schnelligkeit oder Nützlichkeit entziehen und deshalb nur schwer zu manipulieren sind. Auch aus der Forschung ist bekannt, dass sich das Gehirn aufgrund der Verschiedenartigkeit genetischer Anlagen nicht beliebig trainieren lässt. Deshalb reifen Kinder in ihren intellektuellen, sozialen und emotionalen Fähigkeiten in unterschiedlichen Geschwindigkeiten heran, weshalb auch das chronologische Alter kein gutes Maß dafür ist. Obwohl viele Eltern solche Unterschiede feststellen, tun sie sich gerade dann damit schwer, diese zu akzeptieren, wenn sich der eigene Sprössling nicht so entwickelt wie erwartet. Weil eher persönliche Vorstellungen oder das Nachbarskind als Modell im Mittelpunkt stehen, fällt es Eltern schwer zu erkennen, was dem eigenen Kind nicht bekommt oder was ihm guttun würde. Im Allgemeinen handeln Eltern heute zu sehr nach Rezepten, Vergleichen mit anderen Kindern und Ratschlägen aus Erziehungsratgebern. Deshalb verlieren sie das Gefühl für seine Individualität.

Die Einmaligkeit des Kindes in den Mittelpunkt von Erziehung und Förderung zu stellen entspricht dem, was Janusz Korczak mit dem »Recht des Kindes auf den heutigen Tag« gemeint hat. Das Kind soll im Hier und Jetzt angenommen werden. Deshalb sollten Eltern alles daransetzen, es vom ersten Tag an, mit Rücksicht auf seine Individualität, so zu bilden und zu fördern, dass es sich seinem Potenzial und Temperament entsprechend entwickeln kann. Das heißt natürlich nicht, dass sie es nicht herausfordern sollen, aber sie müssen spüren, wie weit sie gehen dürfen.

Der Psychologe Lew Wygotsky[4] hat dieses »Wie« mit dem Begriff »Zone der nächsten Entwicklung« genauer erläutert. Damit meint er, dass Eltern ihrem Kind eine Umgebung zur Verfügung stellen sollten, die seinen Voraussetzungen angemessen ist und zugleich seine Entwicklung fördert. Es sind somit zwei Entwicklungsniveaus des Kindes zu unterscheiden Das erste Niveau ist das der aktuellen Entwicklung. Auf diesem Niveau ist es in der Lage, eine Aufgabe selbstständig zu lösen. Das zweite ist das potenzielle Entwicklungsniveau, welches das Kind unter Mithilfe der Eltern oder einer anderen älteren Person erreichen kann. Die Differenz zwischen diesen beiden Niveaus macht die

Zone der nächsten Entwicklung aus. Sie verdeutlicht, was das Kind mithilfe von Vater oder Mutter zu schaffen oder zu verstehen vermag. Was es heute mit seiner oder ihrer Hilfe vollbringt, wird es morgen selbstständig tun können. Wenn der Vater ihm beispielsweise zeigt, wie man eine Gurke schneidet, und dies mit ihm übt, wird es zuerst den Vater lediglich imitieren und dann aber versuchen, es auch allein zu können. Durch die Zone der nächsten Entwicklung werden somit beim Kind viele innere Entwicklungsprozesse ins Leben gerufen und in Bewegung gebracht, die es zunächst nur in der Wechselwirkung mit der Umgebung meistern kann. Weil Anregungen immer ein wenig der Entwicklung vorauseilen sollten, dürfen Eltern das Kind nicht überfordern. Dass dies nicht geschieht, braucht auch ein wenig Intuition.

Berücksichtigen Eltern diese Entwicklungsangemessenheit nicht, schafft frühe Förderung leicht Druck und Stress. Ein Kind wird gestresst, wenn die an es gestellten Erwartungen weit über oder unter seinen Fähigkeiten liegen. Wichtig ist deshalb, dass seine Entfaltungsmöglichkeiten zwar aktiviert werden, ohne jedoch die Entwicklung atemlos zu forcieren. Deshalb lohnt es sich, auch eine andere Nachricht aus der Forschung zu beachten: Je freier ein Kind aufwächst, je weniger es trainiert wird und je weniger es als Stellvertreter seiner Eltern perfekt sein muss, desto schulerfolgreicher und lebenstüchtiger wird es. Solche Eigenschaften entwickeln sich aber nicht dadurch, dass jede winzige Regung eines Potenzials oder einer Begabung sofort mit dem besten Förderangebot beantwortet wird.[5]

240

Warnsignale erkennen, individuelle Entwicklung fördern

Kleine Kinder sind aktive und stolze Lerner. Sie lernen jedoch nicht gleich wie ältere Personen, denn kindliches Lernen vollzieht sich immer in einem stark emotionalen Kontext. Deshalb ist es unsinnig, Kinder im Elternhaus gezielt auf die Schule vorzubereiten oder sie hierzu in spezielle Kurse zu schicken. Eltern können anderes tun, um die Entwicklung ihres Kindes in einer gesunden und individuellen Art und Weise emotional zu unterstützen und intellektuell zu stimulieren. Zwei Aspekte sind dabei zentral:

- **Emotionale Vorbilder sein und ein angemessenes Modellverhalten zeigen:** Gute frühe Förderung braucht Eltern, die sich bewusst sind, dass sie als emotionale Vorbilder eine große Rolle spielen. Kinder kopieren derart, dass sie lernen, was ihre Modelle tun – und nicht, was diese sagen! Wer angemessenes Modellverhalten zeigt, gibt Kindern einen Rucksack mit vielen wichtigen Inhalten mit auf den Weg und weckt in ihnen die Lust auf Lernen und Erfahrung.

- **Ein anregungsreiches Umfeld bereitstellen:** Ein liebevolles, vielfältiges und herausforderndes Umfeld meint nicht in erster Linie eine große Auswahl an Förderkursen oder das allerneueste Spielzeug. Es geht vielmehr um eine familiäre und außerfamiliäre Umgebung, die Platz für selbst bestimmte Aktivitäten wie das Spiel und andere Abenteuer bietet und dabei alle Sinnesorgane berücksichtigt. Dazu gehören häusliche Aktivitäten, die auf Singen, Reimen und Vorlesen, auf das gemeinsame Spiel, auf die Beobachtung von Naturphänomenen, den Gebrauch von Grob- und Feinmotorik, die Pflege der Fantasie und Kreativität sowie auf die soziale Einbettung des Kindes ausgerichtet sind. Solche »Learning by doing«-Aktivitäten sind höchst bedeutungsvoll, weil sie alle Extras an geistiger Entwicklung, die ein Kind braucht, beinhalten. Frühe Förderung hat somit dann uneingeschränkt Vorteile, wenn die natürliche Welt der erste Lehrplan des Kindes ist.

Selbstverständlich kann es auch sinnvolle Frühförderung sein, wenn ein Vierjähriger aus eigener Initiative lesen lernen oder rechnen lernen *will* und ihn die Eltern darin unterstützen, nicht jedoch, wenn sie ihn instruieren. Es gibt Kinder mit einer natürlichen Lernproduktivität und einer hohen Motivation, alles zu lernen, was ihnen präsentiert wird. Deshalb sind für sie akademische Lernumgebungen ähnlich faszinierend wie das Spiel. Sinnvoll und entwicklungsgemäß können Kinder nur in der direkten Interaktion mit den Dingen lernen. Kinder müssen Dinge aktiv tun, sie schmecken, bewusst hören und ergreifen können, um sich Sinneseindrücke erfahrbar zu machen. Wer den ganzen Tag passiv Informationen aufnimmt, kann seine Erfahrungen schlecht verarbeiten. Wissensaneignung allein ist keine sinnvolle Frühförderung. Sie muss mit der Entwicklung von Verstehensprozessen einhergehen. Das zeigt sich in folgendem Beispiel:

> Im Gespräch mit einem vierjährigen Kind in einem Sprachförderkurs der Begabtenförderung bat ich es darum, das Wort »Tier« zu definieren. Dabei gab es mir eine Vielzahl von Definitionen. Als ich es fragte, ob die Schnecke ein Tier sei, sagte es, nein, sie sei ein Reptil. Ein Tier habe vier Beine, sei ein Säugetier und lebe auf einem Bauernhof.

Das Kind verfügt zwar über ein großes Wissen, jedoch ein limitiertes Verständnis, weil es das Konzept von »Tier« noch nicht beherrscht, sondern nur die Definition von gewissen Beispielen von Tieren. Der zentrale und kritische Punkt ist somit der, dass man kleinen Kindern zwar in der Tat eine Menge von Materialien in einer mechanistischen Art und Weise vermitteln kann, ohne dass das notwendige Verstehen damit einhergehen muss.

Für die Entscheidung, ob und wann es an der Zeit ist, ein Kind gezielt zu fördern, gibt es keine allgemeinen Regeln. Aber es gibt ein deutliches Warnsignal für ein Zuviel an Förderung: wenn Eltern sich nicht mehr als Mutter oder Vater spüren können, sondern nur noch die Rolle der Managerin, des Nachhilfelehrers, des Co-Therapeuten oder der Chauffeuse innehaben. Dann stimmt etwas nicht mehr. Es braucht Zeiten des gemeinsamen, ungetrübten und unverplanten Miteinanders.

In diesem Zusammenhang stellt sich natürlich auch die Frage, ob frühe Förderung kleinen Kindern tatsächlich einen Teil ihrer Kindheit rauben kann, wie man dies ja oft von Gegnern früher Bildungsbemühungen hört. Die Antwort lautet: Ja und Nein. Ein Ja gilt dann, wenn es sich um entwicklungsunangemessene Elternerwartungen handelt, die mit frühem vorschulischem Drill verbunden sind. Nein, wenn sich die Eltern um Entwicklungsangemessenheit und um die Unterstützung der Interessen des Kindes bemühen. Dabei ist zu beachten, dass Drill und früher massiver Leistungsdruck nicht das Gleiche sind wie die Verbindung von spielerischem und lustvollem ganzheitlichem Lernen und hohen Elternerwartungen. Kinder, deren Elternhäuser keine großen Erwartungen an sie haben oder sich kaum für Bildungsförderung interessieren, sind benachteiligt. Eltern, welche bereit sind, das Kind als Individuum mit seinen

Stärken und Schwächen anzunehmen, unterstützen das Potenzial ihrer Kinder am besten und erzeugen in ihm Freude an herausfordernden Aktivitäten. Dies hat aber nichts zu tun mit dem Einkauf von Frühförderkursen.

Welches sind nun Merkmale einer guten vorschulischen Entwicklung, die Eltern fördern und trotzdem auf die Individualität ihres Kindes Rücksicht nehmen können? Es sind die Förderung von Lernmotivation und Neugier, von Arbeitshaltungen, Selbstvertrauen sowie Selbstkontrolle und Frustrationstoleranz sowie Übung.

- **Lernmotivation und Neugier:** Kinder haben eine natürliche Motivation, zu lernen und sich anzustrengen. Sie wollen erleben, dass sie etwas können, was sie vorher noch nicht konnten. Eltern, die ihr Kind ermutigen, loben und ihre Interessen unterstützen, fördern auch den Aufbau von Lernmotivation. Zu hohe Ansprüche und Kritik, aber auch permanentes Lob können das Gegenteil bewirken. Auch die kindliche Neugier ist angeboren. Eltern sollten diese Neugier deshalb schützen, indem sie die kindlichen Interessen fördern und nicht die eigenen.
- **Arbeitshaltungen:** Als solche bezeichnet man Haltungen und Einstellungen, die mit Sorgfalt, Genauigkeit, Konzentrationsfähigkeit, Beharrlichkeit und Fleiß sowie Höflichkeit und Solidarität einhergehen. Für einen erfolgreichen Kindergarten- und Schuleintritt sind Arbeitshaltungen besonders wichtig, beispielsweise die Beharrlichkeit. Sie zeigt, inwiefern Kinder das, was sie begonnen haben, zu Ende führen können, auch wenn es Schwierigkeiten gibt. Arbeitshaltungen können besonders gut durch die regelmäßige Übernahme häuslicher Pflichten gefördert werden, aber auch durch die Unterstützung einer intensiven Spieltätigkeit. Intensiv kann das Spielen

jedoch nur sein, wenn ein geplantes Werk (z.B. einen Zirkus aufbauen und nachspielen, eine Arztpraxis einrichten, einen Kaufladen selbst herstellen etc.) auch vollendet werden darf und nicht nach einer Stunde wieder abgebaut werden muss. Die Entfaltung von positiven Arbeitshaltungen wird jedoch nicht durch vorgefertigtes oder durch die Eltern bereitgestelltes Spielmaterial gefördert, sondern durch einfache Materialien des alltäglichen Lebens. Wichtig sind das eigene Gelingen, aber auch die Anerkennung und das Lob der Erwachsenen.

■ **Selbstvertrauen:** Kinder sind antriebsstark. Deshalb entwickeln sie ein gutes Ich-Gefühl und ein Vertrauen in sich selbst. Allerdings können Eltern dieses Ich-Gefühl zerstören, wenn sie ihrem Kind ständig sagen, was es falsch macht oder was es noch nicht kann, und es auf diese Weise bevormunden. Dadurch vermitteln sie ihm eine verdeckte Botschaft: dass es nicht genügt, so wie es ist. Nur Kinder, die positiv verstärkt, gefordert, aber nicht überfordert werden, sind gewillt, an neue Aufgaben heranzugehen, sie zu meistern und bei Misserfolgen nicht einfach aufzugeben. Erfolg festigt das Selbstvertrauen. Eltern sollten deshalb die Signale des Kindes ernst nehmen, wenn ihm etwas zu viel wird, und dabei weniger auf die Ratschläge anderer Eltern oder auf Bücher hören, sondern mehr auf ihre Intuition.

■ **Selbstkontrolle und Frustrationstoleranz:** Kinder müssen lernen, dass es bessere und schlechtere Wege gibt, um Ärger, Angst und Wut auszudrücken. Dazu gehört auch, eine unangenehme Situation über längere Zeit auszuhalten. Werden Kinder beispielsweise vor die Wahl gestellt, jetzt ein Gummibärchen zu erhalten oder nach einer erledigten Aufgabe deren drei, dann lernen sie, dass nicht jedes Bedürfnis sofort befriedigt werden kann. Kinder mit einer guten Selbstkontrolle und Frustrationstoleranz haben ein hohes Durchhaltevermögen, sind anstrengungsbereiter, lassen sich durch Enttäuschungen nicht lähmen oder behindern und können mit einem Belohnungsaufschub umgehen. Und sie lernen auch, Dinge für sich selbst zu tun, ohne dass die Eltern immer vorschreiben, was und wie dies zu tun ist.

- **Übung:** Um sozial und emotional kompetent zu werden, braucht es neben Vorbildern und Modellen auch Übung. Üben meint, dass solches Verhalten immer wieder und in alltäglichen Situationen trainiert, unterstützt, korrigiert und gelobt werden muss. Dass die einen Kinder anstrengungsbereiter, leistungsorientierter oder sozial besser integriert sind als die anderen, ist nicht Zufall oder von den Genen bestimmt, sondern im Wesentlichen Ergebnis einer Erziehung, die mit Modellen arbeitet und erwünschtes Verhalten einübt.

Alles auch mit Intuition!

Das Hinderliche an Überinformation erkennen

Viele, vor allem gut ausgebildete Eltern sind heute überinformiert. Sie wissen alles über Hirnforschung, über Babymassage, über Einschlaf-, Durchschlaf- oder Anti-Schrei-Methoden, über die richtige Ernährung oder über frühes Fremdsprachenlernen. Gerade in Mutter-Kind-, in Krabbelgruppen, beim Babyschwimmen aber auch in der Kita wächst der Druck, sich permanent mit den anderen Eltern und ihrem Nachwuchs zu vergleichen und diesen zum Hauptthema zu machen. Verständlich deshalb, wenn das Vertrauen ins eigene Kind schwindet, sobald die Mutter sieht, dass das drei Monate jüngere Kind in der Kita schon mehr als das eigene kann. Dieser Teufelskreis setzt sich dann im Kindergarten fort, wo Eltern ihren Sprössling ständig mit dem Nachbarskind vergleichen und sich an Lernkurven festklammern. Offensichtlich stört es sie wenig, dass sie sich kaum mehr auf ihr Gefühl verlassen, sondern vor allem auf solche Daten. Mehr noch, sie misstrauen ihrem Gefühl sogar und entwickeln ein schlechtes Gewissen, wenn sie nicht vorher einen Erziehungsratgeber konsultiert haben. Gefühle gelten als eher störendes Beiwerk von Erziehungs- und Förderaufgaben, welche die Vernunft schnell unterwandern können. Eltern, die sich an wissenschaftlichem Wissen orientieren, gelten als Segen für Kinder. Sie schützen sich nicht nur vor Selbstüberschätzung, sondern ihren Nachwuchs auch vor Willkür. Nur, stimmt dies wirklich?

Selbstverständlich ist nichts dagegen einzuwenden, wenn sich Eltern fachkundigen Rat holen, aber die Fülle der Ratgeber und die Unterschiedlichkeit der Inhalte können verunsichernd wirken. Denn viele Empfehlungen vermitteln den Eltern das Gefühl, immer etwas falsch zu machen. Eltern fehlt es deshalb heute eher an Vertrauen in die eigene Intuition als an pädagogischem und psychologischem Fachwissen. Ein großes Fachwissen beeinträchtigt die Intuition, d. h. die Fähigkeit, zu spüren, was gut für das Kind ist und was nicht. Intuition spielt eine wichtige Rolle in der Bindungsgestaltung und im Fürsorgeverhalten. Intuitive Verhaltensbereitschaften sind bei allen Menschen vorhanden, auch bei solchen ohne Ausbildung. Wird Intuition jedoch nicht gepflegt, bildet sie sich zurück. Dies ist einer der Gründe, weshalb es Eltern, aber auch anderen Bezugspersonen, immer schwerer fällt, sich intuitiv feinfühlig und kompetent auf Kinder einlassen zu können. Die Intuition muss wieder stärker ins Bewusstsein gehoben und eingeübt werden!

Intuition aktivieren und trainieren

Nutzen Väter und Mütter ihre Intuition, dann spielen Gefühl und Vernunft gleichermaßen eine Rolle. Dieses Phänomen konnte ich kürzlich in der Straßenbahn beobachten: Eine Mutter war mit ihrem ca. Zweijährigen im Buggy unterwegs in der Straßenbahn. Weil der Kleine so fürchterlich schrie und die Blicke der genervten Passagiere alles sagten, was man sich vorstellen kann, verließ sie die Bahn an der nächsten Haltestelle fast fluchtartig. Dabei hat sie richtig gehandelt, aber wahrscheinlich vollkommen intuitiv, denn es hätte kaum eine erzieherische und an die Vernunft des Kindes appellierende Alternative gegeben. Hätte ich diese Mutter allerdings unmittelbar nachher gefragt, welche Vernunft sie bei dieser Entscheidung angewendet habe, hätte sie mit großer Wahrscheinlichkeit geantwortet, dass sie gar keine Zeit zum Überlegen gehabt, sondern ausschließlich aus den Bauch heraus gehandelt habe.

Intuition meint jedoch nicht einfach »spontan sein«. Vielmehr gibt es so etwas wie eine professionelle Intuition. Gerd Gigerenzer bezeichnet sie in seinem lesenswerten Buch *Die Intelligenz des Unbewussten und die Macht der Intuition* als »gefühltes Wissen«. Das Bauchgefühl ist somit keine Eingebung von oben oder nur eine Vorstellung, sondern unbewusste Intelligenz, die aus einer Fülle von Erfahrungen entsteht, welche im Laufe des Lebens gesammelt werden. Auf der Basis dieser abgespeicherten Erfahrungen lassen sich – scheinbar aus dem Bauch heraus – in vielen Situationen schnelle Entscheidungen treffen. »Aus dem Bauch heraus« bedeutet somit nicht, den Kopf abzuschalten und kein Buch mehr über Erziehung zu lesen. Erziehungskompetenz meint vielmehr eine Kombination von Wissen und Elementen intuitiver Praxis. Intuition und Vernunft bilden die beiden Pole von Erziehungskompetenz.

Aber, wie kann man Intuition lernen? Gerd Gigerenzer sagt, dass man das eigene Gefühl befragen könne, um zu Entscheidungen zu kommen. Dieses Gefühl sage uns oft ohne externe Einflüsterungen deutlicher, was zu tun sei, als wenn wir eine Vielzahl von Ratgebern konsultieren würden. Als eine der wichtigsten Faustregeln bezeichnet er, eine Entscheidung nach nur einem einzigen guten Grund zu treffen, den man als den wichtigsten erachte, und die anderen Argumente zu ignorieren. Übertragen auf Väter und Mütter bedeutet dies, solche Faustregeln bewusst zu trainieren und zu lernen, ein Gespür für das zu bekommen, was richtig und was falsch ist. Damit können sie wieder ihrer eigenen Erziehungskraft vermehrt vertrauen. Deshalb sollten sie versuchen,

- **zu erspüren**, wie angemessen sie ihr Kind fordern und fördern können, welche Erfahrungen es bewältigt hat und wie hoch die Herausforderungen etwa sein können oder was sie wie und wann anders betonen müssen;
- **zu akzeptieren**, dass das Entwicklungstempo des Kindes sehr unterschiedlich ist, und zu erkennen, dass eine bestimmte Atmosphäre für ihr Kind überfordernd sein kann und seine Entwicklung deshalb nicht antreibt, sondern eher bremst;
- **sich zu vergewissern**, ob die Förderung, die sie im Kopf haben, auch tatsächlich zu ihrem Kind passt;
- **sich auf die Signale des Kindes zu konzentrieren**, diese ernst zu nehmen und auf sich wirken zu lassen.

Intuition ist aber auch auf verinnerlichtes Wissen angewiesen. Deshalb sollten Eltern, deren Intuition verkümmert ist, sich nicht unbedingt ausschließlich und ohne Einübung auf sie verlassen. Väter und Mütter jedoch, welche sie trainiert haben und über verinnerlichtes Wissen verfügen, sind bestens dafür ausgerüstet, ihr Bauchgefühl mehr sprechen zu lassen.

Elternintuition sollte in Prävention, Elternberatung, Familienbegleitung und früher Förderung eine Schlüsselrolle einnehmen. Nur schon das Wissen um sie hat praktische Folgen. Allerdings kann das Gefühl eines Vaters oder einer Mutter kein Fachwissen ersetzen. Deshalb ist es wichtig, dass Eltern ihren Wahrnehmungen vertrauen lernen, nicht damit sie *nie* professionelle Hilfe brauchen, sondern damit die professionelle Hilfe wirklich für ihr Kind passt, *wenn* sie sie brauchen. Denn Kindererziehung ist keine Wissenschaft, sondern im Grunde etwas Natürliches. Eltern, die selbstkritisch und zu reflektieren in der Lage sind, können locker bleiben. Fehler zu machen gehört zur Erziehung. Eltern sollten vielmehr auch lernen, ihrem gesunden Menschenverstand zu vertrauen. Dadurch können sie Selbstvertrauen gewinnen und verstehen lernen, wo die Probleme der Kinderziehung in der heutigen Zeit liegen. Auf diese Weise erkennen sie auch, dass die gesellschaftliche Elternschelte unsere Erziehungskultur systematisch lähmt und dadurch auch die intuitiven Fähigkeiten von Müttern und Vätern. Eltern können sich davon befreien, aber sie müssen sich dieses Drucks bewusst werden.

Anmerkungen

Einleitung

1 Der Begriff »Bildungskatastrophe« wurde von Georg Picht vor mehr als 50 Jahren zum ersten Mal verwendet, um aufzuzeigen, wie schlecht es um das deutsche Bildungssystem stand.

2 Die FRANZ-Studie (»Früher an die Bildung – erfolgreicher in die Zukunft?«) untersuchte zwischen 2009 und 2013 im Auftrag der Hamasil- und der Avina-Stiftung 300 Kinder und ihre Familien vom vierten bis zum siebten Lebensjahr, d. h. bis zum Schuleintritt (Stamm et al., 2012).

1   Das Problem: Eltern sind an allem schuld

1 Die Mutterliebe galt lange Zeit als etwas Angeborenes, bevor Elisabeth Badinter (1981) in ihrem Buch diese Vorstellung als Mythos entlarvte.

2 Siehe die Ausführungen von Frank Furedi (2004), Seite 57.

3 Detaillierte Information zur frühen Sprachförderung findet sich in Stamm (2014d).

4 In unserer FRANZ-Studie zeigte sich, dass in Mittelschichtfamilien die Mütter in vielerlei Hinsicht eine überragende Rolle spielen (Stamm, 2014b).

5 Der Begriff stammt von Peter Büchner und Anna Bracke, welche ihn in ihrer Publikation *Bildungsort Familie. Transmission von Bildung und Kultur im Alltag von Mehrgenerationenfamilien* 2006 eingeführt haben.

6 Wolfgang Bergmann (2011, S. 12) wählt den Begriff »Speedy«, wahrscheinlich im Anschluss an Speedy Gonzales, der schnellsten Maus von Mexiko, die alles viel schneller und besser als die anderen kann.

7 Die Kinderärzte Thomas Baumann und Romedius Alber (2011) beleuchten in ihrem Buch, weshalb sie die diagnostische Orientierung an Defekten und Defiziten der Kinder als wenig Erfolg versprechend halten, nur um ihnen den Weg durchs Bildungssystem zu erleichtern.

8 Siehe beispielsweise Josef Kraus' Buch *Helikopter-Eltern. Schluss mit Förderwahn und Verwöhnung* (2013).

9 In meinem Dossier *Bildung braucht Bindung* gebe ich hierzu einen umfassenden Überblick (Stamm, 2013b).

10 Mein Buch zur frühkindlichen Bildung von 2010 und das Handbuch von Doris Edelmann und mir (2013) geben einen differenzierten Überblick über den Themenbereich, seine Chancen und Risiken.

11 Vergleiche hierzu die Ausführungen im Gutachten der Nationalen Akademie der Wissenschaften Leopoldina (2014).

12 Die Bedeutung solcher Kapazitäten verficht vor allem James Heckman (2007).

13 In dem Aufsatz von Yvonne Andres findet sich zur Thematik eine detaillierte Zusammenstellung verschiedener Untersuchungsergebnisse. Zudem sind in unserem Handbuch zur frühkindlichen Bildungsforschung (2013) viele Beiträge enthalten, die sich mit der Thematik befassen.

14 Der Begriff findet sich bei Erich Goode und Nachman Ben-Yehuda (1994).

15 In ihrem Buch *Jedes Kind ist hoch begabt* gehen Gerald Hüther und Uli Hauser (2013) davon aus, dass Talente angeboren sind und in der Schule falsch gefördert werden.

16 Die große Längsschnittstudie von Karin und Klaus Grossmann hat über Jahrzehnte die Mutter-Kind-Bindung anhand 100 deutscher Familien erforscht.

17 So das gleichnamige Buch von Petra Gerster und Christian Nürnberger (2003).

18 In ihrem Buch *Das ganz normale Chaos der Liebe* schreibt Elisabeth Beck-Gernsheim darüber im Kapitel »Alles aus Liebe zum Kind« (1990, S. 61ff.).

19 Vergleiche hierzu die Ausführungen in Urs Fuhrers Buch *Erziehungskompetenz* (2007).

20 So tut dies Viviana A. Zelizer in ihrem Buch *Pricing the priceless child*.

2 Familien- und Kindheitsmythen

1 Die Shell-Studien werden seit 1953 im Auftrag der Shell Deutschland durch unabhängige Institute durchgeführt. Dabei geht es um Themen rund um die Lebenssituation und Einstellung Jugendlicher in Deutschland (Albert et al., 2015).

2 Die World Vision Kinderstudie befragte 2007, 2010 und 2013 Kinder in einer bundesweiten repräsentativen Befragung. Die Studien werden jeweils im Auftrag des World Vision Instituts für Forschung und Innovation als Herausgeber durchgeführt (World Vision Deutschland e.V., 2013).

3 Jürg Frick zeigt in seinem 2009 erschienenen Buch zu Geschwisterbeziehungen (*Ich mag dich – du nervst mich!*) die Einflussfaktoren auf die Beziehungen zu Schwestern und Brüdern auf und betont deren wichtigen Stellenwert, den man bislang in der Fachwelt eher vernachlässigt hat.

4 Entsprechende Daten finden sich beispielsweise in John Hattie (2009), Lothar Beinke et al. (2002), Markus Neuenschwander (2013) sowie in unserer FRANZ-Studie (2012), die im Dossier *Bildungsort Familie* zusammengefasst ist (Stamm, 2013c).

5 Diana Baumrind ist eine US-amerikanische Entwicklungspsychologin und gilt als eine der führenden Forscherinnen auf dem Gebiet der Erziehungsstile (Baumrind, 1992).

6 Die Studie von Marco Wydler et al. (2007) untersucht die elterlichen Erziehungsstile und die Eltern-Kind-Beziehungen im Einfluss auf die Gesundheit. Das Forschungsprojekt wurde im Rahmen des Nationalen Forschungsprogramms 52 *Kindheit, Jugend und Generationenbeziehungen im gesellschaftlichen Wandel* durchgeführt.

7 Diese These diskutiert Thomas Meyer in seinem Aufsatz »Der Wandel der Familie und anderer privater Lebensformen« (2014).

8 Zu etwas besseren Ergebnissen zugunsten der Väter kommt die Studie von Uta Meier-Grave et al. (2014), welche für Väter eine Zunahme der Betreuungszeiten von täglich 16 Minuten, von Müttern von 25 Minuten eruierte. Die Studie von Hans Bertram (2015) weist in die gleiche Richtung.

9 Dies belegen viele Studien, beispielsweise von Daniela Grunow (2007), Rainer Volz (2007) oder Margret Bürgisser (2011). Allerdings unterlegen sie ihren Untersuchungen ein meist traditionelles Konzept des väterlichen Engagements, das ausschließlich auf direkte und sichtbare Leistungen ausgerichtet ist.

10 Der Begriff »Helikopter-Eltern« wird seit den 1970 in den USA verwendet, seit kurzer Zeit nun auch im deutschsprachigen Europa (Somers & Settle, 2010; Kraus, 2013). Gemeint sind überfürsorgliche Eltern, die wie Helikopter ständig über ihren Kindern kreisen, um sie zu überwachen. Ihr Erziehungsstil ist geprägt von ausufernder Überbehütung und auch Einmischung in die Angelegenheiten des Kindes.

11 So definiert sie das Bundesministerium für Familie, Senioren, Frauen und Jugend (2009, S. 9).

12 Dies ist ein zentrales Ergebnis des Monitors Familienforschung des Bundesministeriums für Familien, Senioren, Frauen und Jugend (2010).

13 Hierzu gibt es diverse Studien. Zusammenfassend diskutiere ich sie in meinem Aufsatz »Frühe Kindheit in Mittelschichtfamilien« (2013d).

14 Die Studie aus dem Jahr 2014 belegt, dass Väter, die mehr als zwei Monate in Elternzeit gehen, hinterher schlechtere Aufstiegsmöglichkeiten haben.

15 Darüber berichtet Günter Burkart (2007), wobei er zugleich auf die Verwechslung von Vaterrolle und Vaterideologie aufmerksam macht und dabei besonders auf den schwammigen Begriff der »neuen Väter« verweist.

16 Michael Lamb ist der Herausgeber des Handbuchs (2010) zur Rolle des Vaters in der kindlichen Entwicklung und gilt als der Pionier der Väterforschung. Er hat schon 1987 eine Vater-Typologie entworfen, die nicht nur auf der Präsenz, sondern auch auf nicht sichtbarem Engagement aufbaut. John Snarey spricht von der generativen Vaterschaft und meint damit väterliches Verhalten, das sich in vielfältigen Erscheinungsformen manifestiert. Das Modell von Rob Palkovitz zum elterlichen Engagement umfasst 15 zentrale Kategorien als Verhaltensweisen jenseits der Präsenz.

17 Genauere Ausführungen finden sich auch in meinem Buch *Ent-*

wicklung ohne Ende. Wie sie Bildungswege und Lernstufen beeinflusst (2013).

18 Dies tut beispielsweise Sigrid Tschöpe-Scheffler (2003).

19 Heidi Kellers (2007) Forschungen befinden sich in der Schnittmenge zwischen Psychologie und Anthropologie. Sie hat kulturspezifische Besonderheiten in vielen Ländern untersucht und Jahrzehnte Mütter dabei beobachtet, wie sie mit ihren Babys umgehen und sprechen. Daraus hat sie Schlüsse über die Auswirkungen unterschiedlicher Bindungsmuster auf das spätere Verhalten gezogen.

20 Dazu gehören beispielsweise Studien von Karin und Klaus Großmann (2005), Lieselotte Ahnert (2010) sowie Lieselotte Ahnert und Elena Harwardt (2008).

21 Ausführungen hierzu finden sich in meinem Aufsatz »Wie viel Mutter braucht ein Kind?« (2011).

22 Siehe beispielsweise die Zusammenfassung bei Jay Belsky et al. (2007).

23 Diese Frage beantwortet Lieselotte Ahnert ausführlich in ihrem gleichnamigen Buch (Ahnert, 2010).

24 Diesen Begriff verwendet Michael Sebastian Honig (1993) in seinem Aufsatz »Sozialgeschichte der Kindheit im 20. Jahrhundert«.

25 Zum kompetenten Säugling hat Martin Dornes (2011), zum kompetenten Kind Jesper Juul (2013) ein Buch geschrieben.

26 Hierzu finden sich in dem Aufsatz von Miriam Leuchter (2013) »Die Bedeutung des Spiels in Kindergarten und Schuleingangsphase« viele wichtige Informationen.

27 Auf diese Problematik verweisen Evelyne Wannack et al. (2009) in ihrem Aufsatz zum freien Spiel im Kindergarten.

28 Diese These belegt Bernhard Hauser (2013) in seinem Buch zum Spielen.

29 Der Begriff »flow« meint »Schaffens- oder Tätigkeitsrausch« und bezeichnet das als beglückend erlebte Gefühl im Zustand völliger Vertiefung und restlosen Aufgehens in einer Tätigkeit. Mihály Csikszentmihalyi hat diesen Begriff eingeführt (1985; 2002).

30 Vergleiche die Zusammenfassung über heutige Kindheiten von Rainer Kränzl-Nagl und Johanna Mierendorff (2007).

31 Das bedeutendste Werk zur historischen Entwicklung von Kind-

heitsbildern und -wahrnehmungen in unserer westeuropäischen Gesellschaft stammt von Philipp Aries (1988).

32 Dazu gehören Studien von Richard van Dülmen (2005) oder Lloyd deMause (1992), welche die unzureichende Pflege, die Misshandlung, Unterernährung und auch Aussetzung der Kinder in den Mittelpunkt stellen und das Niveau der Kindererziehung als bedenklich bezeichnen.

33 In der Schweiz wurde die Schulpflicht im Jahr 1874, in Deutschland 1871, in Österreich 1869 eingeführt.

34 So beispielsweise Sabine Andresen (2000).

35 Diese Aussage findet sich in seinem Buch *Behaviorism* (1930, S. 6).

36 Heinz-Rolf Lückert (1969) pflegte seine These zu stützen, dass schon Zweijährige ebenso begierig wie imstande seien, lesen zu lernen und dass sie ohne eigene Lektüre kulturell vernachlässigt würden. Er brachte auch Glenn Domans Buch (1964) unter dem Titel *Wie kleine Kinder lesen lernen* auf Deutsch heraus.

37 Johanna Haarer (1934/1987) war eine berühmte deutsche Ratgeberautorin, NSDAP-Mitglied und im Dritten Reich die staatlich empfohlene Expertin in Sachen Kinderkriegen.

38 Siehe auch das Buch von Katharina Rutschky, *Schwarze Pädagogik. Quellen zur Naturgeschichte der bürgerlichen Erziehung* (1977).

3 Perfekte Eltern

1 Das Zitat stammt aus Søren Kierkegaards Schrift *Der Unglücklichste – Eine begeisterte Ansprache an die Symparanekromenoi – Peroration in den Freitagszusammenkünften* (1843/2009, S. 268).

2 Davon berichten Manuela Wingeier und Ulrike Ehlert (2013) in ihrem Aufsatz zu den psychobiologischen Veränderungen während der Schwangerschaft.

3 So entnommen der Broschüre *Schwangerschaftsvorsorge. Gesetzliche Vorsorge und private Zusatzleistungen*. Berlin: Institut für Laboratoriumsmedizin (2007).

4 Äußerungen dazu finden sich bei Rüdiger Peukert (2004) sowie in der Antwort der Bundesregierung auf eine kleine Anfrage im Deutschen Bundestag (2014).

5 Darauf verweist die Bundesauswertung des Aqua-Instituts (2015).

6 Dies wird so im Gutachten »Professionalisierung in der Frühpä-

dagogik. Qualifikationsniveau und -bedingungen des Personals in Kindertagesstätten« von Peter Blossfeld et al. (2012) formuliert.

7 Genauere Ausführungen hierzu finden sich in meinem *NZZ*-Aufsatz »Vorschulkinder im Treibhaus« (Stamm, 2008).

8 Die von acht Kantonen, dem Fürstentum Liechtenstein und dem Staatssekretariat für Bildung, Forschung und Innovation (SBFI) finanzierte Längsschnittstudie wurde zwischen 1995 und 2008 mit dem Ziel durchgeführt, die Wirkung des vorschulischen Kompetenzerwerbs in Lesen und Mathematik auf die Schul- und Bildungslaufbahnen zu untersuchen. Grundlage bildete ein standardisiertes Instrumentarium zur Erfassung der Kompetenzniveaus, das sechs Wochen nach Schuleintritt zur Anwendung gelangte. Wer alle Aufgaben im Lesen respektive in Mathematik fehlerfrei gelöst hatte, wurde als FrühleserIn (FL) oder FrührechnerIn (FR), wer beide Bereiche fehlerfrei bearbeitet hatte als FrühleserIn und FrührechnerIn (FLR) bezeichnet. Auf diese Weise konnte eine Stichprobe mit 200 Kindern zusammengestellt werden, die bis zum Abschluss ihrer obligatorischen Schulzeit untersucht wurden (Stamm, 2005; Stamm, 2007).

9 Genauere Ausführungen zu Wunderkindern finden sich in meinem Handbuchaufsatz »Mythos Wunderkind« (Stamm, 2014a).

10 Darauf geht Joseph Bamberger (1982) differenziert in seinem Aufsatz »The midlife crisis« ein.

11 Darüber berichten Remo Largo und Otto Jenny in ihrem Aufsatz »50 Jahre Forschung in den Zürcher Longitudinalstudien: Was haben wir daraus gelernt?« (2005).

12 Nähere Angaben finden sich in dem Aufsatz »Maßgeschneiderte Frühförderung? Wie Mittelschichteltern ihre Vorschulkinder fördern und welche Faktoren dabei eine Rolle spielen« (Stamm, 2014b).

13 Die zwei wichtigsten Studien in der Schweiz hierzu sind die von Stefanie Hof und Stefan Wolter (2012) sowie von Hans-Ulrich Grunder et al. (2013). In Deutschland ist es die Analyse des Bundesministeriums für Bildung und Forschung, die von Dieter Dohmen et al. (2008) erarbeitet wurde. Eine aktuelle Studie in Österreich wurde 2013 von Gert Feistritzer vom Institut für empirische Sozialforschung erstellt.

14 Siehe hierzu die Studie von Stefanie Hof und Stefan Wolter (2012).

15 Tanja Kiziak et al. (2012) geben einen differenzierten Überblick zur Thematik.

16 Die wichtigsten Studien hierzu sind die von Markus Neuenschwander (2013) sowie die Studie »Eltern – Lehrer – Schulerfolg« des Instituts für Demoskopie Allensbach (2011a) und Katja Wippermann et al. (2013).

17 Dies ist ein Hauptergebnis der Studie von Kathy Sylva und ihrem Forschungsteam (2007).

18 Siehe den Aufsatz von Markus Neuenschwander und Edith Niederbacher (2014).

19 So etwa bei Manuela Du Bois-Reymond (1994).

20 Solche Ergebnisse finden sich im Monitor Familienleben des Instituts für Demoskopie Allensbach (2011b).

21 So in der Ausgabe von 1988, Seite 65.

22 So steht dies im Buch von Harville Hendrix (2008).

23 Siehe den Beitrag in der *ZEIT* Nr. 34 von Katrin Hörnlein »Wo ist das Abenteuerland?«.

24 Dies beschreibt Nicole Althaus (2014) in ihrem Beitrag »Der pädophile Blick«; siehe auch den Beitrag von Annabel Wahlba im *ZEIT-Magazin* Nr. 30 (2015) hierzu.

25 Die Clusteranalyse ist ein empirisches Analyseverfahren und hat das Ziel, eine Menge von Objekten in Gruppen (»Cluster«) zu unterteilen. Bei der Clusterbildung werden mehrere Merkmale (Dimensionen) gleichzeitig berücksichtigt. Objekte, die einem bestimmten Cluster zugeordnet wurden, sollten einander möglichst ähnlich sein (homogen) und sich möglichst stark von Objekten unterscheiden, die anderen Clustern zugeteilt wurden.

4 Perfekte Kinder

1 Als Wunderkind bezeichnet wird üblicherweise, wer jünger als zehn Jahre alt ist und Leistungen erbringt, die einem besttrainierten Erwachsenen in einem sehr herausfordernden sportlichen, musischen, künstlerischen oder intellektuellen Bereich entsprechen (Stamm, 2014a).

2 Solche Daten finden sich bei Tina Baier (2014).

3 Differenzierte Ausführungen machen Philipp Eich (2014) sowie Remo Largo und Otto Jenni (2005).

4 Siehe auch den Artikel in der *NZZ* vom 12. Dezember 2012 von Thomas D. Szucs.

5 Kritisch hierzu äußern sich Miguel Benasayag und Gérard Schmit (2007), Frank Furedi (2008) oder Doris Bühler-Niederberger (2011).

6 Dazu gehören die Studien von Jürg Frick (2005), Hara Estroff Marano (2008), Karin Janssens et al. (2009), Hans Bertram (2013) oder Andreas Kuschnig (2013).

7 Die Längsschnittstudie »Schulabsentismus in der Schweiz – ein Phänomen und seine Folgen« wurde im Auftrag des Schweizerischen Nationalfonds zwischen 2006 und 2009 auf der Basis einer repräsentativen Stichprobe von 3942 Schülerinnen und Schülern der 7., 8. oder 9. Klasse der Sekundarstufe I und ihrer Lehrerinnen und Lehrer durchgeführt. 49 Prozent der Jugendlichen mussten als gelegentliche und 4,7 Prozent als massive Schulschwänzer bezeichnet werden (Stamm et al., 2009).

8 Die repräsentative Studie »Die Zukunft verlieren? Schulabbrecher in der Schweiz«, welche im Auftrag der GEBERT RÜF-STIFTUNG zwischen 2007 und 2012 durchgeführt wurde, umfasste die Untersuchung von 3756 Schülern des 8. und 9. Schuljahres aus allen Anforderungsniveaus während eines Schuljahres im Hinblick auf ihre möglichen Schulausstiege. Insgesamt konnten 2,7 Prozent Dropouts registriert werden (Stamm et al., 2012).

9 Im Bericht der *Aargauer Zeitung* vom 22. Juni berichtet Daniel Fuchs (2015) über dieses Phänomen. Einen der Gründe sieht er darin, dass kaum mehr Eltern als Co-Leitungen gefunden werden könnten.

10 Daten für Deutschland finden sich in Maria Limbourg (2013), für Österreich in Wiebke Unbehaun et al. (2014), für die Schweiz in Ruth Kaufmann-Hayoz et al. (2010). Siehe auch Maria Limbourg (2013).

11 Zu dieser Studie liegen viele Abhandlungen vor (Werner & Smith, 1977; 1982; 1992).

12 Vergleiche hierzu die Ausführungen von Hans Bertram (2013) *Reiche, kluge, glückliche Kinder?*

13 Für die vom Bundesamt für Migration, von der Avina- und der Hamasil-Stiftung unterstützte Studie »PRINZ« (Best Practice in-

tegrationsfördernder Kitas und Kindergärten – Wege in die Zukunft) wurden 24 Kinderkrippen und Kindergärten in der deutschen Schweiz zwischen 2012 und 2014 untersucht. Ihnen war es im Rahmen der Vorgängerstudie FRANZ (»Früher an die Bildung, erfolgreicher in die Zukunft«) am besten gelungen, Kinder aus einfachen sozialen Verhältnissen besonders gut zu fördern und zu integrieren. PRINZ wollte herausfinden, welches die Erfolgsfaktoren für eine derart gute Integrations- und Entwicklungsförderung sind (Stamm et al., 2014).

14 Die nachfolgend berichteten Angaben stammen aus den Studien vom Isabelle Aeberli und Stefanie Murer (2013), Christoph Schilling (2010) und Andreas Weber (2012).

15 Siehe hierzu die Studie von Marco Waser et al. (2007).

16 Mit der sogenannten z-Transformation kann man Werte einer Stichprobe vergleichbar machen, indem diese in z-Werte umgewandelt werden. Diese z-Werte werden dadurch vergleichbar, weil die Stichprobenwerte nach der Transformation nicht mehr in den Originalmaßeinheiten gemessen werden, sondern in Vielfachen der Standardabweichung der Stichprobe. Außerdem ist der Mittelwert von z-Werten immer null.

17 Siehe hierzu die Studie von Markus Neuenschwander (2013).

5 Hinreichend gute Eltern sein oder werden

1 Donald Woods Winnicott war ein britischer Kinderarzt und Kinderpsychoanalytiker, der großes Gewicht auf die Darstellung jener Bedingungen gelegt hat, welche »hinreichend« für eine gesunde psychische Entwicklung sind, also die spätere therapeutische Wiederholung von Lebensgeschichte überflüssig machen (1987).

2 Rosemarie Nave-Herz (2012) erläutert diesen Begriff in ihrer Publikation genauer.

3 Siehe hierzu das Buch von Maria Luisa Nüesch und Petra Neisse (2015) zur freien Spiel- und Bewegungsentwicklung ab dem Säuglingsalter.

4 Nachzulesen ist dies in seinem Band *Ausgewählte Schriften II. Arbeiten zur psychischen Entwicklung der Persönlichkeit* (1987).

5 Solche Gedanken habe ich in der Publikation *Entwicklung ohne Ende* formuliert (Stamm, 2013a).

Literatur

Aeberli, I. & Murer, S.: »Häufigkeit von Übergewicht und Adipositas bei Schweizer Primarschulkindern«. 2013. http://www.bag.admin.ch/themen/ernaehrung_ bewegung/05190/13511/index.html? lang=de

Ahnert, L. & Harwardt, E.: »Die Beziehungserfahrungen der Vorschulzeit und ihre Bedeutung für den Schuleintritt«, in: *Empirische Pädagogik*, 22, 2, 2008, S. 145–159.

Ahnert, L.: *Wieviel Mutter braucht das Kind?* Heidelberg: Spectrum 2010.

Albert, M., Hurrelmann, K. & Quenzel, G.: 17. *Shell Jugendstudie. Jugend* 2015. Frankfurt a. M.: Fischer 2015.

Althaus, N.: »Der pädophile Blick«, in: *NZZ am Sonntag*, 20. 04. 2014.

Anders, Y.: »Stichwort: Auswirkungen frühkindlicher, institutioneller Bildung und Betreuung«, in: *Zeitschrift für Erziehungswissenschaft*, 16, 2, 2013, S. 237–275.

Andresen, S.: »›Das Jahrhundert des Kindes‹ als Vergewisserung. Ellen Keys Echo im pädagogischen Diskurs der Moderne«, in: *Zeitschrift für Soziologie der Erziehung und Sozialisation*, 1, 2000, S. 22–38.

Aqua-Institut: *Bundesauswertung zum Erfassungsjahr 2014. 16/1 – Geburtshilfe.* Göttingen: AQUA – Institut für angewandte Qualitätsförderung und Forschung im Gesundheitswesen 2015.

Arendt, H.: »Was ist Autorität?«, in: Dies.: *Fragwürdige Traditionsbestände im politischen Denken der Gegenwart.* Frankfurt a. M.: Europäische Verlagsanstalt 1957, S. 117–168.

Aries, P.: *Geschichte der Kindheit.* München: Hanser 1988.

Badinter, E.: *Mutterliebe. Die Geschichte eines Gefühls.* München: Piper 1981.

Baier, T.: »Immer später in die Schule«, in: *Süddeutsche Zeitung*, 03.08.2014. http://www.sueddeutsche.de/bayern/widerstand-gegen-leistungsdruck-immer-spaeter-in-die-schule-1.2074789

Bamberger, J.: »Growing up prodigies: The midlife crisis«, in: H. Feldman (Hrsg.): *Developmental approaches to giftedness and creativity.* San Francisco: Jossey-Bass 1982, S. 61–77.

Baumann, T. & Alber, R.: *Schulschwierigkeiten: Störungsgerechte Abklärung in der pädiatrischen Praxis.* Bern: Huber 2011.

Baumrind, D.: »Effective parenting during the early adolescent transition«, in: P. A. Cowan & M. Hetherington (Hrsg.): *Family transitions.* Hillsdale, NJ: Lawrence Erlbaum 1991, S. 111–165.

Beck, U.: *Risikogesellschaft. Auf dem Weg in eine andere Moderne.* Frankfurt a. M.: Suhrkamp 1986.

Beck-Gernsheim, E.: »Alles aus Liebe zum Kind«, in: U. Beck & E. Beck-Gernsheim (Hrsg.): *Das ganz normale Chaos der Liebe.* Frankfurt a. M.: Suhrkamp 1990, S. 135–183.

Beinke, L. et al.: *Familie und Berufswahl.* Bad Honnef: K. H. Bock 2002.

Belsky, J. et al.: »Are there long-term effects of early child care?«, in: *Child Development*, 78, 2007, S. 681–701.

Benasayag, M. & Schmit, G.: *Die verweigerte Zukunft.*

Nicht die Kinder sind krank, sondern die Gesellschaft, die sie in Therapie schickt. München: Kunstmann 2007.

Bergmann, W.: *Lasst eure Kinder in Ruhe.* München: Kösel 2011.

Berliner Institut für sozialwissenschaftlichen Transfer: *Elterngeldnutzung durch Väter – langfristige Effekte für Betrieb und Partnerschaft.* Berlin: Berliner Institut für sozialwissenschaftlichen Transfer 2014.

Bertram, H. & Ehlert, N.: *Familie, Bindungen und Fürsorge. Familiärer Wandel in einer vielfältigen Moderne. Freiburger Studie zum familialen Wandel im Weltvergleich.* Leverkusen: Barbara Budrich 2015.

Bertram, H.: *Reiche, kluge, glückliche Kinder? Der UNICEF-Bericht zur Lage der Kinder in Deutschland.* Weinheim: Beltz Juventa 2013.

Bloom, B. S.: »Generalizations about talent development«, in: B. S. Bloom (Hrsg.): *Developing talent in young people.* New York: Ballantine Books 1985, S. 507 – 549.

Blossfeld, P. et al.: *Professionalisierung in der Frühpädagogik. Qualifikationsniveau und -bedingungen des Personals in Kindertagesstätten.* Gutachten. Münster: Waxmann 2012.

Bourdieu, P.: *Die feinen Unterschiede. Kritik der gesellschaftlichen Urteilskraft.* Frankfurt a. M.: Suhrkamp 1982.

Büchner, P. & Brake, A. (Hrsg.): *Bildungsort Familie. Transmission von Bildung und Kultur im Alltag von Mehrgenerationenfamilien.* Wiesbaden: VS Fachverlag 2006, S. 11 – 20.

Bude, H.: *Bildungspanik. Was unsere Gesellschaft spaltet.* München: Hanser 2011.

Bueb, B.: *Lob der Disziplin. Eine Streitschrift.* Berlin: List 2006.

Bühler-Niederberger, D.: *Lebensphase Kindheit. Theoretische*

Ansätze, Akteure und Handlungsräume. München: Juventa 2011.

Bundesamt für Statistik: *SAKE 2013: Schweizerische Arbeitskräfteerhebung*. Neuenburg: Bundesamt für Statistik 2014.

Bundesinstitut für Bevölkerungsforschung: Zusammengefasste Geburtenziffer (Total Fertility Rate – TFR). Wiesbaden 2014. http://www.bib-demografie.de/Shared Docs/Glossareintraege/DE/Z/zusammengefasste_gebur tenziffer.html

Bundesministerium für Familie, Senioren, Frauen und Jugend (Hrsg.): *Memorandum Familie leben. Impulse für eine familienbewusste Zeitpolitik*. Berlin: Bundesministerium für Familie, Senioren, Frauen und Jugend 2009.

Bundesministerium für Familie, Senioren, Frauen und Jugend (Hrsg.): *Eltern wollen Chancen für ihre Kinder*. Monitor Familienforschung, Bericht Nr. 23. Berlin: Bundesministerium für Familie, Senioren, Frauen und Jugend 2010.

Bundesministerium für Familie, Senioren, Frauen und Jugend (Hrsg.): *Männliche Fachkräfte in Kindertagesstätten*. Berlin: Bundesministerium für Familie, Senioren, Frauen und Jugend 2014.

Bürgisser, M.: *Vereinbarkeit von Familie und Beruf – auch für Männer. Herausforderungen, Probleme, Lösungsansätze*. Chur/Zürich 2011.

Burkart, G.: »Das modernisierte Patriarchat. Neue Väter und alte Probleme«, in: *Westend, Zeitschrift für Sozialforschung*, 1, 2007, S. 82–91.

Csikszentmihalyi, M.: *Das flow-Erlebnis. Jenseits von Angst und Langeweile*. Stuttgart: Klett-Cotta 1985.

Csikszentmihalyi, M.: *Das Geheimnis des Glücks*. Stuttgart: Klett-Cotta 2002.

Dahrendorf, R.: *Bildung ist Bürgerrecht. Plädoyer für eine aktive Bildungspolitik*. Hamburg: Nannen 1965.

de Botton, A.: *Statusangst*. Frankfurt a. M.: Suhrkamp 2004.

deMause, L.: *Hört ihr die Kinder weinen. Eine psychogenetische Geschichte der Kindheit*. Frankfurt a. M.: Suhrkamp 1992.

Deutscher Bundestag: Antwort der Bundesregierung auf die Kleine Anfrage der Abgeordneten Birgit Wöllert et al. Drucksache 18/2249. 14. 08. 2014. http://dip21.bundes tag.de/dip21/btd/18/023/1802365.pdf

Dohmen, D. et al.: *Was wissen wir über Nachhilfe? Sachstand und Auswertungen der Forschungsliteratur zu Angebot, Nachfrage und Wirkungen. Erstellt im Auftrag des Bundesministeriums für Bildung und Forschung*. Berlin: Forschungsinstitut für Bildungs- und Sozialökonomie 2008.

Doman, G.: *How to teach your baby to read*. New York: Random House 1964.

Dornes, M.: *Der kompetente Säugling. Die präverbale Entwicklung des Menschen*. Frankfurt a. M.: Fischer 2001.

Du Bois-Reymond, M. (Hrsg.): *Kinderleben: Modernisierung von Kindheit im interkulturellen Vergleich*. Opladen: Leske + Budrich 1994.

Eberhard, D.: *Kinder an der Macht. Die monströsen Auswüchse liberaler* Erziehung. München: Kösel 2015.

Eich, P.: »Generalisierte Angststörung (= GAD) – eine zu wenig erkannte Krankheit?«, in: *Schweizerisches Medizin-Forum*, 13, 2014, S. 700 f.

Elkind, D.: *Das gehetzte Kind*. Hamburg: Kabel 1988.

Estroff Marano, H.: *A nation of wimps*. New York: Broadway Books 2008.

Feistritzer, G.: *Nachhilfe in Österreich. Bundesweite Elternbefragung. Erstellt im Auftrag der AK-Wien Abteilung Bil-*

dungspolitik. Wien: Institut für empirische Sozialforschung 2013.

Frick, J.: *Die Droge Verwöhnung*. Bern: Huber 2005.

Frick, J.: *Ich mag dich – du nervst mich! Geschwister und ihre Bedeutung für das Leben*. Bern: Huber 2006.

Fuchs, D.: »Statt Massenschlag Drei-Sterne-Doppelzimmer: Fürs Schullager ins Hotel«, in: *Aargauer Zeitung/ Die Nordwestschweiz*, 22.06.2015, http://www.solothurner zeitung.ch/schweiz/statt-massenschlag-drei-sterne-doppel zimmer-fuers-schullager-ins-hotel-129263984

Fuhrer, U.: *Erziehungskompetenz*. Bern: Huber 2007.

Furedi, F.: *Die Elternparanoia. Warum Kinder mutige Eltern brauchen*. München: dtv 2004.

Furedi, F.: *Paranoid parenting*. Wiltshire, UK: Cromwell Press 2008.

Gemeinsamer Bundesausschuss (Hrsg.): *Richtlinien des Gemeinsamen Bundesausschusses über die ärztliche Betreuung während der Schwangerschaft und nach der Entbindung (»Mutterschafts-Richtlinien«) in Kraft getreten am 28. Juni 2014*. Berlin 2014.

Gerstner, P. & Nürnberger, C.: *Der Erziehungsnotstand*. Reinbek: Rowohlt 2003.

Giddens, A.: *Konsequenzen der Moderne*. Frankfurt a. M.: Suhrkamp 1996.

Gigerenzer, G.: *Bauchentscheidungen. Die Intelligenz des Unbewussten und die Macht der Intuition*. München: Goldmann 2008.

Goode, E. & Ben-Yehuda, N.: *Moral panics: The social construction of deviance*. Cambridge, MA: Blackwell Publishers 1994.

Gordon, T.: *Familienkonferenz*. München: Heyne 1989.

Grossmann, K. & Grossmann, K. E.: *Bindungen – Das Gefüge psychischer Sicherheit*. Stuttgart: Klett-Cotta 2005.

Grossmann, K.: »Der lebenslange Einfluss des Vaters auf die Organisation von Gefühlen und sozialem Verhalten«, in: U. Borst & A. Lanfranchi (Hrsg.): *Liebe und Gewalt in nahen Beziehungen*. Heidelberg: Auer 2011, S. 52–67.

Grunder, H.-U. et al.: *Nachhilfe. Eine empirische Studie zum Nachhilfeunterricht in der deutschsprachigen Schweiz.* Bad Heilbrunn: Klinkhardt 2013.

Grunow, D.: »Wandel der Geschlechterrollen und Väterhandeln im Alltag«, in: H. Rost & T. Mühling (Hrsg.): *Väter im Blickpunkt. Perspektiven der Familienforschung.* Leverkusen: Barbara Budrich 2007, S. 49–76.

Haarer, J.: *Die deutsche Mutter und ihr erstes Kind.* München: Lehmanns 1934/1987.

Hauser, B.: *Spielen. Frühes Lernen in Familie, Krippe und Kindergarten.* Stuttgart: Kohlhammer 2013.

Hattie, J.: Visible learning*: A synthesis of over 800 meta-analyses relating to achievement.* London: Routledge 2009.

Heckman, J. J.: »The economics, technology, and neuroscience of human capability formation«, in: *Proceedings of the National Academy of Sciences*, 104, 2007, S. 13250–13255.

Heimerdinger, T.: »Simply the best. Elternschaft als kompetitive Praxis«, in: M. Tauschek (Hrsg.): *Kulturen des Wettbewerbs. Formationen kompetitiver Logiken.* Münster: Waxmann 2013, S. 249–267.

Hendrix, H.: *So viel Liebe wie mein Kind braucht. Der gemeinsame Weg in ein erfülltes Leben.* Dörfles: Götz 2008.

Hodkinson, T.: *Leitfaden für faule Eltern.* Reinbek: rororo 2012.

Hof, S. & Wolter, S. C.: *Nachhilfe – Bezahlte ausserschulische Lernunterstützung in der Schweiz.* Aarau: SKBF Staff Paper 8. 2012.

Honig, M. S.: »Sozialgeschichte der Kindheit im 20. Jahrhundert«, in: M. Markefka & B. Nauck (Hrsg.): *Handbuch der Kindheitsforschung*. Neuwied: Luchterhand 1993, S. 207–218.

Hörnlein, K.: »Wo ist das Abenteuerland?«, in: *Die ZEIT*, Nr. 34, 2015, S. 29 f.

Hüther, G. & Hauser, U.: *Jedes Kind ist hoch begabt. Die angeborenen Talente unserer Kinder und was wir aus ihnen machen*. München: Knaus 2013.

Institut für Laboratoriumsmedizin Berlin: Schwangerschaftsvorsorge. Gesetzliche Vorsorge und private Zusatzleistungen. Berlin: Institut für Laboratoriumsmedizin 2007. http://www.iflb.de/files/PDF/Patienten_Mut terschaftsvorsorge/ssv_broschuere_x.pdf

Institut Demoskopie Allensbach: *Schul- und Bildungspolitik in Deutschland 2011. Ein aktuelles Stimmungsbild der Bevölkerung und der Lehrer*. Allensbach: Institut für Demoskopie Allensbach 2011 a. http://www.ifd-allensbach.de/ uploads/tx_studies/7625_Bildungspolitik.pdf

Institut Demoskopie Allensbach: *Monitor Familienleben 2011. Einstellungen und Lebensverhältnisse von Familien. Ergebnisse einer Repräsentativbefragung im Auftrag des Bundesministeriums für Familie – Berichtsband*. Allensbach: Institut für Demoskopie Allensbach 2011 b. http:// www.ifd-allensbach.de/uploads/tx_studies/Monitor_Fa milienleben_2011.pdf

Janssens, K. A. et al.: »Parental overprotection predicts the development of functional somatic symptoms in young adolescents«, in: *The Journal of Pediatrics*, 2009, S. 918–922.

Juul, J.: *Dein kompetentes Kind: Grundprinzipien der Pädagogik*. Reinbek: rororo 2013.

Kaufmann-Hayoz, R. et al.: *Der Verkehr aus Sicht der Kin-*

der: *Schulwege von Primarschulkindern in der Schweiz.* Bern: Bundesamt für Straßen 2010.

Keller, H.: *Cultures of infancy.* Mahwah, NJ: Erlbaum 2007.

Key, E.: *Das Jahrhundert des Kindes.* Weinheim: Beltz 1902/2006.

Kierkegaard, S.: »Der Unglücklichste – Eine begeisterte Ansprache an die Symparanekromenoi – Peroration in den Freitagszusammenkünften«, in: H. Diem (Hrsg.): *Søren Kierkegaard. Entweder – Oder: Teil I und II.* München: dtv 1843/2009, S. 255–269.

Kiziak, T. et al.: *Dem Nachwuchs eine Sprache geben. Was frühkindliche Sprachförderung leisten kann.* Berlin: berlin-Institut für Bevölkerung 2012. http://www.poliglotti4. eu/docs/Sprachfoerderung_online.pdf

Korczak, J.: *Wie liebt man ein Kind: Das Kind in der Familie.* Gütersloh: Verlagshaus 2002.

Kraemer, K.: »Abstiegsängste in Wohlstandlagen«, in: N. Burzan & P. Berger (Hrsg.): *Dynamiken (in) der gesellschaftlichen Mitte.* Wiesbaden: VS Fachverlag 2010, S. 201–229.

Kränzl-Nagl, R. & Mierendorff, J.: »Kindheit im Wandel. Annäherungen an ein komplexes Phänomen«, in: *SWS-Rundschau*, 47, 1, 2007, S. 3–25.

Kraus, J.: *Helikopter-Eltern. Schluss mit Förderwahn und Verwöhnung.* Reinbek: Rowohlt 2013.

Kuschnig, A.: *Überbehütung und Lernerfahrung. Wie Ängste von Eltern die Entwicklung ihrer Kinder beeinflussen.* Graz: Pädagogische Hochschule 2013.

Lamb, M. E. (Hrsg.): *The role of the father in child development.* New York: Wiley 2010.

Largo, R. & Jenni, O.: »50 Jahre Forschung in den Zürcher Longitudinalstudien: Was haben wir daraus gelernt?«, in: Arbeitsstelle Frühförderung Bayern (Hrsg.): *Tagungs-*

band *Forschung für die Praxis I – Wie funktioniert (kind-liche) Entwicklung?* München: Arbeitsstelle Frühförde-rung 2005, S. 47–56.

Leuchter, M.: »Die Bedeutung des Spiels in Kindergarten und Schuleingangsphase«, in: *Zeitschrift für Pädagogik*, 4, 2013, S. 575–592.

Limbourg, M.: »Mobilitätserziehung von Kindern und Ju-gendlichen«, in: A. Flade (Hrsg.): *Der rastlose Mensch – Konzepte und Erkenntnisse der Mobilitätspsychologie.* Wiesbaden: VS Verlag für Sozialwissenschaften 2013.

Lückert, H.-R.: *Begabungsforschung und Bildungsförderung als Gegenwartsaufgabe?* München: Reinhardt 1969.

Meier-Gräwe, U. et al.: *Kleinräumige lebenslagenbezogene kommunale Sozialberichterstattung für die Stadt Guben. Zeitraum 01.03.2013–31.3.2014.* Gießen. Im Internet unter: http://www.guben.de/downloads/2014-06-18_ Abschlussbericht.pdf, (26.10.2014).

Merkle, T. et al.: *Befindlichkeiten und Bedürfnisse von Eltern in verschiedenen Lebenswelten.* Stuttgart: Konrad Ade-nauer Stiftung 2008.

Meyer, T.: »Der Wandel der Familie und anderer privater Lebensformen«, in: R. Geissler (Hrsg.): *Die Sozialstruk-tur Deutschlands.* Wiesbaden: Springer 2014, S. 413–455.

Miller, A.: *Du sollst nicht merken.* Frankfurt a.M.: Suhr-kamp 1981.

Nationale Akademie der Wissenschaften Leopoldina: *Früh-kindliche Sozialisation. Biologische, psychologische, linguis-tische, soziologische und ökonomische Perspektiven.* Halle: Leopoldina 2014. http://www.educ.ethz.ch/pro/litll/so zialisation

Nave-Herz, R.: *Familie heute. Wandel der Familienstruktu-ren und Folgen für die Erziehung.* Darmstadt: Primus 2012.

Neuenschwander, M. P.: »Selektion beim Übergang in die Sekundarstufe I und in den Arbeitsmarkt im Vergleich«, in: M. P. Neuenschwander (Hrsg.): *Selektion in Schule und Arbeitsmarkt.* Zürich/Chur: Rüegger 2013, S. 63–97.

Neuenschwander, M. & Niederbacher, E.: »Elternmerkmale und Leistungsentwicklung beim Übergang in die Sekundarstufe I«, in: *Erziehung und Unterricht*, 7–8, 2014, S. 562–568.

Nietzsche, F.: *Die fröhliche Wissenschaft.* Chemnitz: Kröner 1882.

Nüesch, M.-L. & Neisse, P.: *Begleitkunst in Eltern-Kind-Gruppen. Orte der Ruhe, des Respekts, der Einfühlung und der Entfaltung für Babys und ihre Eltern.* Grabs: Verein Spiel-Lebensraum 2015.

Palkovitz, R.: »Reconstructing ›involvement‹: Expanding conceptualizations of men's caring in contemporary families«, in: A. J. Hawkins & D. C. Dollahite (Hrsg.): *Generative fathering: Beyond deficit perspectives.* Thousand Oaks: Sage 1997, S. 200–216.

Peuckert, R.: *Familienformen im sozialen Wandel.* Wiesbaden: VS Fachverlag 2004.

Piaget, J.: *Einführung in die genetische Erkenntnistheorie.* Frankfurt a. M.: Suhrkamp 1981.

Postman, N.: *Das Verschwinden der Kindheit.* Frankfurt a. M.: Fischer 1987.

Reichenbach, R.: *Pädagogische Autorität. Macht und Vertrauen in der Erziehung.* Stuttgart: Kohlhammer 2011.

Rousseau, J.-J.: *Emile oder über die Erziehung.* Paderborn: Schöningh 1762/1986.

Rutschky, K. (Hrsg.): *Schwarze Pädagogik. Quellen zur Naturgeschichte der bürgerlichen Erziehung.* Berlin: Ullstein 1977.

Schilling, T.: »Ritalin: Fehldiagnose Zappelphilipp«. *Beob-*

achter, 10, 2010. http://www.beobachter.ch/leben-gesund heit/medizin-krankheit/artikel/ritalin_fehldiagnose-zap pelphilipp/

Sennett, R.: *Der flexible Mensch. Die Kultur des neuen Kapitalismus.* Berlin: Berlin Verlag 1998.

Simmel, G.: »Der Streit«, in: G. Simmel (Hrsg.): *Soziologie. Untersuchungen über die Formen der Vergesellschaftung.* Berlin: Duncker und Humblot 1992, S. 186– 255.

Snarey, J.: *How fathers care for the next generation: A four decade study.* Cambridge, MA: Havard University Press 1993.

Somers, P. & Settle, J.: »The helicopter parent: Research toward a typology«, in: *College and University,* 86, 1, 2010, S. 18–24.

Stamm, M. & Edelmann, D. (Hrsg.): *Handbuch frühkindliche Bildungsforschung.* Wiesbaden: VS Fachverlag für Sozialwissenschaften 2013.

Stamm, M.: *Zwischen Exzellenz und Versagen. Schullaufbahnen von Frühlesern und Frührechnerinnen.* Zürich/Chur: Rüegger 2005.

Stamm, M.: »Geboren 1988: Bildungslaufbahnen und berufliche Identität von Jugendlichen in der Schweiz«, in: H. Kahlert & J. Mansel (Hrsg.): *Bildung und Berufsorientierung. Der Einfluss von Schule und informellen Kontexten auf die berufliche Identitätsentwicklung.* Weinheim: Juventa 2007, S. 83–100.

Stamm, M.: »Vorschulkinder im Treibhaus. Gedanken zur frühen Fördereuphorie der Eltern«, in: *Neue Zürcher Zeitung, NZZ, Bildungsbeilage,* Nr. 10, B1, 14.01.2008.

Stamm, M. et al.: *Schulabsentismus: Ein Phänomen und seine Folgen.* Wiesbaden: VS Fachverlag für Sozialwissenschaften 2009.

Stamm, M.: *Frühkindliche Bildung, Betreuung und Erziehung*. Bern: Haupt 2010.

Stamm, M.: »Wieviel Mutter braucht ein Kind? Theoretische Befunde und empirische Fakten zur Frage der Nützlichkeit oder Schädlichkeit von früher familienexterner Betreuung«, in: *Diskurs Kindheits- und Jugendforschung*, 1, 2011, S. 17 – 30.

Stamm, M. et al.: *Schulabbrecher in unserem Bildungssystem.* Wiesbaden: VS Fachverlag für Sozialwissenschaften 2012.

Stamm, M.: *Entwicklung ohne Ende. Wie sie Bildungswege und Lernstufen beeinflusst.* Zürich/Chur: Rüegger 2013 a.

Stamm, M.: Bildung braucht Bindung. Ein Fundament für das Vorschulalter. Dossier 13/4. Bern: Forschungsinstitut Swiss Education 2013 b. http://www.margritstamm. ch/dokumente/dossiers/224-dossier-bildung-braucht-bindung-2013/file.html

Stamm, M.: Bildungsort Familie. Entwicklung, Betreuung und Förderung von Vorschulkindern in der Mittelschicht. Dossier 13/1. Bern: Forschungsinstitut Swiss Education 2013 c. http://www.margritstamm.ch/dokumente/dossiers/222-dossier-bildungsort-familie-2013/file.html=

Stamm, M.: »Frühe Kindheit in Mittelschichtfamilien«, in: H.-R. Müller et al. (Hrsg.): *Erziehungswissenschaftliche Grenzgänge. Markierungen und Vermessungen. Beiträge zum 23. Kongress der Deutschen Gesellschaft für Erziehungswissenschaft.* Opladen: Barbara Budrich 2013 d, S. 301 – 314.

Stamm, M.: »Mythos ›Wunderkind‹«, in: M. Stamm (Hrsg.): *Handbuch Talententwicklung. Theorien, Methoden und Praxis in Psychologie und Pädagogik.* Bern: Huber 2014 a, S. 173 – 182.

Stamm, M.: »Maßgeschneiderte Frühförderung? Wie

Mittelschichteltern ihre Vorschulkinder fördern und welche Faktoren dabei eine Rolle spielen«, in: *Frühe Bildung*, 1, 2014 b, S. 22–31.

Stamm, M.: *Frühförderung als Kinderspiel. Plädoyer für das Recht des Kindes auf das freie Spiel. Dossier 14/5.* Bern: Forschungsinstitut Swiss Education 2014 c. http://www.margritstamm.ch/dokumente/dossiers/232-fruehfoerde rung-als-kinderspiel-2014/file.html

Stamm, M.: *Frühe Sprachförderung. Was sie leistet und wie sie optimiert werden kann. Dossier 14/1.* Bern: Forschungsinstitut Swiss Education 2014 d. http://www.margritstamm.ch/dokumente/dossiers/228-dossier-fruehe-sprachfoerderung-2014/file.html

Stamm, M. et al.: *FRANZ. Früher an die Bildung – erfolgreicher in die Zukunft? Familiäre Aufwachsbedingungen, familienergänzende Betreuung und kindliche Entwicklung. Schlussbericht zuhanden der Hamasil Stiftung und der AVINA Stiftung.* Universität Fribourg: Departement Erziehungswissenschaften 2012.

Stamm, M. et al.: *Best Practice in Kindertagesstätten und Kindergärten: Wege in die Zukunft (PRINZ). Eine Studie zu Kita-Fachkräften und Kindergartenlehrpersonen, die sich besonders erfolgreich um Integration bemühen und Kinder individuell fördern.* Bern: Forschungsinstitut Swiss Education 2014.

Statistisches Bundesamt: »Väter beziehen immer häufiger Elternzeit – aber immer kürzer«. 2013. https://www.destatis.de/DE/PresseService/Presse/Pressemitteilungen/2013/12/PD13_411_22922.htm.

Szucs, H. D.: »Die Macht der Diagnose«, in: *NZZ*, 12.02.2012, 21.

Sylva, K. et al.: *Effective pre-school and primary education 3–11 project (EPPE 3–11). A longitudinal study funded by DfES (2003–2008).* University of London: Institute of Education 2007.

Thompson, C.: *Die Tyrannei der Liebe.* München: Kunstmann 2008.

Tschöpe-Scheffler, S.: *Fünf Säulen der Erziehung, Wege zu einem entwicklungsfördernden Miteinander von Erwachsenen und Kindern.* Mainz: Grünewald 2003.

Unbehaun, W. et al.: *Unterwegs zwischen Erwerbs- und Familienarbeit. Eine Analyse in den niederösterreichischen Regionen Triestingtal und Schneebergland.* Wien: Kammer für Arbeiter und Angestellte für Wien 2014. http://media.arbeiterkammer.at/wien/Verkehr_und_Infrastruktur_54.pdf

UN-Kinderrechtskonvention. Übereinkommen über die Rechte des Kindes vom 20. November 1989 (Inkrafttreten: 26. März 1997). https://www.admin.ch/opc/de/classified-compilation/19983207/201406040000/0.107.pdf

Van Dülmen, R.: *Kultur und Alltag in der frühen Neuzeit: Das Haus und seine Menschen.* Stuttgart: Beck 2005.

Volz, R.: »Väter zwischen Wunsch und Wirklichkeit«, in: T. Mühling & H. Rost (Hrsg.): *Väter im Blickpunkt. Perspektiven der Familienforschung.* Opladen: Barbara Budrich 2007, S. 205–224.

Wahlba, A.: »Nacktheit – Das Paradies wird abgeschafft«, in: *ZEIT-Magazin*, 30. 2015. http://www.zeit.de/zeitmagazin/2015/30/nacktheit-kinder-spielen-kindesmissbrauch.

Wannack, E. et al.: *Das freie Spiel im Kindergarten.* 4 bis 8, Spezialausgabe, 7–9. 2009.

Waser, M. et al.: »Inverse association of farm milk consumption with asthma and allergy in rural and suburban populations across Europe«, in: *Clinical & Experimental Allergy*, 37, 5, 2007, S. 661–670.

Watson, J. B.: *Behaviorism*. New York: W. W. Norton & Company 1930.

Weber, A.: *Mehr Matsch! Kinder brauchen Natur*. Berlin: Ullstein 2012.

Werner, E. E. & Smith, R. S.: *Kauai's children come of age*. Honolulu, HI: University Press of Hawaii 1977.

Werner, E. E. & Smith, R. S.: *Vulnerable but invincible: A longitudinal study of resilient children and youth*. New York: McGraw-Hill 1982.

Werner, E. E. & Smith, R. S.: *Overcoming the odds: High risk children from birth to adulthood*. Ithaca, NY: Cornell University Press 1992.

Wingeier, M. & Ehlert, U.: »Psychobiologische Prozesse während der Schwangerschaft«, in: *Hebamme*, 10, 2013, S. 10–15.

Winnicott, D.: *Babies and their mothers*. Berkshire: Addison-Wesley 1987. (dt. *Babys und ihre Mütter*. Stuttgart: Klett-Cotta 1990).

Winterhoff, M.: *Warum unsere Kinder Tyrannen werden*. München: Goldmann 2010.

Winterhoff, M.: *Lasst Kinder wieder Kinder sein*. München: Goldmann 2014.

Wippermann, K. et al.: *Eltern – Lehrer – Schulerfolg. Wahrnehmungen und Erfahrungen im Schulalltag von Eltern und Lehrern*. Stuttgart: Lucius & Lucius Verlagsgesellschaft 2013.

World Vision Deutschland e.V. (Hrsg.): *Wie gerecht ist unsere Welt? Kinder in Deutschland 2013. 3. World Vision Kinderstudie*. Weinheim: Beltz 2013.

Wunsch, A.: *Die Verwöhnungsfalle. Für eine Erziehung zu mehr Eigenverantwortlichkeit*. München: Kösel 2013.

Wydler, H. et al.: *Elterliche Erziehungsstile und Eltern-Kind-Beziehungen. Ihr Einfluss auf die Gesundheit*. Netzbrief

Bildung und Gesundheit. Netzwerk Schweiz, Bundesamt für Gesundheit (BAG), 5, 2007, S. 12 – 14.

Wygotsky, L.: *Ausgewählte Schriften II. Arbeiten zur psychischen Entwicklung der Persönlichkeit.* Berlin: Volk und
Wissen 1987.

Zelizer, L.: *Pricing the priceless child. The changing social
value of children.* New York: Basic Books 1994.

Register

Getrennt leben – gemeinsam für die Kinder sorgen

Remo H. Largo /
Monika Czernin

**Glückliche
Scheidungskinder**

Was Kinder nach der Trennung
brauchen

Piper Taschenbuch, 352 Seiten
Mit 21 Abbildungen und Grafiken
€ 12,99 [D], € 13,40 [A]*
ISBN 978-3-492-30498-6

Doch, es ist möglich: glückliche Scheidungskinder. Das ist die ebenso klare wie wichtige Botschaft von Remo Largo und Monika Czernin: Auch nach einer Trennung können die Eltern gut für das Wohl ihrer Kinder sorgen und sie für das Leben stärken. Im Mittelpunkt steht dabei der Leitgedanke einer »unkündbaren Elternschaft«. Ob getrennt oder zusammen, alleinerziehend oder in einer Patchworkfamilie. Wie eine solche unkündbare Elternschaft gelingen kann, zeigt dieses Buch auf.

PIPER

Leseproben, E-Books und mehr unter www.piper.de